金正喜의

哲學과 藝術

황지원 | 사공홍주 저

계명대학교 출판부
Keimyung University Press

책머리에

인간은 자신의 생각을 표현하는 존재이다. 사람들은 다양한 방법을 통하여 자신의 생각과 의식을 표현하면서 살아간다. 따라서 이러한 표현 속에는 그것을 표현하는 사람의 생각과 감정, 그리고 삶의 다양한 측면이 녹아 있다. 특히 예술작품을 통해 초월적 아름다움을 표현하는 것은 인류문화의 최고 정점이라고 할 수 있다.

아름다움은 우리 인간 생활에서 멀리 벗어나 있는 것이 아니라 항상 보편적이며 구체적인 현상으로서 우리 주변에서 마음 속 깊이 스며들어 즐거움과 정신적 충만함을 안겨주며, 인간의 삶을 윤택하고 충실하게 해 주는 고귀한 존재이다. 이것은 어떤 현실적 유용성이나 경제적 가치로서가 아니라 그 자체로 목적이 되는 것이며, 인류가 추구할 수 있는 최고의 창조적 문화 형태를 제공한다.

그런데 한 개인의 예술세계는 결코 독단적으로 이루어지지 않는다. 예술적 창조행위 역시 그 사회 전체의 문화적 관심과 역량, 그리고 역사적인 맥락 속에서 형성되는 것이며, 시대적 문제의식에 대한 태도가 담겨 있기 때문이다. 그러므로 우리는 하나의 예술작품과 미학이론을 통해서 그들의 사회적 환경과 문화 등 삶의 다양한 내용을 이해할 수 있을 뿐만 아니라 그들의 의식을 점유하고 있는 철학적 세계관과 인생관을 유추해 낼 수도 있다. 왜냐하면 작품이란 작가의 의식을 표현한 것이고, 또 작가의 의식은 당시의 시대적 문제를 반영하기 때문이다. 이것은 반대로 시대적 상황과 철학사상을 통해 예술작품이 지향하는 미의식을 추론해 내는 방식도 가능함을 의미할 뿐만 아니라 작품을 정확하게 이해하기 위해서는 먼저 그 작가의 철학적 사상체계와 예술정신에 대한 분명한 이해가 전제되어야 한다는 사실을 보여준다.

이 연구의 목적은 우리나라 예술사에 있어서 중요한 위치를 점유하고 있는 추사秋史 김정희金正喜(1786-1856)의 예술정신을 철학사상과의 관련성 속에서 검토하는 것이다. 즉 어떠한 예술사적 맥락과 철학체계를 통해서 그의 예술세계가 형성되었는지, 나아가 그가 궁극적으로 추구하고자 하였던 예술정신이 무엇이었는지를 찾아내고, 이러한 정신이 어떻게 구체적인 작품으로 형상화되었는지를 검토하고자 하는 것이다.

지금까지 김정희에 관한 연구는 대부분 철학과 예술을 따로 분리하여 검토하고 있다. 즉 철학이나 역사학계에서는 조선후기 실학實學의 발전과정에서 실사구시實事求是 학파의 대표적 인물로서 김정희의 학문적 방법론에 대한 연구가 진행되어 왔고, 예술계에서는 조선후기 대표적 서예가이자 문인화가로서 김정희의 작품세계에 대한 분석과 평가를 연구해 왔던 것이다. 경우에 따라서 철학사상과 예술정신을 결합한 연구가 시도되기는 했으나, 사실상 이 두 가지가 정합적으로 연결되지 못하고 평면적으로 나열하는 정도에 그치고 말았다. 이렇게 된 데에는 사실상 김정희라는 인물에 대한 시각이 이중적이라는 데 중요한 원인이 있다. 즉 철학사상에 있어서는 실사구시를 강조한 실학자로 규정하면서도 예술정신에 있어서는 실학사상에 근원한 사실주의를 부정하고 전통적인 관념주의적 미의식을 지향한 인물로 평가하기 때문에 철학과 예술에 있어서 불일치가 발생할 수밖에 없고, 이것이 그의 철학과 예술을 정합적으로 연결할 수 없도록 하는 것이다.

한 사람의 철학과 예술이 이처럼 다르게 평가된다는 것은 매우 당혹스러운 일이 아닐 수 없으며, 무엇인가 잘못 이해하고 있는 부분이 있음을 보여준다. 그러므로 무엇보다도 먼저 김정희의 철학사상에 대한 새로운 검토가 필요하다고 생각하며, 특히 조선후기의 실학사상과의 연관성과 차별성을 명확하게 해명할 수 있어야 할 것으로 본다. 김정희의 학문 방법은 기본적으로는 실사구시 정신에 바탕을 둔 고증학考證學의 영향에서 나온 것이라고 할 수 있지만 어디까지나 그의 철학사상에 있어서 핵심은 훈고訓詁나 고증에만 머물지 않고 그것을 의리추구와 적절하게 조화시킴으로써 성현의 도道를 실현한다는 유학 본래의 목적을 달성하는데 더욱 충실하고자 한 점에 있음을 간과해서는 안 된다.

그리고 이렇게 훈고학과 의리학義理學을 종합한 철학적 바탕 위에서 김정희가 제시한 예술이론의 구체적 성격과 목적을 검토해야 한다. 그래야만 사실성(실증성)과 정신성(관념성)의 결합을 이루어 궁극적인 예도藝道의 경지로 나아가고자 하는 김정희의 예술정신이 앞 시대의 예술정신과 어떠한 차별성과 공통성을 지니고 있는지, 또한 예술사적 맥락에서 김정희의 위치와 역할이 무엇이었는지를 명확하게 규명해 낼 수 있을 것이다.

이 책으로 인해 추사 김정희의 예술세계를 올바르게 이해하는데 조금이라도 보탬이 된다면 무엇보다 기쁜 일이라 하겠다. 그의 생각과 의식, 세계관과 인생관에 대한 깊은 이해를 통해 예술작품에 대해서도 맹목적인 찬양이나 추숭이 아니라 새로운 시각을 통해 예술의 진면목을 살필 수 있게 되기를 기대한다.

목 차

제1장 김정희의 생애와 예술적 기반

1. 김정희의 생애

1) 김정희의 가계家系와 정치적 위상

일반적으로 김정희는 조선후기 실학의 유파 중에서 이익李瀷(星湖, 1681~1763) 등의 경세치용학파經世致用學派, 홍대용洪大容(湛軒, 1731~1783) 등의 이용후생학파利用厚生學派(北學派)와 더불어 실사구시학파實事求是學派를 연 인물로 분류되거나 아예 북학파 속에 포함시키기도 한다. 또는 시대별로 유형원柳馨遠(磻溪, 1622~1673), 이익 등의 전기 실학과 홍대용, 정약용丁若鏞(茶山, 1762~1836) 등의 중기 실학을 이은 사람으로 최한기崔漢綺(惠崗, 1803~1877)와 더불어 후기 실학의 대표적인 인물로 거론되기도 한다. 어느 쪽이든 둘 다 그를 실학자로 보는 점에서는 같다. 실학은 중기 이후로 접어들면서 반주자학反朱子學·탈주자학적脫朱子學的 특성을 보다 분명히 드러내며, 최한기의 경우 그러한 특성이 전형적으로 나타나고 있다. 그런데 같은 후기 실학자에 속하면서도 그는 '한송불분론漢宋不分論' (漢宋不二論)을 주장하고 있다. 곧 그는 훈고訓詁를 중시한 한학漢學과 의리義理를 중시한 송대宋代의 주자학朱子學이 서로 다르지 않고, 나눠지지도 않는다는 주장을 편 것이다.

이것은 실학자들이 일반적으로 주자학자들의 자의적 경전 해석 방법을 비판하면서 한유漢儒들의 훈고적 경전 해석 태도를 중시한 것과는 사뭇 다르다. 결국 그의 실학에서는 반주자학·탈주자학적 색채가 그만큼 약해질 수밖에 없게 된다. 이것은 그의 실학이 가지는 특색이기도 하면서 동시에 주자학과의 절충, 나아가 주자학으로의 회귀로 읽혀질 수도 있게 한다. 이처럼 주자학의 학문태도를 비판하면서도 실학의 탈주자학적 입장과도 궤를 달리하는 것이 김정희 철학사상의 중요한 특징이라고 할 수 있다. 그렇다면 이런 김정희의 철학체계는 어디에서 연원한 것이고 그 배경은 무엇인지, 그리고 시기적으로 어떠한 변화과정을 겪게 되는지를 먼저 살펴보지 않을 수 없을 것이다.

김정희는 정조 10년(1786년) 당시 벌열가문閥閱家門의 한 축으로서 권력의 중심 층에 위치해 있었던 경주김씨 월성위가月城尉家의 혈통을 이어받아 김노경의 장자로 예산 용궁에서 출생하였다. 그의 가문은 원래 고려의 귀족집안이었으나 조선왕조가 건립된 후 충절을 지키기 위해 스스로 은둔하였다. 즉 고려왕조에서 충청도 관찰사를 지냈던 상촌桑村 김자수金自粹가 김정희의 선조인데 그는 조선이 개국하자 고향인 안동으로 내려가 은둔하였다. 이후 태종의 회유와 함께 형조판서의 관직에 천거되었으나 이를 거절하고 절의를 지키고자 자결함으로써 충절가문으로 등장한다. 그의 5대손인 김연金堧(1494~?)은 무과에 급제한 후 서흥부사瑞興府使가 되어 대도大盜 임꺽정(林巨正)을 토벌하는 큰 공을 세우지만 안주목사로 그친다. 그는 가야산 서록 취령봉 아래 한다리(大橋)에 터를 잡아 정착하고 후손을 길

렀는데 여기에서부터 이른바 '한다리 김문'이 비롯되었다. 한다리는 지금 충남 서산군 음암면의 대교리大橋里를 말하는데 이곳은 산해山海의 물산이 풍부하고 평야가 넓게 전개되어 곡식이 풍요로운 곳이다.[1] 이러한 지리적 조건에 힘입어 한다리 김문은 크게 번성하게 된다.

정치적으로 한다리 김문이 빛을 발하기 시작한 것은 김연의 증손자인 김홍욱金弘郁(1602~1654)에 이르러서이다. 김홍욱은 충청도와 황해도 관찰사를 역임할 만큼 정치적으로 성장하였는데, 특히 강빈姜嬪의 원옥怨獄[2]을 직간하다가 장살됨으로써 사림士林의 명유名儒로 추앙되었고, 그의 집안은 유림의 명문가로 인식되었다. 이후 집안이 더욱 크게 번성하였으며 나중에는 왕실과 직접 척분을 맺어 왕가의 종척가문으로 위세를 누리게 된다. 즉 김홍욱의 고손高孫인 김한신金漢藎(1720~1756)이 영조의 장녀인 화순옹주和順翁主와 혼인하여 월성위月城尉에 피봉된 것이다. 그러나 월성위 김한신이 아무런 후사가 없이 39세의 나이로 요절하고 화순옹주 역시 14일 동안 굶어서 남편의 뒤를 따라 순사하자 영조는 월성위의 장형長兄인 김한정金漢楨(1702~1764)의 셋째 아들 김이주金頤柱(1730~1797)로 하여금 후사를 잇도록 하였으니 그가 김정희의 조부이다. 이후 김이주의 여러 아들과 조카들이 차례로 등과하여 고위관직을 지냄으로써 실질적인 권력의 중심부에 서게 되었다. 또한 영조의 계비繼妃로서 순조가 어

1) 최완수, 『김추사 연구초』(서울: 지식산업사, 1976), 7-8쪽 참조.

2) 孝宗의 형수인 昭顯世子嬪 姜氏가 趙貴人 등의 誣告로 억울하게 죄인으로 몰려 사사된 옥사로, 사실 이것은 결과적으로 효종의 등극과도 정치적인 관련이 있으므로 효종은 일찍이 이에 대한 논란을 금지하고 만약 이 옥사에 대해 재론하는 자가 있으면 죽음으로써 벌하겠다고 하였다.

린 나이로 즉위하게 되었을 때 수렴청정을 한 정순왕후貞純王后(1745~1805) 역시 김홍욱의 고손高孫이며, 김정희의 12촌 대고모로서 집안의 또 다른 일문을 형성하고 있었다. 그리하여 경주慶州 김씨金氏는 세도정치 시절에 안동安東 김씨金氏, 풍양豊壤 조씨趙氏, 남양南陽 홍씨洪氏 등과 비견될만한 가세를 자랑했다.[3)]

이처럼 막강한 정치적 후원은 김정희가 순탄하게 출세할 수 있는 가장 큰 기반이 되기도 했지만 나중에는 오히려 장애가 되어 가화家禍를 당하는 요인으로 작용하기도 했다. 즉 당색으로 보면 김정희의 집안은 노론老論 벽파僻派에 속해 있었다. 일반적으로 기호 노론 계열에 함께 속하면서도 영조대英祖代 사도세자思悼世子를 모해하는 데 앞장섰던 측을 벽파로 분류하고, 사도세자의 죽음을 동정하고 세손이었던 정조正祖를 보호하여 왕위에 오르도록 애썼던 쪽을 시파時派로 분류하는데, 김정희와 같은 집안이자 정순왕후의 오빠였던 김귀주金龜柱(1740~1786)와 김정희의 조부인 김이주金頤柱 등이 벽파의 중심인물이었다.

정치적인 역학관계상 정조가 즉위해 있었던 때는 시파가 정권을 장악하고 있었으나 정조가 갑자기 서거하고 나이 어린 순조純祖(재위 1800~1834)가 즉위하자 정순왕후貞純王后를 등에 업은 벽파僻派가 일시에 정권을 장악하고, 신유사옥辛酉史獄 등의 옥사를 통하여 시파時派를 몰아내었다. 그러나 정순왕후의 수렴청정이 끝나고 순조가 친정을 하게 되면서부터 안동 김씨의 세도정치가 본격화되며, 경주 김씨 집안은 정치적 시련기를 맞이하게 된다. 김정희가 제주도에 유

---

3) 김정희의 가계에 대해서는 최완수, 『김추사 연구초』, 7-9쪽과 유홍준, 『완당평전』(서울: 학고재, 2002), 27-30쪽 참조.

배되는 것도 사실 이와 같은 정치적인 당파문제가 깊이 관계를 맺고 있는 것이다.

김정희는 이러한 정치적 배경 하에서 출생하였으며, 이것은 그의 철학사상에도 큰 영향을 끼칠 수밖에 없었다. 그는 태어나는 순간부터 주자학의 적통을 자임하고 있었던 노론계열의 학풍과 정치적 입장으로부터 결코 자유로울 수 없었으며, 어떤 방식으로든 일정 부분을 수용하는 태도를 지니게 되었던 것이다.

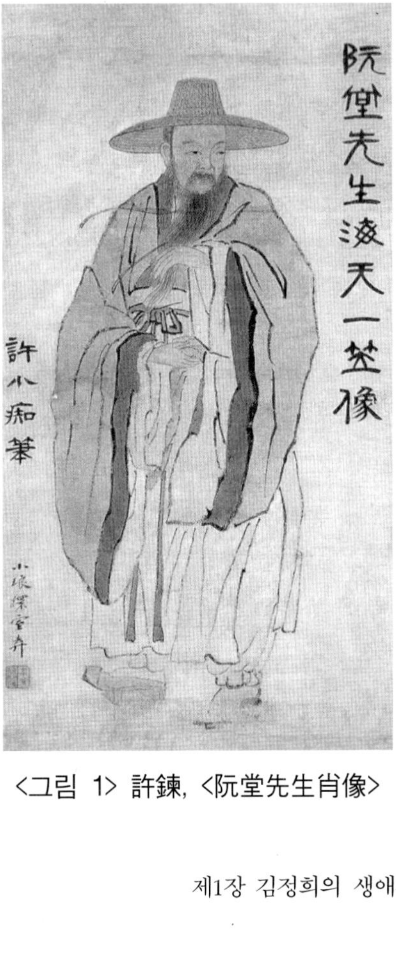

<그림 1> 許鍊, <阮堂先生肖像>

2) 김정희의 생애

(1) 성장기

김정희의 출생과 관련된 이야기는 주로 그의 천재성을 부각시키고 있다. 이를테면 김정희의 모친 기계杞溪 유씨兪氏가 김정희를 잉태한지 24개월 만에 그를 낳았는데, 그가 출생하던 날은 우물물이 줄어들고 팔봉산八峰山의 나무들이 모두 시들어 버렸다고 한다. 그래서 김정희는 팔봉산 정기를 받은 사람으로 알려졌으며, 아기 때부터 신동 소리를 듣게 되었다. 돌이 지나면서 말과 글을 함께 터득하여 나갔고, 세 살 때부터 붓을 잡는 집필이 야무져 그의 부친은 장차 명필이 될 줄 알고 교육에 심혈을 기울였다고 한다.[4)]

또 그가 6세 되던 해에 입춘첩立春帖을 써서 대문에 붙인 일이 있었다. 마침 당시 북학파北學派의 대표적 지식인인 초정 박제가朴齊家(楚亭, 1750~1815)가 지나가다가 이를 보고 깜짝 놀라서 일부러 집안으로 들어와 아버지인 김노경金魯敬을 만나서 '이 아이가 성장하면 내가 가르쳐 보겠노라' 고 이야기했다고 한다. 7살 때에도 역시 춘서첩을 써서 대문에 붙였는데 이번에는 당시 영의정이었던 채제공蔡濟恭(樊岩, 1720~1799)이 찾아와 말하기를 '이 아이는 반드시 명필로 이름을 드날릴 터이나 만약 글씨를 잘 쓰면 운명이 기구할 것이니 절대로 붓을 잡지 못하게 해야 한다. 만약 문장으로 세상을 울리면 꼭 크게 귀하게 되리라' 라고 말했다고 한다.

김정희는 어렸을 때 벌써 백가서百家書에 달통하고 15세 되던 해

---

4) 최완수, 「추사실기-그 파란의 생애와 예술」, 『추사 김정희』(서울: 중앙일보사, 1985), 194쪽 참조.

에는 어릴 때 약속한 대로 박제가에게 나아가 배우게 된다.[5] 김정희는 북학파의 석학인 박제가로부터 학문을 배우고, 또한 청나라 연경의 발달된 문물과 그곳 학자들의 왕성한 학예 활동과 신경향에 대한 이야기를 듣고 연경 학계를 동경하게 된다. 그래서 그 뜻을 시로 읊었는데 이 시를 보면 그가 얼마나 연경燕京을 그리워했는지를 짐작할 수 있다.

> 개연히 한 생각을 일으켜 / 사해에서 널리 지기를 맺고 싶네. / 만약 마음이 맞는 사람을 얻게 된다면 / 그를 위해 목숨을 바칠 수도 있겠네. / 하늘 아래엔 명사가 많다 하니 / 부럽기 그지없어라.[6]

이와 같이 김정희는 동쪽나라에는 사귈 만한 선비가 없다며 중국을 동경하고, 꼭 한 번 연경을 방문하고 싶다는 소망을 가지게 된다. 박제가는 어린 제자가 북학에 뜻을 세운 것을 기특하게 여기고, 중국학자인 조강曹江에게 자랑삼아 이 시를 보여주었다고 한다. 아무튼 이 시기까지 김정희의 학문은 가업으로부터 배운 기호학파 계열의 주자학과 박제가로부터 배운 북학파의 실학적 영향이 함께 뒤섞여 있었으며, 시기적으로는 그 자신의 철학사상을 건립하기 위한 기본적 소양이 다져진 시기라고 할 수 있다.

(2) 입연시기入燕時期

김정희는 1809년 24세의 나이로 생원시에 급제하였고, 그해 10월

---

5) 최완수, 『김추사 연구초』, 13쪽.

6) "慨然起別想, 四海結知己, 如得契心人, 可以爲一死, 日下多名士, 艶羡不自已." 유홍준, 『완당평전』, 48쪽에서 재인용.

에는 동지부사冬至副使로 임명된 아버지 김노경을 따라 자제군관子弟軍官[7]의 자격으로 평소 동경해 마지않았던 연경燕京을 방문하게 된다. 이 사건은 김정희의 학문관이나 예술관을 근본적으로 변화시키는 계기가 되었으며, 따라서 이 시기는 그의 평생에 있어서 가장 중요한 시기였다고 할 수 있다.

김정희는 입연 당시 연경 학계의 지극한 환대를 받았는데, 우선 스승 박제가와 친교가 있는 젊은 학자 조강曹江을 방문하여 학문과 문장을 논하였고, 또 서성백을 알게 되어 그의 안내로 1810년 1월에 당대의 석학인 옹방강翁方綱(覃溪, 1733~1818)을 방문하였다. 그 때 옹방강은 78세의 나이로 청나라 고증학考證學의 대표적 지식인이자 원로였는데, 처음 김정희를 만나보고 곧바로 그의 학문적 소양과 재능에 크게 감탄하여 자신이 소장하고 있었던 진기한 금석탁본金石拓本과 법첩法帖 등을 직접 보여주고 자세한 설명을 덧붙여 줌으로써 김정희의 안목을 크게 높여주었다. 뿐만 아니라 옹방강은 문학, 금석학, 경학에 이르기까지 전반적인 가르침을 내리는데, 그 중에서도 '한송불분론漢宋不分論' 이라는 그의 경학사상經學思想은 이후 김정희 철학사상의 기본이 된다.

김정희에 대한 옹방강의 깊은 관심과 배려는 김정희가 귀국한 후에도 계속 이어졌으며, 세 번에 걸친 수찰手札을 통하여 부족한 부분을 보완해 주고자 하였다.[8] 김정희 역시 옹방강의 학문과 예술적

---

7) 子弟軍官이란 직책이 본래 공적인 사명을 띤 것이 아니라 三使의 자제들이 그 부형을 사적으로 시중들기 위해 따라가는 것이었으므로 그 행동도 공식적인 제약을 받지 않고 매우 자유로운 것이어서 일찍부터 중국문물의 導入창구 역할을 해온 것이었다. 최완수, 「추사실기」, 9쪽 참조.

8) 옹방강이 보낸 手札의 자세한 내용은 藤塚隣, 『추사 김정희의 또다른 얼굴』,

식견에 대해 지극한 존경심을 지니고 있었으며, 이런 의도에서 그의 서재 이름을 〈보담재寶覃齋〉[9]라고 짓기도 하였다.

그런데 옹방강과 김정희가 이렇게 서로에게 우호적일 수 있었던 것은 옹방강의 학문적 특징과도 관련되어 있었다. 즉 옹방강은 당시 청대의 한학漢學 위주의 학풍에 불만을 가지고 있었으며, 한송불분론을 주장하여 나름대로 송학宋學에도 장점이 있음을 역설하고자 하였다. 김정희는 박제가의 영향으로 고증학에 대한 약간의 식견은 있었으나 그래도 아직 학문의 중심은 송학에 있었다. 주위의 모든 학자들이 한학을 높이고 송학에 무지한 상황에서 아직 어린 나이의 학인이 한학에 대해 편견을 가지고 있거나 부정하지 않으면서도 송학에 대해 상당한 수준의 지적 역량을 지니고 있음을 발견했을 때, 옹방강이 얼마나 기뻐하고 기특한 생각을 했을지는 충분히 짐작할 수 있을 것이다. 김정희 역시 한대 경학에 대한 지식의 얕음은 탓하지 않고 자신의 장점인 송학에 대한 식견을 높이 평가해 주는 옹방강에 대해 적극적인 신뢰와 존경을 보낼 수밖에 없었던 것이다.

그 다음으로 김정희에게 큰 영향을 끼친 사람은 당시 청나라에서 옹방강과 함께 쌍벽을 이루던 완원阮元(芸臺, 1764~1849)이다. 완원은 강소江蘇 의미인儀微人으로 관직이 체인각대학사體仁閣大學士, 태자태보太子太保에까지 이르렀던 대관大官으로 학문을 장려하여 학계에 공헌한 통유通儒였으며 문장가로서도 일가를 이루었다. 김정희가

박희영 譯(서울: 아카데미하우스, 1994)을 참고할 것.

9) 김정희의 스승이었던 옹방강은 평소 蘇軾을 흠모하여 서재명을 〈寶蘇齋〉라 하였는데, 이를 본따서 김정희 역시 자신의 서재에 옹방강을 뜻하는 覃字를 넣어 〈寶覃齋〉라는 이름을 붙였다.

찾아갔을 때, 그는 49세의 나이였고, 이미 천하에 이름을 떨치는 사람이었음에도 불구하고 김정희를 자신의 서재로 맞아들여 귀한 차를 대접하면서 조언을 아끼지 않았고, 자신이 소장하고 있던 금석자료를 비롯하여 많은 경학, 금석학, 시문집 관련 서책을 보여주고 또 자신의 저서를 비롯한 많은 서적들을 선물하기도 하였다. 이리하여 김정희는 완원으로부터 문학, 경학의 영향을 지대하게 받게 되었으며, 특히 실사구시實事求是의 학문적 태도와 청나라 비학파碑學派의 예술 이론을 적극적으로 수용하였다.

이처럼 김정희가 연경에 머물렀던 기간은 비록 길지 않았지만, 그 동안 얻은 성과는 매우 컸으며, 귀국한 후에도 그들과 지속적인 교류를 통하여 실사구시의 실증적 태도를 기반으로 하는 한송불분론의 철학체계를 더욱 확고하게 형성하였다. 이러한 학문관은 1816년에 쓴 「실사구시설實事求是說」에 잘 나타나 있다.

(3) 정치적 시련과 예술적 완숙기

또한 김정희는 이후 관직에 나아가 순탄한 출세의 길을 걸었다. 그는 34세의 나이로 대과大科에 급제하여 출사한 후 38세에 규장각 시교待敎, 41세에는 충청우도 암행어사로 임명되어 고향으로 금의환향하게 된다. 그런데 이 암행 도중에 비인庇仁 현감이었던 김우명金遇明의 비리를 발견하여 그를 봉고파직 하는 사건이 있었는데, 안동 김씨인 김우명은 이 일로 앙심을 품고 이후 가장 앞장서서 김정희 부자를 공격하였으며, 1840년 김정희가 정쟁에 휩쓸려 제주도에 유배되는 데 결정적인 역할을 담당하였다.

이 시기 김정희는 학문적으로 더욱 성숙해 갔으며, 적극적으로 조선의 학계와 예술계를 비판하였다. 그는 당시의 학계에 대해 함부로 자신의 견해를 내세울 것이 아니라 철저한 고증을 통하여 연원이 확실하고 근거가 분명한 것만을 사실로 받아들여야 함을 역설하였다. 뿐만 아니라 청나라의 학예 역시 일방적으로 수용하기만 한 것이 아니라 근거가 부족하고 연원이 확실치 않다고 판단된 것에 대해서는 마찬가지로 예리한 분석을 통하여 철저하게 비판하였다. 또한 다른 한 편으로는 금석학에 큰 관심을 두어 고비古碑를 발굴하고 고증하는 데 힘을 쏟았으며, 그 결과로 황초령黃草嶺 진흥왕순수비眞興王巡狩碑를 발굴하여 「진흥이비고眞興二碑攷」를 저술하기도 하였다.

1835년 헌종의 즉위로 풍양豊壤 조씨趙氏가 정권을 장악할 때까지만 해도 김정희의 관직 생활은 비교적 순탄하였으며, 관직이 성균관 대사성成均館大司成, 병조참판兵曹參判, 형조참판刑曹參判 등에까지 이르렀다. 그러나 그것을 끝으로 그의 나이 55세 때인 1840년 다시 안동 김씨가 권력을 장악하자 정치적으로는 곧바로 쇠락의 길을 걷게 된다. 그해 6월 병조참판으로서 동지사은부사冬至謝恩副使로 임명되었을 때만 하더라도 30년 만에 다시 연경을 방문할 수 있다는 기대감에 부풀어 있었다. 게다가 예전에는 자제군관의 자격이었으나 이번에는 본인 스스로가 동지부사가 되어 연행燕行하는 것인 만큼 의미가 더욱 컸을 것이다.

그러나 연행을 떠나기 직전에 김홍근, 김우명 등 안동 김씨와의 악연으로 인해 10년 전 부친 김노경과 윤상도尹尙度의 옥사가 다시 재론되면서 여기에 관련되어 집중적인 공격을 받게 된다. 이것은 사실상 근래 세력을 형성하던 조인영, 권돈인, 김정희 등 반反 안동 김씨 세력에 위협을 느낀 안동 김씨 일문의 정치적 공격이었으며, 이

사건으로 인해 결국 김정희는 실각하고 목숨만 부지한 채 제주도에 유배되어 9년이라는 고난의 시간을 보낸다. 그의 대표작으로 평가되면서 탁월한 예술적 경지를 보여주는 〈세한도歲寒圖〉에는 당시의 처연하고 울분에 찬 심사가 고스란히 담겨 있다.

제주도 유배에서 풀려난 후에도 곧바로 다른 사건에 휘말려 또다시 북청에서 1년간 유배 생활을 하게 된다. 그리고 68세에 해배된 후 71세의 나이로 사망할 때까지 정치적으로는 완전히 소외되고, 집안 역시 가세가 몰락함으로써 초라하고 궁핍한 만년을 보낸다. 하지만 역설적이게도 정치적으로 소외된 이 시기가 오히려 학문적으로나 예술적으로는 자신을 완성하는 중요한 시기가 되기도 하였다.

이 기간 동안 김정희는 학문적으로는 한학과 송학에 구애되지 않고 성현의 도를 실증적으로 구현하는 것이 곧 유학의 본령이라는 한송불분론의 철학사상을 완전히 체득하였으며, 이를 예술작품으로 실현하여 기존의 모든 서체를 종합하고 거기에다 새로운 자신의 개성을 불어 넣은 추사체를 완성하였다. 또한 학문의 정신과 예술성이란 따로 떨어진 것이 아니라 동일한 이상을 추구하는 것이라는 인식 하에서 예술을 단순히 학문의 보조적인 수단으로서가 아니라 그 자체로 궁극적인 가치를 지니는 것으로 보아 예술이란 곧 예도藝道임을 천명하였다. 그리하여 김정희는 하나의 예술작품을 창작하는 행위는 성학聖學에서 격물치지格物致知를 통하여 궁극적 이치를 추구하는 것과 다르지 않다는 학예일치學藝一致의 예술정신을 확립하였다. 그 구체적인 내용에 대해서는 다음 장에서 논의하기로 한다.

2. 18세기 조선 예술계의 성과와 문제의식

1) 18세기 조선 예술계의 전개와 성과

원래 조선 왕조는 주자학을 이념적 기반으로 하여 성립한 나라였다. 그러므로 조선 전기의 문화는 중국풍이 만연한 것일 수밖에 없었다. 그러나 임진왜란壬辰倭亂(1592년)과 병자호란丙子胡亂(1636년)의 양란 이후 조선사회 전반에 걸쳐 일어난 변혁의 기류는 명·청이 교체하는 동북아시아 국제 정세의 병화와 함께 가속화되어 숭명배청崇明排淸과 북벌론北伐論, 그리고 소중화주의小中和主義 사상이라는 민족적 주체의식을 형성하였다.

뿐만 아니라 성리학에 있어서도 나름대로의 발전 과정을 거쳐 리기理氣를 중심으로 하는 우주론적·철학적 사변에 몰입하는 것에서 인간 심성의 도덕적 본질을 파악하고 이를 실현하려는 심성론心性論 중심의 학문으로 변화시켰고, 더 나아가 이론적인 공론을 비판하고 현실의 문제를 논하고 경세치용經世致用·이용후생利用厚生을 추구하는 실학이 등장하였다. 실학의 등장은 사회 문화현상 전반에 있어서도 현실주의적 사고를 토대로 한 사실주의적 풍조를 불러 일으켜 진경시대眞景時代를 열게 하였다.

진경시대란 조선 후기 문화 전반에 걸쳐 우리 고유의 특성과 미감을 한껏 드러내면서 활발한 발전을 이루었던 문화절정기를 일컫는 문화사적인 시대 구분의 명칭이다. 그 기간은 17세기 후반부터 18세기 전체에 걸친 시기를 말한다. 문학에서는 한글소설과 한글가사가 등장하여 일반 서민들에게까지 향수층을 확장하였고, 한문학에 있어서도 김창흡金昌翕(三淵, 1653~1722) 등이 우리 산천의 아름다움을 소재로 하여 이를 시문詩文으로 표현하면서 우리 어감에 맞도록 어순을 자유롭게 변화시키는 독특한 진경시문학眞景詩文學의 기틀을 마련하였고, 이어서 박지원朴趾源(燕岩, 1737~1805)을 중심으로 하여 신문체 운동이 활발하게 일어났다.

민족적 주체의식에 기반한 사실주의적 풍조는 문학뿐만 아니라 음악, 공예, 서예, 회화 등 모든 문화 예술영역에 걸쳐 전개되었으며, 특히 서예에서는 동국진체東國眞體로, 회화에서는 진경산수眞景山水로 형상화되었다.

동국진체는 이익李瀷(星湖, 1681~1763)의 이복형異腹兄인 이서李溆(玉洞, 1662~1723)가 당시 조선에 유행하던 「악의론樂毅論」·「유교경遺敎經」·「황정경黃庭經」등 왕희지 서체를 조첩祖帖으로 하여 창안한 서체인데, 이것은 윤순尹淳(白下, 1680~1740)을 거쳐 이광사李匡師(圓嶠, 1705~1777)에 이르러 완성을 보게 된다. 이 새로운 서체는 민족적 주체의식의 자각이라는 문화적 변화를 상징적으로 반영한 것이며, 이러한 변화의 모색과 창조적 시도의 결정으로 출현한 것이다. 이서는 『필결』「논맹부論孟頫」에서 이렇게 말한다.

> (조맹부는) 심술이 부정하여 정법에 어긋났기 때문에 그의 획법은 화사하고, 자법은 간교하니 여우처럼 세상을 홀린 것이다. 마땅히 아첨하는 사람과 같이 생각하고 단절해야 하며, 마땅히 음성과 난색으로 여겨서 멀리해야만 한다. 맹부의 서법은 참된 서법을 대단히 어지럽히는데다가 용렬하며 속되기 때문에 고명한 사람은 본받아서는 안 된다.[10)]

---

10) 李溆, 『筆訣』, 「論孟頫」. "心術不正, 悖於正法, 故畫法回邪. 字法奸巧, 所以狐媚於世, 當如佞人而絶之, 當如淫聲亂色而遠之可也. 孟頫之法亂眞極矣, 庸俗敎高

이처럼 이서는 『필결』의 저술 동기를 조맹부체(松雪體)의 폐단과 정법正法이 무너진 시대의 위기를 극복하기 위함이었다고 밝혔다. 즉 '동국진체'는 이서가 조맹부체의 폐단과 정법이 무너진 시대의 위기를 극복하기 위하여 이를 비판하면서 자기의 독특한 한국적인 개성을 전개시킨 것이다.

이서는 왕희지의 「악의론樂毅論」을 독실하게 연마한 후 해서楷書와 행서行書, 초서草書에서 자기의 서체를 확립하였으며, 이 서체를 '옥동체' 또는 '동국진체'로 명명하였다. 동국진체의 특징 또한 종횡縱橫으로 분방한 풍격을 연출하면서도 엄정함을 잃지 않았고, 웅장하고 쾌건한 기상을 지닌 독창적인 경지를 이루었다.

이서로부터 시작된 동국진체의 서체를 완성시킨 사람은 이광사李匡師이다. 이광사는 명필 집안의 후예로서 윤순尹淳에게 사사하고, 30세 이후에는 왕희지와 위진魏晉시기의 고법을 학습하여 40세 이후 조선 최고의 서예가로 필명을 날린 사람으로서 그의 서예미학을 대표하는 것은 서예이론서인 『서결書訣』이다. 『서결』의 주요 내용은, 〈필진도筆陣圖〉의 위작僞作 여부와, 각종의 비석에 대한 견해, 왕희지에 대한 인식, 당唐이나 송대宋代 사람들의 서평書評, 조선인들에 대한 논평論評 등이다.

이광사는 당·송 사람들의 서품평書品評에 대해서는 다음과 같이 말한다.

> 요즘 사람이 어찌 구양순歐陽詢의 높은 재주를 논하겠는가만 그는 시세時世에 얽매여 '조균점획調均點畫'·'상하균평上下均

明者有所不取."

> 平' 등의 말에 따라 방판일률方板一律한 글씨를 썼다. 왕희지의 어느 글씨를 보아도 이러한 식의 글씨는 아니며, 안진경顔眞卿·유공권柳公權 등 여러 사람들도 모두 이러한 투套를 따랐다. 그러나 당인唐人의 화의는 경건함을 잃지 않았으나, 송·원 이후에 이르면, 화의가 천속淺俗하며 오로지 유려함을 따르니, 서도書道의 그릇됨이 극에 달하였다. (이는) 내가 당 이후의 글씨를 언급하지 않으려는 이유이다.[11]

여기에서 이광사는 당唐나라 사람들의 글씨는 적어도 그 경건함을 잃지는 않았으나, 송宋·원대元代 이후에 이르게 되면 글씨가 천속하고 유려함만 따르게 되는 것을 비판하고 있다. 따라서 자신의 글씨는 송대 이후의 서예를 무시하고 곧바로 왕희지체를 조종으로 하고 있으며, 분방하면서도 엄정함을 잃지 않고 경건한 획법을 구사함을 강조한다. 실제로 그의 서체는 분방한 풍격을 연출하면서도 엄정함을 잃지 않고 있으며, 또 성정이 귀족적이고 사대부적인 세련됨과 아울러 당나라 서체의 특징이라고 할 수 있는 웅장하고 경건한 획법을 구사하고 있다.

다른 한 편으로 이러한 민족적 자각에 기초한 사실주의 정신이 회화의 영역에서 발현된 것은 진경산수와 풍속화의 유행이라고 할 수 있다. 진경산수를 완성한 정선鄭敾(謙齋, 1676~1759)은 스승이었던 김창흡이 진경시眞景詩를 지어 우리 산천의 아름다움을 노래하는 것을 보고 이를 그림으로 바꿔 표현하고자 하는 노력을 기울였다.

---

11) 李匡師, 『書訣』, "今人, 豈足論以歐陽詢之高才, 猶局於時世, 內有調均點畫, 上下均平等語, 而作方板一律之畫. 悉踏右軍, 不是書之科, 顔柳諸公, 皆承此套. 然唐人畫意, 猶不失勁健, 逮宋元以來, 竝畫意淺俗, 專事柔媚, 書道之僞極矣. 吾所以自唐以後, 不欲稱載者也."

그리하여 북종화北宗畵의 특징적 기법인 선묘법線描法과 남종화南宗畵의 특징적 기법인 묵법墨法을 이상적으로 조화시켜 조선의 산세를 사실적으로 묘사하는 새로운 기법을 완성하였다. 즉 금강산이나 설악산처럼 암봉岩峰이 서릿발처럼 모여 있는 산세는 북종화법인 선묘로 표현하고, 흙으로 덮여 수목이 울창한 산세는 남종화법인 농묵으로 표현하면서 하나의 화면에 이 두 가지 모습을 조화롭게 배치하여 사실성을 확보하면서도 회화의 사의성寫意性도 동시에 지켜낼 수 있었던 것이다.

진경산수화는 그 속에 등장하는 산수는 물론이고 인물들까지도 모두 당시 조선 사람들의 모습을 그대로 그려내었다. 이전에 중국풍 산수화의 틀을 벗어나지 못했을 때, 화면에 등장한 인물들 역시 중국풍의 의상과 외형을 벗지 못했던 것과는 상당히 대조적인 현상이었다. 또한 그림의 소재가 주변의 사실적인 대상으로 변화하면서 자연스럽게 풍속화風俗畵(俗畵)가 출현하게 되는데, 이 풍속화는 조영석趙榮祏(觀我齋, 1686~1761)에 의해서 본격적인 기틀을 잡게 된다. 그는 조선 사람들의 모습과 생활상을 사실적인 기법으로 표현함으로써 산수뿐만 아니라 회화의 모든 대상을 통하여 진경을 확보하고자 하였다.

조영석의 풍속화는 김홍도金弘道(檀園, 1745~1806)와 김득신金得臣(兢齋, 1764~1822), 신윤복申潤福(蕙園, 1758~?) 등과 같은 화원화가들에 의해 계승되어 사실주의의 대미를 장식하게 된다. 즉 새로운 양식의 창안은 기존 이념에 대한 문제의식과 새로운 이념의 선구적 이해를 필요로 하기 때문에 이념적 선두 집단인 사대부에 의해 시도되었지만, 화원화가들은 왕실이나 궁척들의 주문에 따라 기존의 화풍을 활용하여 보다 훌륭한 그림을 그려내는 것이 그들의 몫이었으므로 회화사에서 대미를 장식하는 역할을 담당하게 되었던 것이다.[12)]

이들의 풍속화는 진경산수의 단순한 구도를 넘어서서 다양하고 복합적인 구도를 사용하여 생동감 있는 그림을 그려내었으며, 마치 초상화처럼 형태를 세밀하게 묘사함으로써 최대한의 사실성을 획득할 수 있었다. 또한 여기에 그치지 않고 자신들의 개성미가 적극적으로 표출되면서 개성적 독창성이 발휘되었으며, 이는 양식의 다양화를 가져왔다. 여기에 이르러서야 비로소 조선의 회화가 예술적 완성을 맛보게 되는 것이다.

이것은 단순히 회화 또는 예술계의 독자적인 발전이라기보다는 현실 비판적인 사회의식과 경세치용經世致用·이용후생利用厚生의 실학적 성향이 예술에 반영된 결과라고 볼 수 있으며, 또한 전반적인 사회구조의 변화에 따른 예술에 대한 인식의 변화, 즉 작가층의 다양화와 민간경제의 발전에 따른 향수층의 증가 등이 추동한 예술적 산물이라고 평가할 수 있다.

2) 사실주의 정신의 쇠퇴와 새로운 문제의식

이와 같이 조선후기에 성행하였던 진경산수화풍의 그림은 공허하기만 하고 이념에 치우친 의식에서 탈피하여, 민족적 주체의식의 자각에 기초한 사실주의 정신과 실질적인 내용을 중시하는 실학 운동의 영향을 직접적으로 수용하면서 발전해 나갔다고 할 수 있다.

---

12) 최완수 외, 『진경시대』(서울: 돌베게, 1998), 41쪽 참조.

그러나 지나친 사의성寫意性의 강조로 인하여 너무 형식화되어 버린 중국적 관념 산수를 비판하면서 사실성과 주체성을 바탕으로 새롭게 등장한 진경산수도 시간이 지나면서 그 본래의 의도와는 달리 또 다른 형식화된 경향이 나타나기 시작한다. 즉 19세기에 이르면 진경산수 이전에 나타났던 관념 산수와는 반대로 실제적인 사실성을 지나치게 강조함으로 인해 사의성 자체는 없어지고 형태의 유사성에만 치우치는 경향이 나타났으며, 이런 영향으로 '풍속화' 나 '회계도' 그리고 '평생도' 가 유행하게 된다. 이는 실제 생활의 모습들을 그림으로 표현한다는 사회적 변화에 따른 자연스런 현상이라고 할 수 있겠으나 예술적 가치라는 측면에서는 앞의 시대에 비해 오히려 퇴보하는 양상을 보인다.

특히 '평생도' 는 사회적 신분질서의 변동에 따라 새로 양반계층에 편입된 사람들 사이에서 크게 유행하였는데, 이들은 화가들로 하여금 '평생도' 를 그리게 하여 자신이 양반이 된 것을 후세에게 그림으로 남기고자 하는 목적을 지니고 있었다. 이와 같은 화풍은 자신이 살아온 생활의 모습을 그림으로 표현하기 때문에 사의적인 표현보다는 실재적인 사실에 근거한 형사를 중시하지 않으면 안 되었다. 따라서 이전의 산수화에서처럼 감상의 대상으로서의 산수화가 아니라, 인물의 배경으로 산수화가 그려졌다.

이처럼 사실주의 정신의 변질과 세속화로 인해 작품의 중심에 인물이 부각됨으로써 인물묘사에만 중심을 둔 그림들이 등장하게 된다. 인물의 묘사를 통하여 사회를 비판하는 풍자성을 띤 풍속화는 한 때 조선의 회화사를 독점하다시피 하였다. 그러나 사회적 풍자라는 명목아래 감각적이고 퇴폐적인 '춘화도' 와 같은 부류의 경박한 그림들이 양반들 사회에서 유행하게 되자 나중에는 이런 병폐를 막기 인해 국가에서 금화령禁畵令을 내리게까지 되었다.

19세기 풍속화의 섬세하고 세부적인 묘사는 실재적인 사실성에 근거하여 일상생활 모습들을 표현한다는 측면에서는 자연스러운 일이었지만, 회화사에 있어서는 고도의 정신세계를 그림으로 표현한다는 문인화의 사의성은 사라지고, 지나치게 형태묘사에만 그쳐버리는 결과를 초래하였다. 즉 이러한 작품은 풍자적 의미는 가지고 있을지라도 회화사의 측면에서 보면, 문인정신을 강조하는 남종 문인화의 사의성은 찾아보기 어렵고, 표현기법에 의존하여 인물의 세밀한 부분까지 묘사의 대상으로 삼아 대상과의 형태적 유사성에 집착함으로써 지나치게 형사에만 치우치게 된 것이다.

또한 다른 한 편으로 18세기 사실주의 정신에 입각한 예술정신의 자각과 구체적 작품 활동의 발전은 동시에 그에 따르는 미학이론의 발전을 요구하게 된다. 만약 이론적인 측면에서 이러한 발전과 다양성을 올바르게 확보해 내지 못한다면 그것은 일시적인 유행으로 끝나버리게 되고 더 이상의 새로운 창조성을 보여주지 못할 것이기 때문이다.

이렇게 본다면 조선후기는 활발한 예술 활동에 비해 이를 뒷받침해 줄 수 있는 이론적 탐색이 부족했다. 당시 예술계를 이끄는 주축이었던 중인 계층은 지적 역량이 부족하였고, 상대적으로 지적 역량이 풍부했던 양반 계층의 주류는 여전히 예술 자체의 가치를 폄하하는 전통 주자학의 경직된 태도를 답습하고 있었기 때문이다.[13]

13) 주자학은 학문적 연원에서부터 詞章學에 대한 비판에서 출발하였으며, 따라서 일반적으로 예술에 대해 '玩物喪志'라 하여 경계의 대상으로 보고 천시하는

비록 이익李瀷(星湖, 1681~1763)이나 정약용丁若鏞(茶山, 1762~1836) 등과 같은 몇몇 지식인들에 의해 주목을 받기는 했으나 그들의 예술이론 역시 아직은 초보적인 단계에 머물러 있었다.[14] 바로 이런 한계로 인해 19세기에 이르러 조선의 예술은 오히려 이전 세기에 비해 쇠퇴하는 양상을 띠고 있었으며, 동시에 시대의 변화를 부정하는 보수주의적 성향에 의해 강력한 도전에 직면하게 된다.

김정희는 바로 이러한 역사적 지점에 위치해 있다. 즉 18세기의 사실주의적이고 다양한 예술형식이 보다 발전된 이론체계의 부재로 인해 위기에 봉착하고, 다시 단순한 답습의 형태로 퇴조해 가는 상황에서 전시대의 유업을 완성하고 새로운 형식의 창조적 예술 형식을 완성해야 하는 책임이 그에게 부과된 것이다.

이런 점에서 김정희는 회화 본연의 사의성寫意性을 회복하고 지나치게 형사 위주로 빠져버리고 예술의 본질적 의미를 상실해 버린 당시의 회화를 비판하고 극복하기 위해 고도의 정신세계를 요구하는 '문자향文字香·서권기書卷氣'를 강조하게 된다. 이를 통하여 실제적인 사실에 근거한 형사形似의 장점을 취하면서도 동시에 자신의 고도의 예술적 정신성을 작품 속에 표현하고자 하였던 것이다. 이것이 예술 전반에 대한 김정희의 기본 정신이며, 그는 구체적으로 이 정신을 구현하여 예술 작품을 창작하고자 하였다.

경향이 있었다. 또 부분적으로 예술을 수용하는 경우에 있어서도 道를 전달하기 위한 현실적 유용성이나 선비들의 餘技라는 측면에 제한되어 있었다.

14) 이익은 『星湖僿說』에서 회화에 있어서 形似와 神似의 관계에 대한 견해를 피력하고 있으며, 정약용은 「樂論」을 지어 음악의 기능과 역할에 대해 언급하고 있다.

제2장 한송불분론漢宋不分論과 김정희의 철학사상

1. 조선사상계의 흐름과 청대清代의 고증학考證學

1) 조선 사상계의 흐름

김정희가 태어난 시기는 사회적으로는 벌써 조선왕조의 지도이념이던 성리학이 이 땅에서 여러 가지 병폐를 남기며 퇴색해 가고 있었다. 성리학은 명목상 지도이념일 뿐 이미 현실과 유리되어 학문 자체가 공허하게 되고, 의리와 명분의 기준이 되던 예론禮論은 형식만 남아서 허례허식虛禮虛飾으로 전락해버린 것이다. 그러므로 조선의 지식인들 중에는 이에 대한 반성과 비판의 소리가 높아 가기 시작하였으며, 새로운 사상적 흐름이 일어났다. 또 일부 집권층 자제들 사이에서는 성리학 자체에 대한 회의를 품고 청나라에서 새로 일어난 고증학을 받아들여 개혁을 시도하고자 하는 움직임도 서서히 일기 시작한다. 이들이 소위 북학파들이다.

북학파는 홍대용洪大容(湛軒, 1731~1786), 박지원朴趾源(燕岩, 1737~1805) 또 그의 제자들인 이덕무李德懋(靑莊舘, 1741~1783), 유득공柳得恭(冷齋, 1748~?), 박제가朴齊家(楚亭, 1750~1815), 이서구李書九(薑山, 1754~1805), 남공철南公轍(金陵, 1760~1840)등과 같은 사람이 중심이

되며, 이들은 새로운 시대적 흐름을 주도하고 있었다. 그 중에서도 김정희에게 가장 직접적인 영향을 준 사람은 박제가이다. 박제가는 『북학의北學議』를 저술하여 그 중요성과 필요성을 강조할 만큼 북학에 가장 열성을 보이고 있었다. 이러한 박제가로부터 영향을 받은 김정희는 일찍이 청대 학술의 새롭고 실천적이며 과학적 학문을 접해보고 싶은 생각이 누구보다 강했으리라 짐작된다.[15]

당시 조선사상계를 살펴보면 정조대 이후 세도 정국의 주도층이 되는 관료학자들은 선배들의 학문적 지향에서 벗어나 북학풍을 수용하는 경향을 보이고 있었고, 그에 비해 전통주자학에 대한 관심은 전반적으로 희박해져 갔다. 이로써 한학漢學의 수용문제가 학계의 중요한 쟁점이 되었던 바, 그런 과정에서 전통주자학의 절대적 위치는 점점 삭감되고, 주자학은 상대화된 송학宋學으로서의 의미만을 가지는 것으로 되어 갔다. 이미 18세기 후반에 홍대용, 박지원 등이 당시의 사회현실을 직시하면서 북학론과 경세학經世學 위주의 학문관을 제기한 바 있었다. 이들은 비록 산림처사적 생활과 하급관료를 거치는 등의 사회적 위치를 지녔던 것이지만, 그들의 후배들은 정조 말년에 이르면 이미 상당한 정치적 진출을 보이고 있으며, 순조대 이후 개항기에 이르기까지의 학계와 정계에 적지 않은 영향력을 발휘하고 있었다.

또한 세도정국의 전개과정에서 그 핵심에 서서 정국을 주도했다고 할 수 있는 김조순金祖淳(楓皐, 1765~1832), 심상규沈象奎(斗室, 1766~1838), 이상황李相璜(1763~1841), 남공철南公轍(金陵, 1760~1840) 등 안

15) 서경요, 「완당의 경학관」, 『(補遺篇)韓國實學思想論文選集』, 제17집(서울: 불함문화사, 1994), 184쪽 참조.

동 김씨 계열의 학자들과, 이들과는 약간의 정치적 입장 차이를 보이지만 그 주변에서 고위 관료에까지 진출하는 이서구李書九, 홍섭주洪燮周(?~?), 김우순金宇淳, 서유거徐有渠(藥峰, 1764~1845) 등은 박지원과 관계를 맺고 북학사상의 영향을 받았다. 이들은 정조正祖 재위에 조정에서 성장하였던 바로 그 사람들이었으며, 이런 부류들의 영향을 받는 후배로서 조인영趙寅永(雲石, 1782~1850), 권돈인權敦仁(彝齋, 1783~1859), 김정희 등 풍양豊壤 조씨趙氏 쪽에 섰던 소장층 학자들이 성장하고 활동하였던 것이다. 전통 주자학에 대한 반성에 있어서도 직접적인 경세학經世學을 강구하는 것보다는 한유漢儒의 명물훈고名物訓詁를 수용한다는 청조고증학의 경학적經學的 연구태도에 영향을 받는 경우가 거의 대세를 이루었다. 이러한 사상계의 흐름 가운데 김정희는 한송불분론을 주장하게 되었던 것이다.[16)]

김정희가 청조고증학에 심취되었던 이유를 당시의 사상계와 관련성 속에서 보면, 화이론華夷論을 극복하고 북학을 주장하면서 경세학에 치중하였던 북학파의 사상과도 다르며, 경학에 관한 체계적 저술을 통하여 독창적인 견해를 정립하고 여기에 근거하여 사회전반의 개혁을 주장한 다산 정약용과도 사상에 있어서는 현저히 다른 특징을 드러내고 있다.

사회적으로 근대화를 담당하여야 하는 지배층과 사대부 계층은 형식적인 의례숭고儀禮崇古에 치우쳐서 문인들의 자기표현의 자유를 억압하였고, 가문과 종문宗門의 득세는 관정정치에 있으므로 일반 서민에게는 무관심할 뿐 아니라, 오히려 양반 전체이익을 일반

16) 남상락, 「김정희의 철학사상과 예술론 고찰」, 『大同文化研究』, 제30집(서울: 성균관대학교 대동문화연구소, 1995), 117-118쪽 참조.

서민의 착취에서 얻었기 때문에 근대화가 이루어 질 수 없었다. 또 대중에 직접 접촉하려는 천주신앙은 사대부 전체의 의혹과 반감을 사게 되고 그러한 신앙을 갖는 자는 정치적으로 불리한 입장에 놓이게 되었다. 실제 권력이 없는 학자들이 제아무리 실사구시實事求是의 학문을 주장해 보아도 권력층의 인정을 얻기에는 힘이 들었다. 그러나 소학小學, 서예書藝, 금석비첩학金石碑帖學, 경학經學을 중심으로 한 고증학에 대해서는 그 태도가 사뭇 다르다. 이 새로운 청나라의 학문에 대해 문인 관료들은 시대의 요구에 맞는 필수적인 지식과 교양으로 생각하기에 이르러 청에 가서 문인묵객과 만나기를 원하였다.

영조 때 이미 청나라의 학자들과 교류하던 박제가, 유득공, 이덕무의 연경교우록燕京交友錄을 보면, 출발시부터 선배의 지우를 소개받는 형식이었으며, 또 청의 문인을 알게 되면 동료에게 소개를 하였다. 그 예로서 사검서四檢書[17]는 홍대용의 지우를 찾았고 김이도金履度(1750~1813)는 유득공의 지우를, 김정희 역시 박제가와 유득공의 친지를 찾았다. 김정희가 청나라의 학자들에게 소개한 사람은 신위申緯(紫霞, 1769~1845), 이조묵李祖默(六橋, 1792~1840), 권돈인權敦仁(彛齋, 1783~1859), 김명희金命喜(山泉, 1788~?) 이상적李尙迪(藕船, 1804~1865), 오경석吳慶錫(鎭齋, 1831~1879) 등으로 굉장히 많다. 이러한 까닭에 중국에서는 서화에 있어서도 사고전서四庫全書를 주간한 기적을 가져올 수 있었다. 이들이 옹방강翁方綱(覃溪, 1733~1818), 철보鐵保, 이승경 등이고, 화가에는 양주팔괴의 나빙羅聘과 장문도張

17) 四檢書는 정조 때 규장각의 검서관으로 선발된 李德懋, 柳得恭, 徐理修, 朴齊家 등 네 사람의 실학자를 말한다.

問陶, 장도누 등이 있다.

김정희에 의하면 일찍이 한나라의 유학자들은 의리義理의 추구와 더불어 훈고訓詁를 중요시함으로써 학문을 원활하게 하였는데 비하여, 성리학자들은 지나치게 의리탐구에만 치우쳐 성性·도道·인仁·의義의 문제만을 부각시켰다. 따라서 그는 훈고를 아울러 중요시하는 태도의 전환이 필요하다고 주장하였다. 당시의 새로운 학풍은 성리학의 학문관 및 학문태도가 지나치게 협소하고 비현재적이며 비현증적이라는 인식을 공유하고 있었다. 그리고 그러한 약점을 극복하기 위해 그들은 박학博學과 실제성 중시의 정신과 훈고의 태도를 갖추는 이른바 방법론의 전환을 모색하였던 것이다. 그래서 집권층의 자제들 사이에서는 청조문화를 적극적으로 수용함으로써 현실의 침체와 부조리를 극복하려는 움직임이 일고 있었다.[18]

특히 청나라에서는 17세기 중엽에서부터 금석학金石學이 절정을 이루어 금석학은 경학經學이나 사학史學의 부용적인 위치에서 벗어나 독립된 학문분야로 발전하게 된다. 당시 이 학문을 주도한 옹방강, 완원 등은 명말청초明末淸初에 송명리학宋明理學에 대한 일대반동으로서 '속서불관束書不觀', '유담무근游談無根' 하는 폐습에 반대하여 '사경학무리학舍經學無理學' 을 주장하고 '공소무근지학空疏無根之學' · '훈고사장지습訓詁詞章之習' 을 타파하고 '수기치인修己治人의 실학實學' · '실사구시實事求是의 고증학考證學' 을 지조로 삼았다.[19]

---

18) 최완수, 「김추사와 금석학」, 『간송문화』 제19호(서울: 한국민족미술연구소, 1981). 『(補遺篇) 韓國實學思想論文選集』, 제17집, 1994.

19) 藤塚隣, 『추사 김정희 또 다른 얼굴』, 박희영 譯(서울: 아카데미하우스, 1994), 116쪽.

기존 성리학의 문제를 인식하고 이를 극복하고자 새로운 학문관을 모색하던 조선 학계의 새로운 사상적 흐름과 고증학적 태도를 바탕으로 근원에 대한 철저한 학습과 실증적 학문을 주장한 청대 사상의 흐름과 문제의식은 김정희 철학사상의 중요한 배경을 형성하고 있다. 그렇다면 이제 좀더 구체적으로 당시 철학사상의 핵심 내용이 무엇이었는지를 살펴보고 김정희 철학사상에 있어 '한송불분론'의 내용과 실질적 함의를 검토해 보기 위해 먼저 청대 고증학의 문제의식이 무엇이며 어떻게 형성되고 전개되었는지를 검토해 보기로 하겠다.

2) 청대 고증학의 전개양상

17세기 중엽 명明·청淸 교체기는 한족漢族 지식인의 눈으로 보기에는 황종희黃宗羲(1610~1695)의 말처럼 그야말로 '하늘이 무너지고 땅이 갈라지는' 듯한 격변의 시기였다. 한족의 명나라 왕조가 이자성李自成(1605~1645)의 농민 반란으로 무너지고, 만주족滿洲族의 후금後金이 산해관山海關을 넘어와 다시 농민군을 무너뜨림으로써 중국에는 이민족의 청나라 왕조가 세워진다. 이후 남명南明 정권을 중심으로 반청反淸운동이 일어났으나, 1662년 남명이 멸망하면서 중국 전역은 강력한 청 왕조의 지배를 받게 된다. 이러한 명·청 교체기를 맞아 흔히 '명말삼유로明末三遺老'로 일컬어지는 황종희와 고염무顧炎武(1613~1682), 왕부지王夫之(1619~1692) 등 한족 지식인들은 반청운동에 참가하는 동시에 지나치게 주자학朱子學과 양명학陽明學으로 기울어졌던 명대 학술 풍토에 대해 반성하면서 경세치용經世致用을 중시하는 경세학經世學을 펼친다. 이들의 경세학 속에는 반청의식이 일정하게 들어 있었지만 세대를 달리 하면서 그것은 점차 약화되어 간다.

한편 청 왕조는 한족의 문화와 학술을 적극적으로 포용하는 정책을 통해 한족 지식인에 대한 지배력을 강화하고 동화시키고자 한다. 명에 이어 주자학을 그대로 관학官學으로 삼은 것이나, 강희제康熙帝(재위1662~1722)와 옹정제雍正帝(재위1723~1735) 연간에 진행된 『명사明史』와 『고금도서집성古今圖書集成』 편찬사업, 그리고 건륭제乾隆帝(재위1736~1795) 때 이 사업을 더욱 확대한 『사고전서四庫全書』 편찬사업 등이 그 대표적인 사례라고 할 것이다. 이러한 대대적인 편찬사업에 기윤紀昀(1724~1805), 왕염손王念孫(?~?), 대진戴震(字; 東原, 1723~1777)과 같은 한족 지식인들이 대거 참여하게 되며, 이 과정에서 그들은 청대의 대표적 학풍인 고증학考證學을 본격적으로 열어 간다.

그런데 청대 고증학은 흔히 고염무에게서 연원한 것으로 말하기도 한다.[20] 그는 일찍이 "구경九經을 읽음에 있어서는 문자에 대한 고증으로부터 시작해야 하고, 문자에 대한 고증은 음운音韻을 아는 것으로부터 시작해야 한다"[21]고 하였으며, 『음학오서音學五書』(전38권)를 직접 저술하여 문자학文字學과 음운학音韻學을 통한 새로운 경

---

20) 고증학을 개창한 인물로 顧炎武와 더불어 方以智, 毛奇齡, 黃宗羲를 들기도 한다. 王茂 外, 『淸代哲學』(安徽: 安徽人民出版社, 1992), 585쪽 참조. 또 다른 관점에서 청 조정이 대대적인 文字獄을 일으키자 학자들이 감히 함부로 의론하지 못하게 되면서 고증학이 일어나게 되었다는 설도 있다. 이렇게 학문적 탄압에 의해 자신의 생각을 숨기는 것을 '學隱'이라고도 표현하는데, 특히 이러한 관점에서 청대 고증학을 바라본 대표적인 인물로 淸末 章太炎이 있다. 章太炎, 『檢論』, 卷4, 「淸儒」 참조.

21) 顧炎武, 『亭林文集』, 卷4, 「答李子德書」, "讀九經自考文始, 考文自知音始."

전 연구방법을 내놓음으로써 고증학의 길을 열었다. 이와 더불어 그의 대표적 저술인 『일지록日知錄』은 청대 학자들의 필독서였다.[22)]

한편 실제적으로 고증의 방법을 통한 경전 해석은 양명학자들의 손에 의해서 이루어지기도 한다. 그들은 청초 주자학자들이 관학의 지위에 서서 양명학을 비판해 오자 이에 맞서 고증학적인 방법을 통해 주자학을 역비판하고자 하였다. 당시 대표적인 주자학자로는 웅사리熊賜履(1635~1709)와 이광지李光地(1642~1718), 육농기陸隴基(1630~1692) 등이 있다. 웅사리[23)]는 한림학사翰林學士, 경연강관經筵講官 등을 지내면서 주자학을 정통 관학으로 만드는 것을 자신의 책무로 여겼으며, 양명학에 대해서는 순자荀子와 함께 잡통雜統이라 하여 철저하게 배척하였다. 이광지도 순무巡撫, 상서尙書, 문연각文淵閣 태학사太學士 등을 지내면서 칙명勅命으로 『주역절중周易折中』, 『주자전서朱子全書』 등을 편찬하였는데, 이 책은 강희제의 심열과 교정을 거쳐 '어찬御纂'·'어정御定' 됨으로써 청대 관료와 학자들의 정본이 되었다. 육농기는 주로 지방관을 역임하였는데, 극렬하게 양명학을 비판하고 나섰다. 곧 그는 양명학은 선학禪學이며, 양명학이 일어나 학술을 어지럽힘에 따라 풍속이 어지럽혀지게 되었고, 그에 따라 도적떼와 붕당이 생겨나 명나라가 멸망하게 되었다는 주장을 펴고 있다.[24)]

---

22) 『日知錄集釋』에 따르면 『日知錄』이 康熙 중엽에 간행된 이후 註解를 달거나 논변을 제기한 사람이 94명에 이른다고 한다. 그 가운데 대표적인 인물로 閻若璩, 唐甄, 陸隴其, 李光地, 朱彝尊, 梅文鼎, 全祖望, 錢大昕, 戴震, 阮元, 魏源 등이 있다.

23) 대표적인 저술로 『學統』(56권), 『閑道錄』(3권) 등이 있다.

24) 陸隴基, 『三魚堂文集』, 卷2, 「學術辨」上 참조.

이에 맞서 황종희, 모기령毛奇齡(1623~1716), 주이존朱彝尊(1629~1709)과 같은 양명학의 후예들은 주자학의 우주론에 있어서 핵심적 내용인 태극선천설太極先天說을 고증을 통해 집중적으로 비판하면서 그것은 '도가의 학풍'(道士之學)임을 밝히고 있다.[25] 주자학의 편에 선 강희·옹정 연간의 왕무횡王懋竑도 왕양명의 『주자만년정론朱子晚年定論』을 비판하고서 『주자연보朱子年譜』를 저술하여 주자학과 상산학象山學이 시종 다름을 주장하였으며, 염약거閻若璩가 이른바 '십육자심법十六字心法'이 들어있는 고문古文 『상서尙書』가 위서僞書임을 밝히자 그는 '그렇다고 하더라도 옛 성현들의 격언과 큰 가르침이 그 가운데 간간이 들어 있으므로 결단코 폐할 수 없다'고 주장한다. 또한 장열張烈(1621~1685)은 『명사明史』의 찬수관으로 있으면서 「도학전道學傳」의 문제로 인해 양명학의 편에 선 모기령과 치열한 논쟁을 벌이고서 『왕학질의王學質疑』를 저술한다. 이 양자간의 논쟁은 정주리학程朱理學과 육왕심학陸王心學 간의 제3차 논쟁으로 일컬어지기도 한다.[26] 양명학은 문자옥文字獄 등을 통해 점차 약화되어 가지만 그들이 제기한 고증의 방법은 후대까지 그대로 계승된다.

고증학은 이렇게 청초에 일어나기 시작하여 100여 년이 지난 무렵인 건륭乾隆(재위1736~1795)·가경嘉慶(재위1796~1820) 연간에 크

---

25) 王茂 外, 『淸代哲學』, 第4章 '淸初學者對宋儒先天太極說的批判, 97-135쪽 참조.

26) 程朱理學과 陸王心學 간의 제1차 논쟁은 南宋 시기 朱熹와 陸九淵 간 尊德性·道問學工夫와 無極·太極에 관해 벌인 것이며, 제2차 논쟁은 明 중엽 程敏政과 王陽明이 『道一編』과 『朱子晚年定論』을 지어 朱子學을 육구연의 象山學에 귀일시키자 주자학 편에 선 羅欽順과 陳建 등이 『困知記』와 『學蔀通辨』 등을 지어 비판한 것이다. 제3차 논쟁은 淸 康熙 연간에 明史館에서 「道學傳」을 쓰는 문제로 張烈과 毛奇齡간에 논쟁이 일어난다. 王茂 外, 『淸代哲學』, 第2章 '理學與心學的最後論辨', 35-63쪽 참조.

게 번성하였다. 이것은 주로 유교 경전을 대상으로 하여 자음字音과 자의字義, 그리고 명물名物, 제도制度, 판본版本 등에 대해 고증을 함으로써 음운학音韻學, 문자학文字學, 금석학金石學, 교감학校勘學 등의 방면에 큰 발전을 가져왔다. 이렇게 볼 때 고증학은 일단 일종의 학문적 방법론으로서 '철학' 이라기보다는 경사학經史學의 영역에 속한다고 볼 수 있다.[27] 하지만 이들 고증학자들 가운데는 당唐·송宋 이후의 주소注疏를 버리고 한유漢儒들의 훈고를 높이는 것에만 그치지 않고 이를 통해 적극적으로 주자학의 경전해석과 이론내용을 비판하는 이들이 나타난다. 오파吳派의 혜동惠棟(松崖, 1697~1758)이 전자의 대표라면, 완파의 대진戴震(字; 東原, 1723~1777)은 후자의 대표이다.

이들은 모두 한유漢儒들의 훈고를 높였으므로 이들의 학문을 한학漢學이라 부를 수 있게 되었으며, 한편 이와 달리 송유宋儒들을 높이는 것은 송학宋學이라 부를 수 있게 되었다. 이렇게 한학과 송학을 구분해 이름붙이기 시작한 것은 가경 연간 강번江藩이 『국조한학사승기國朝漢學師承記』와 『송학연원기宋學淵源記』를 짓고 난 후부터이다.[28] 당시 한학자들은 한의 훈고학과 송의 주자학을 어떻게든 구분한 채 주자학을 부정하고 비판하려 든 반면 송학자들은 한학과 송학을 구분하지 않은 채 한학을 통해 송학을 보완하고자 하였다. 그런데 이 양자 간에는 보다 중요한 생각의 차이가 깔려 있다. 곧

27) 清末, 民國初의 梁啓超는 바로 이러한 관점에서 "청대 학술운동은 '연구방법상의 운동' 이지 '主義의 운동' 은 아니다" 라고 하였다. 梁啓超, 『清代學術概論』(上海: 商務印書館, 1921), 70쪽 참조.

28) 王茂 外, 앞의 책, 592쪽 참조.

한학자들은 송의 주자학이 공孔·맹孟의 학설과 어긋났다고 본 반면 송학자들은 그렇게 보고 있지 않다.

"송유들이 미친 화는 진시황秦始皇의 분서갱유焚書坑儒보다 심하다"[29]고 극언을 한 혜동惠棟은 문자와 음운을 통해 경전의 의미를 파악할 것을 주장하면서 다음과 같이 말하였다.

> 훈고의 학은 모두 스승이 입으로 전해준 것이며, 그 뒤에 대나무나 비단에 옮겨 적은 것이다. ……경전의 의미는 훈고 속에 들어있다. 문자를 알고 음운을 따져보아야만 그 의미를 알 수 있다. 이러한 까닭에 고훈古訓은 바꿀 수 없으며, 경사經師는 없앨 수 없다.[30]

이처럼 혜동은 훈고 속에 바로 경전의 의미가 들어있다고 한다. 이것은 곧 한의 훈고학은 성현의 본래 마음과 경전의 본래 의미를 그대로 담고 있다는 생각이다. 이 때문에 그는 전적으로 한학에 매달리게 된 것이다. 한편 대진戴震은 그와 마찬가지로 한유들의 훈고를 중시하기는 했지만 그것은 어디까지나 '옛 성현들의 마음과 생각'(古聖賢之心志)으로 다가가는 통로라고 생각한 점에서 차이가 있다. 대진은 이렇게 말하였다.

> 오호라, 경전의 지극한 것은 도이고, 도를 밝히는 것은 그 말(詞)이며, 말을 구성하는 것은 소학小學·문자文字 밖에 따로 있을 수 없다. 문자를 거쳐 언어에 통하고, 언어를 거쳐 옛 성현들의 마음과 생각에 통한다. 비유하자면 집안 당실에 오르기

---

29) 李集, 『鶴征錄』, 卷3, 「惠周惕」, "(棟則以爲), 宋儒之禍, 甚於秦灰."

30) 惠棟, 『松崖文鈔』, 「九經古義述首」, "訓詁之學, 皆師所口授, 其後乃著竹帛. ... 經之義存乎訓詁. 識字審音, 乃知其義. 是故古訓不可改也, 經師不可廢也."

위해서는 반드시 계단을 밟고서 올라가야지 그냥 훌쩍 뛰어 오를 수 없는 것과 같다.[31]

이러한 생각을 바탕으로 대진은 혜동과 달리 한의 훈고학을 통해 경전의 본래 의미, 곧 옛 성현들의 본래 마음과 생각으로 다가가고자 한다. 그리하여 대진은 훈고를 통해 주자학의 경전 해석을 적극적으로 비판하는 가운데 『원선原善』, 『독역계사논성讀易繫辭論性』, 『독맹자논성讀孟子論性』을 거쳐 『맹자자의소증孟子字義疏證』을 짓게 된다. 여기에 이르면 고증학은 단순히 경사학經史學의 차원에 그치는 것이 아니라 새로운 철학의 영역으로 접어든다. 그는 주자학자들의 철학 전반에 대해 비판하는데, 특히 주자학의 리욕관理欲觀을 집중적으로 비판하여 '수욕달정론遂欲達情論'과 같은 자신의 철학들을 제기한다. 그는 주자학의 학설이 성현들이 말한 것과는 전혀 다르며, 이렇게 다르게 된 것은 부지불식간에 도가와 불교의 영향을 받았기 때문이라고 분명하게 말한다.

주자학자들이 말한 욕欲은 제왕들이 백성들에게 마음을 다한 것이 아니며, 그들이 말한 리理는 옛 성현들이 말한 리가 아니다. 대개 노자와 불교의 말을 뒤섞어서 말한 까닭에 가려진 것이 이 지경에까지 이른 것이다. 그렇지만 송 이래의 유학자들은 모두 노자와 불교를 힘써 비판하는 가운데 그들의 말에 젖어들게 되었음을 스스로 알지 못하고서 하나 하나가 경전에 부합한다고 여겨 그것이 바로 육경六經과 공자·맹자의 말이라고 말한다. 그것이 사람을 미혹시키기에는 쉬웠으나 그것을 부수

31) 戴震, 『東原集』, 卷10, "嗚呼, 經之至者道也, 所以明道者其詞也, 所以成詞者, 未有能外小學文字者也. 由文字以通於言語, 由言語以通乎古聖賢之心志. 譬之敵堂壇之必循其階, 而不可以躐等."

기는 어려워 수백 년을 거쳐 지금에 이르렀다.[32)]

혜동과 대진은 똑같이 한유들의 훈고를 존숭하였지만, 위와 같은 차이가 있기 때문에 둘을 '구고求古'와 '구시求是'로 구분하기도 하고[33)], 청나라 말기의 장태염章太炎 같은 이는 혜동이 '온고溫故'에 힘썼다면 대진은 '지신知新'에 힘썼다고 말한다. 또한 근대의 양계초梁啓超도 "혜동의 오파는 한학漢學이라고 이름붙일 수 있지만, 대진의 완파는 확실히 청학淸學이지 한학은 아니라"고 말한다.[34)]

이처럼 고증학이 온 학계를 뒤덮고 있는 가운데 옹방강翁方綱(覃溪, 1733~1818)과 같은 이는 송학을 버리지 않고 일정 부분 수용하려는 태도를 보인다. 그렇다고 해서 그가 훈고와 고증의 가치를 부정한 것은 아니다. 그는 훈고와 고증의 방법을 통해 도리어 송의 주자학을 보완하고 방어하고자 하였다. 그리하여 그는 대진의 송학 비판에 맞서고 있다.[35)] 그는 한학과 송학은 각각의 장점과 단점이 있으므로 어느 하나에만 매달리지 말고 '한학을 박종博綜하고 송학을 각수恪守할 것'을 주장하였다. 그는 먼저 송학을 하찮게 여기는 풍토를 지적하면서 주자학을 지킬 것을 말하고 있다.

> 의리義理의 학과 고정考訂의 학이 있는데 고정(考證)의 학은 한학漢學이요, 의리의 학은 송학宋學이다. 그것은 사실 큰 길에

---

32) 戴震, 『孟子字義疏證』, 下, "其所謂欲, 非帝王之所盡心於民, 其所謂理, 非古聖賢之所謂理. 蓋染乎老釋之言以爲言, 是以弊必至此也. 然宋以來儒者皆力破老釋, 不自知染襲其言, 而一一傅合於經, 遂曰六經孔孟之言. 其惑人也易, 而破之也難, 數百年於玆矣."

33) 王茂 外, 『淸代哲學』, 593-6쪽 참조.

34) 梁啓超, 『淸代學術概論』 第12章 참조.

35) 翁方綱, 『復初堂文集』, 卷7, 「理說駁戴震作」 등 참조.

> 서 만나게 되므로 하나일 따름이다. 천 년 만 년이 지나도록 공자와 맹자가 마음으로 전한 것을 우러러 보며, 정자程子와 주자朱子의 학문을 반드시 조심스럽게 지켜나간다면 마치 자석이 가야할 길을 인도해주는 것과 같이 될 것이다. 선비들이 머리를 싸매고서 책을 읽고 정주와 같은 대유학자들의 이론을 익히다가 여러 서적들을 두루 섭렵한 뒤 견문이 날로 넓어지면 마침내 송유들을 하찮게 여기는 경우가 있으며, 심하면 정주를 배반하는 자까지 있게 되니, 이는 참으로 사림士林을 좀먹는 것과 같은 폐단이다.36)

옹방강은 이처럼 송학인 주자학의 논의에도 깊은 의미가 담겨 있으므로 이를 세밀하게 파악하여 올바른 길을 지킬 것을 주장한다. 그러나 그렇다고 해서 주자학의 이론만을 내세워 한의 훈고학을 멸시해서도 안 된다고 말하고 있다.

> 의리는 송유들에게 이르러 날로 정밀해졌다. 그러나 송대의 여러 유학자들은 스스로 리를 밝게 깨달았다고 뽐내면서 더러 옛 훈고를 멸시하였다. 『이아爾雅』와 『설문해자說文解字』는 실로 경전을 풀이하는 데 반드시 바탕으로 삼아야 하는 것이니, 어찌 소홀히 하고 빠뜨릴 수 있겠는가? 또한 『시경詩經』이나 『내훈內訓』과 같은 것은 옛날부터 사승師承해온 것에서 풀이해 낸 것이니, 어찌 후인들이 습용習用하는 뜻에 따라 고훈古訓을 바꿀 수 있겠는가?37)

---

36) 翁方綱, 〈김정희에게 보낸 두 번째 手札〉, "有義理之學, 有考訂之學, 考訂之學, 漢學也, 義理之學, 宋學也. 其實適於大路, 則一而已矣. 千萬世仰瞻孔孟, 心傳自必恪守程朱, 爲指南之定程. 士人束髮受讀, 習程朱大儒之論, 及其後博涉群籍, 見聞日廣, 遂有薄宋儒者, 甚且有倍畔程朱者, 士林之蠹弊也." 藤塚隣, 앞의 책, 216쪽에서 재인용.

37) 위의 책, 같은 곳, "義理至宋儒, 日益精密矣, 而宋時諸儒自恃見理之明, 往往或

하지만 옹방강은 한의 훈고학이 절대적으로 옳은 것은 아니라고 말한다. 곧 그는 정현鄭玄의 주석註釋이나 허신許愼의 『설문해자』 내용에도 믿을 수 없는 것이 있다고 하면서 한유들의 여러 학설들을 두루 종합하되 반드시 정주의 송학을 각수하여야 하며, 한학을 핑계로 하여 정주의 송학으로부터 벗어나는 것을 경계해야 한다고 말한다.[38] 마침내 그는 한학과 송학은 본래부터 하나의 이치이므로 쓸데없이 나눠보아서는 안 된다는 이른바 '한송불이漢宋不二', 즉 '한송불분론漢宋不分論'을 주장하게 된다. 그는 한학과 송학을 나눠보게 된 것이 『송사宋史』에서 따로 「도학전道學傳」을 두게 됨에 따라 시작되었는데, 이것은 정학正學에 크게 해가 되었다고 말한다.[39] 결국 그는 송의 주자학이 옛 성현들의 마음과 생각을 잘 이어받고 있다는 전제 아래 '한송불분론'을 통해 훈고·고증을 중시하되 주자학을 부정해서는 안 되고, 한학을 통해 주자학을 보완해야 한다는 주장을 펴고 있는 것이다.

옹방강과 더불어 완원阮元(1764~1849)도 김정희에게 크게 영향을 미쳤다. 그는 한학은 경전에 공이 많고 송학은 사도에 보탬이 큰데, 이 두 가지가 모두 다 주공周公과 공자孔子의 도에서 나온 것이므로 어느 한쪽에 치우쳐서는 안 된다고 하면서 "송학의 성도性道를 높이고, 한유들의 경의經義로써 그것을 충실하게 해야 한다"고 말하였다.[40] 그리고 그는 한의 훈고학에 대해 다음과 같이 말하고 있다.

蔑視古之訓詁. 卽如爾雅說文, 實經訓所必資, 豈可忽略? 且如詩經內訓釋出自古所師承者, 豈可據後人習用之文義以改古訓乎?"

38) 위의 책, 같은 곳, 참조.

39) 위의 책, 같은 곳, 참조.

40) 阮元, 『研經室一集』, 卷2, 「擬國史儒林傳序」 참조.

> 성현의 도는 경전 속에 있다. 경전은 훈고를 통하지 않으면 그 의미가 밝혀지지 않는다. 한유들의 훈고는 성현들로부터 더욱 가깝다. ……훈고를 버리고 경전을 연구하게 된다면, 그 경전은 아무런 실實이 없게 된다.[41]

또한 완원은 한유들의 경학을 높여야 하는 이유가 성현들로부터 가장 가깝다는 것과 더불어 아직 노장老莊과 불교의 학설에 물들지 않은 데 있다고 말한다.[42] 하지만 그는 한유들의 훈고학은 어디까지나 성현의 도에 들어가는 문경門徑에 지나지 않는다고 보고 이것을 집의 비유를 들어 이렇게 말한다.

> 성인의 도는 비유하자면 담장으로 둘러싸인 집과 같으며, 문자와 훈고는 그곳으로 들어가는 문경과 같다. 문경을 잘못 들어서게 되면 한 걸음만 내딛더라도 다른 곳으로 가게 되니, 어떻게 마루에 올라 방으로 들어갈 수 있겠는가? 배우는 이들이 도를 너무 높은 곳에서 구하고 장구章句를 낮게 보는 것은 비유하자면, 하늘 높이 날아 높은 지붕 위를 그냥 지나다니는 것과 같아 높기는 하지만 집 안은 아직 실제로 들여다보지 못한 것과 같다. 한편 어떤 사람이 다만 명물名物만 찾고 성인의 도에 대해서는 논의하지 않는 것은 또한 죽을 때까지 문간에서만 침식寢食하여 다시 마루와 방이 있다는 것을 알지 못하는 것과 같다.[43]

41) 위의 책, 卷7, 「西湖詁經精舍記」, "聖賢之道存乎經. 經非詁不明. 漢人之詁, 去聖賢爲尤近. ……舍詁求經, 其經不實."

42) 위의 책, 卷10, 「漢學師承記序」 참조.

43) 위의 책, 卷2, 「擬國史儒林傳序」, "聖人之道, 譬若宮牆, 文字訓詁, 其門徑也. 門徑苟誤, 跬步皆歧, 安得升堂入室乎? 學人求道太高, 卑視章句, 譬猶天際之翔, 出乎豊屋之上, 高則高矣, 戶奧之間, 未實窺也. 或者但求名物, 不論聖道, 又若終年

완원은 여기에서 한학과 송학 어느 한곳으로만 치우친 폐단에 대해서 말하면서, 성현의 도에 비유된 집 안의 마루와 방으로 들어가기 위해서는 반드시 한유들의 훈고를 따르되 결코 거기에 머물러서는 안 됨을 강조하고 있다. 사실 그는 앞에서 주자학자들의 성性과 도道에 대한 논의들을 높여야 한다고 말하기는 했지만, 여기에서는 주자학이 과연 성현의 도를 잘 따르고 있는 학문인지에 대해 분명하게 말하고 있지 않다. 오히려 부정적 관점이 두드러진다. 이 점은 한유들의 학설들을 두루 종합하되 반드시 주자학을 각수하라고 말한 옹방강의 입장과는 상당한 차이가 있다.

2. 김정희의 한송불분론漢宋不分論

1) 북학파北學派와 한漢·송학宋學 절충론折衷論

김정희는 실학자로 분류되면서도 집권 기호 노론벽파의 벌열 가문 출신이며, 부친과 함께 그 자신 역시 높은 관직에까지 올랐다는 것이 우선 눈에 두드러진다. 이러한 출신 배경으로 인하여 그는 어릴 적부터 기호 율곡학통 계열의 주자학을 자연스레 접하였을 것이며, 이로 말미암아 끝내 주자학으로부터 완전히 자유로울 수가 없었을 것이다. 그러나 김정희는 서얼 출신인 북학의 대가 박제가를 스승으로 맞으면서 학문적으로 새로운 전기를 마련하게 된다. 아울러 그는 24세 때인 1809년 자제군관子弟軍官 자격으로 동지부사였던 아버지 김노경의 연행을 수행하여 평소 염원해마지 않았던 연경을 방

寢饋於門廡之間, 無腹知有堂室矣."

문하게 된다. 그는 이곳에 몇 달간 체류하면서 당시 중국의 굉유석학인 옹방강翁方綱, 완원阮元 등을 만나 사사하게 되며, 귀국 후에도 계속된 교류를 통해 가르침을 받음으로써 그들의 학문적 영향을 깊게 받게 된다. 따라서 그의 철학에 대한 연구는 이제까지 주로 청의 고증학과의 연관성 속에서 행해지게 되었다.

하지만 이렇게 청대 고증학과의 관계를 중심으로 논의됨에 따라 정작 그의 철학이 한국 실학, 나아가 한국 철학 전개에 있어서 어떠한 위치에 있으며, 또한 어떠한 의의가 있는지 분명하게 드러나지 않은 점이 있다. 그러므로 이 절에서는 김정희의 철학사상, 특히 한송불분론이 조선후기의 실학사상과 어떠한 관계에 있는지를 검토해 보기로 하겠다.

조선 사회는 임진왜란(1592년)과 병자호란(1636년)이라는 두 큰 전란을 겪으면서 크게 흔들리기 시작하며, 집권자 내부에서는 당쟁이 더욱 격화된다. 집권자들은 흐트러지고 흔들리는 사회질서를 바로잡기 위해 주자학을 통한 이념적 지배를 더욱 강화한다. 한편 변화된 현실을 직시하면서 현실적 대안들을 제기하는 이들도 등장하는데, 그들이 관학인 주자학에 대해서 점차 신심을 잃어가는 가운데 탈주자학적·반주자학적 사조가 일어난다. 그 가운데 가장 대표적인 것이 실학實學이다.

병자호란 이후 정권을 장악한 기호畿湖 노론老論 세력들은 북벌론北伐論을 제창함과 동시에 '소중화론小中華論'을 제기하여 청나라에 대한 문화적 우월감을 과시한다. 하지만 후대에 이르러 청나라를 다녀온 사신들에 의해 청의 문물이 소개되면서 거기에 관심을 가지는 이들이 등장한다. 특히 실학자들이 거기에 적극적으로 관심을 가져

깊이 연구하기 시작하며, 심지어 일부는 함께 들어온 서교西教(천주교)를 받아들여 교인이 되기까지 한다. 이러한 가운데 18세기 중엽에 이르면 직접 청나라 사행을 다녀온 인물들을 중심으로 북학파北學派가 등장한다.

북학파의 연원은 17세기 초 이수광李睟光(1563~1628)에게로까지 거슬러 올라갈 수도 있겠지만, 본격적인 북학의 전개는 홍대용洪大容(1731~1783)에게서 시작된다. 그는 1765년 숙부인 홍억洪檍이 서장관書狀官으로 선발되어 연행燕行에 오르자 자제군관子弟軍官 자격으로 수행하여 중국의 많은 학자들과 교류하고 직접 발달된 청의 문물들을 접하게 된다. 그에 이어 그의 영향을 받은 박지원朴趾源(燕岩, 1737~1805)이 1780년 삼종형三從兄 박명원朴明源의 진하사進賀使에 역시 자제군관 자격으로 수행하여 청나라를 다녀 온 뒤 『열하일기熱河日記』를 지어 사행의 내용을 상세히 소개하자 북학은 크게 퍼져나가기 시작하였다. 박지원의 연행에 앞서 2년 전인 1778년 그의 제자인 박제가朴齊家(1750~1815)와 이덕무李德懋(1741~1793)가 이미 청나라를 다녀왔으며, 역시 그의 제자인 유득공柳得恭(1749~1807)은 1790년 박제가와 함께 청나라를 다녀온다. 박제가는 1801년에도 다시 세 번째 연행을 하였다.

이들이 크게 활동한 시기는 18세기 말 정조正祖 치세 기간 동안이었는데, 이들은 청의 문물을 적극적으로 받아들이는 한편 당시 청나라에서 크게 일어나고 있던 학술인 고증학考證學에 대해서도 관심을 가졌다. 연행을 간 이덕무가 고염무顧炎武의 『일지록日知錄』을 어렵사리 구해본 뒤 그의 박식함에 감탄하는 모습을 볼 수 있는데[44], 이것은 『일지록』이 나온 뒤 근 100년이 지난 뒤의 일이다. 하지만 청의 고증학은 이제 이들 북학파들의 손에 의해 속속 소개된다. 당시 청나라는 건륭乾隆 연간으로 『사고전서四庫全書』와 같은 대대적인 편찬사업이 진행되고 있었으며, 고증학은 절정에 이르고 있었다.

이렇게 18세기 말 북학파들의 손에 의해 전래되기 시작한 고증학은 이른바 '경기학인京畿學人'을 중심으로 급속히 퍼져 나간다. 여기서 경기학인이란 서울 근교를 포함하는 수도권에 거주하면서 학문적 공감대를 가지고 조선 후기 학계의 변화를 주도한 학인들로 '경화사족京華士族', '경화거족京華巨族', '서울 문인지식층' 등으로 불리기도 한다. 이들 가운데 많은 이가 '척신戚臣을 배제하고 사대부를 육성한다'는 정조의 인재 양성정책에 따라 규장각奎章閣을 거쳐 가거나 초계문신抄啓文臣의 교육과정에 참여하고 각종 편찬사업에 실무진으로 활동한다. 북학파의 대표적 인물인 서얼 출신의 검서관檢書官 이덕무, 유득공, 박제가 등도 여기에 포함된다.[45)]

주자학을 '정학正學'으로 받아들여 이를 굳게 지키려는 세력과 주자학에 대해 비판적 관점을 가지면서 새롭게 학문적 모색을 하던 세력이 공존하던 때에 명물名物·훈고訓詁에 뛰어난 청의 고증학이 들어오게 되면서 주자학과 고증학의 우열을 둘러싼 한학漢學·송학宋學 논쟁이 일어난다. 실권을 쥔 개명군주이자 학자군주였던 정조가 이 논쟁에 직접 뛰어들어 의리학으로서 주자학은 지키되 고증학적인 연구방법은 수용한다는 송학 중심적 한·송학 절충론을 제시하였고[46)], 이것은 규장각을 중심으로 한 그의 학술정책에 기본 지침이

44) 李德懋, 『雅亭遺稿』, 卷6 참조.
45) 김문식, 『조선후기 경학사상 연구』(서울: 일조각, 1996), 4-12쪽 참조.
46) 위의 책, 37-57쪽 참조.

되었다. 그가 사망한 후인 19세기 전반에도 경기학인들은 서로 간에 내용적 차이가 다소 있기는 하지만 기본적으로 한학·송학 절충론의 틀 안에서 논의를 이어가고 있으며, 김정희의 '한송불분론漢宋不分論'도 바로 이러한 논의의 연결맥락 속에 놓여 있다.

먼저 홍석주洪奭周(1774~1842)는 노론계의 핵심 세력인 풍산 홍씨의 후예로 40여 년 동안 비교적 순탄한 관직생활을 보냈으며, 일찍이 정조 때 규장각의 초계문신으로 학문을 연구하였으며 많은 경학 관련 저작을 남긴 대표적 경기학인 중 한 사람이다. 그는 1803년과 1831년 두 차례 사신을 다녀와 직접 청나라 학계를 둘러볼 기회를 가졌으며, 성해응成海應(1760~1839)과 한학·송학 논쟁을, 그리고 정약용丁若鏞과는 금문今文·고문古文 논쟁을 벌이기도 하였다. 그의 기본적인 입장은 송학 중심적 한학·송학 절충론이라 할 수 있다.

홍석주는 먼저 한학에 대해 한유가 송유보다 성현들과 가까운 시대에 살았다는 점에서 믿을 수 있는 부분이 더 많으며, 비록 한유들이 경학의 모든 문제점을 해결한 것은 아니지만 삼대三代의 유학과 송학을 이어주었다는 점을 들어서 긍정적으로 평가하고 있다.[47] 또한 그는 경전을 제대로 이해하기 위해서는 반드시 명물名物과 훈고에 밝아야 함을 인정한다.[48] 그러나 경전의 대의大義나 심학心學의 체득에는 관심을 두지 않고 자질구레하고 사소한 문제들에 대한 고증에만 매달린 청학淸學에 대해서는 비실용적이라고 하면서 매우 비판적인 입장을 보이고 있다.[49] 여기에서 우리는 그가 한학漢學(훈고

47) 위의 책, 139쪽 참조.

48) 洪奭周, 『鶴岡散筆』, 卷5 참조.

49) 위의 책, 卷1과 『尙書補傳』, 卷3, 「禹貢」 참조.

학)과 청학淸學(고증학)을 분명하게 구분해 보고 있음을 알 수 있다. 그는 청나라 학자들 가운데 상대적으로 주자학을 계승한 이광지李光地를 높이는 반면에 고염무顧炎武에 대해서는 그의 절의와 문장은 높이 평가하면서도 경학적 입장은 비판하고 있으며, 송학을 비판한 모기령毛奇齡에 대해서는 보다 신랄한 비판을 퍼붓고 있다. 그리고 그는 옹방강翁方綱에 대해서도 지나치게 금석고증학金石考證學에만 매몰되었다고 하여 비판적 태도를 보인다.[50]

홍석주는 경학 연구에서 훈고보다는 의리에 주안점을 둔 송학을 더 중시하였다. 그리하여 그는 오경五經에 대한 해석에서도 주자학을 중시하여 『주역周易』에서는 정자程子·소옹邵雍·주자朱子, 『상서尙書』에서는 주자와 채침蔡沈, 『시경詩經』에서는 주자, 『춘추春秋』에서는 정자·호안국胡安國·주자, 『예기禮記』에서는 주자 문인의 해석을 중시하였다.[51] 여기에서 그가 강조하는 의리란 인간으로서 당연히 실천해야 할 기본적인 윤리를 의미한다. 이러한 점에서 그는 송학의 '성명리기지학性命理氣之學' 에 대해서도 공언空言에 빠져서 실천을 등한시한다는 점을 들어 비판한다.

그리고 송학에서 성명리기의 학설을 자주 언급했던 것은 불교와 도가의 조잡한 성명·리기설이 유행하던 상황이어서 어쩔 수 없이 그런 것이며, 만약 다른 시대에 그들이 태어났더라면 그 입각점이 많이 달랐을 것이라고 말한다.[52] 그는 만송晩宋 이후의 송학에 대해서는 '송학 가운데 훈고를 전문으로 하는 자' 라고 하면서 더욱 비

50) 김문식, 앞의 책, 141-145쪽 참조.
51) 洪奭周, 『淵泉集』, 卷12, 「經術策」 참조.
52) 위의 책, 卷1 참조.

판적인 시각으로 바라본다. 이렇게 실천과 실용을 중시하는 그의 사상은 그의 「실사구시설實事求是說」[53] 속에 잘 나타나 있다.

홍석주와 한학·송학 논쟁을 벌인 성해응成海應(1760~1839)은 규장각의 검서관 출신으로 역시 대표적인 경기학인이다. 그의 기본적인 입장은 홍석주와 대비해 볼 때 한학 중심적 한·송 절충론이라 할 수 있다. 일단 그는 한의 훈고학과 청의 고증학을 철저히 구분하는 바탕 위에서 한·송 절충론을 제기하고 있다. 그는 청대 학자들이 고증으로만 일관하여 지엽말단적인 문제에 골몰한 것은 시급한 일이 아니라고 보았다.[54]

성해응은 기본적으로 한학을 계승하여 이를 더욱 발전시킨 것이 송학이라고 생각하였다. 그는 송학이 이렇게 한학을 계승하여 성인의 본지를 파악하는 데 도움을 주기는 하지만, 송학이 경문經文에 대한 공박과 변개變改가 심하고, 그 속에는 상산학象山學이 섞여 있으며, 지명地名과 명물名物에 대한 고증과 경문에 대한 훈고 등에 취약점이 있음을 지적하면서 한학의 장점도 버릴 수 없다고 생각하였다.[55] 나아가 그는 한학을 '수數'로 보고 송학을 '리理'로 보면서 한학이 명물名物·도수度數에 밝지만 그 속에는 리理가 있고, 송학이 천인天人·심성心性을 밝혔지만 그 속에는 수數가 있어 결국 한학과 송학이 서로 연결, 일치한다고 본다.[56] 이것이야말로 하나의 완정한 형태의 '한학·송학 불분론'이라고 할 수 있겠다. 그는 이렇게 홍석

53) 위의 책, 卷25, 「實事求是說」 참조.

54) 成海應, 『硏經齋本集』, 「送趙羲卿寅永遊燕序」 참조.

55) 위의 책, 「答洪學士奭周斥考證學」 참조.

56) 위의 책, 같은 곳, 참조.

주와 논쟁하는 가운데 한학을 적극적으로 옹호하지만, 고증학에 깊이 빠져 있던 조인영趙寅永에 대해서는 청대 학계의 분분한 논쟁을 소개하면서 일일이 그 폐단을 지적한 뒤 한학과 송학의 요체를 합칠 것을 주장하였다.57)

정약용丁若鏞(1762~1836)은 위의 홍석주나 성해응과 달리 송학이나 한학 어느 하나를 중시하지 않고, 그 단점은 버리고 장점은 취하되 이를 종합한 뒤 최종적인 '자신의 판단'(己見)을 중시하였으며, 경문經文 속에서 경전의 참된 의미를 찾고자 하였다. 이에 김문식은 그를 '경문 중심적 한·송 절충론자'라고 말한다.58) 그는 경전의 본지를 알기 위해서는 우선 훈고가 필요하며, 훈고는 선왕의 시대에 가까울수록 잘못이 적다는 생각에서 한학을 중시하였지만, 전국시대와 진秦을 거치면서 경전의 원형이 크게 훼손되었고 한학은 겨우 그 잔문殘文이나 구전口傳으로 전해온 것을 수습한 것이므로 오류와 함께 경전의 본지를 다 담고 있지 못하다고 보았다.59) 한편 그는 주자학이 자구의 훈고나 장구의 해석에서는 한학의 성과를 많이 받아들였다고 지적한 뒤 옛 성현들의 본의를 밝힌 점에서는 한학과 비교가 되지 않는다면서 높이고 있다.60) 하지만 그는 인성론과 같은 주자학설에 대해서는 상당히 강도 높게 비판하였다. 그는 청나라 학자들이 한학과 송학을 절충한다고 말하였지만 사실은 한학만을 따랐다고 비판하면서,61) 자신이야말로 양자의 장점을 잘 절충하였다

57) 위의 책, 같은 곳, 참조.

58) 김문식, 앞의 책, 202-217쪽 참조.

59) 丁若鏞, 『與猶堂全書』, 卷2, 「尙書知遠錄序說」 참조.

60) 위의 책, 卷1, 「五學論二」 참조.

61) 위의 책, 卷3, 「閻氏古文尙書疏證鈔」, 「南雷黃宗羲序」와 『與猶堂全書』1, 「五學

고 주장하였다.

2) 김정희의 한학관漢學觀과 실사구시론實事求是論

김정희金正喜(1786~1856)는 청나라의 고증학을 받아들여 '실사구시학파實事求是學派' 를 연 대표적인 실학자로 거론된다. 그의 실학에 대한 일반적인 평가는 다음과 같은 글에서 잘 나타난다.

> 완당 김정희에 이르러 일가를 이룩한 실사구시파 - 곧 경서經書 및 금석金石·전고典故 등에 대한 실증적實證的인 고증을 위주로 하는 북학파北學派의 또 다른 유파이다. 연암학파燕巖學派 및 일련의 북학론자들과 학문적으로 긴밀한 연관을 가지면서, 그들의 정치적 몰락과 함께 대타로 부상한 학문 경향인데, 고증과 훈고로 특징지어지는 청대 실학의 영향을 가장 많이 받았다고 할 수 있다. 이 일파의 특색은 순수 학문 그 자체가 추구하는 목적이며, 엄정하고 객관적인 태도로써 사실을 밝혀내는 것이었다. 자기의 정치·사회적 이념을 염두에 두고 고전을 주관적으로 인거引據, 해석하던 종래 일군의 실학자들과 다른 바가 있는데, 여기에는 정치적 색채를 불식하고 이념성을 탈피하려는 불가피한 사정이 있었다.[62]

이것은 김정희 실학사상에 대해 일반적으로 받아들여지는 내용이다. 그런데 여기에서 보면, 무엇보다 그의 실학이 가지는 탈주자학적 성격이 돋보인다. 다른 연구자도 그의 철학에 나타나는 이러한 특성을 두둔하고 나서고 있다.[63] 그렇다면 그가 청나라 옹방강의

論二」 등 참조.

62) 이우성, 『실학연구입문』(서울: 일조각, 1973), 「실학연구서설」.

63) 윤사순, 「실학사상의 철학적 성격」, 『아세아연구』, 제56호(서울: 고려대학교 아

영향을 받아 주장한 철학체계, 즉 한의 훈고학과 송의 주자학은 서로 나눠지지 않는다고 한 '한송불분론漢宋不分論' 은 어떻게 되는 것인가? 이에 대한 문제의식을 가지고서 그의 철학체계를 검토해 보기로 한다.

김정희는 「실사구시설」[64]이란 글속에서 그의 한학과 송학에 대한 생각을 집중적으로 밝히고 있다. 그런데 먼저 '실사구시' 란 말의 의미에 대해서는 일반적으로 '실제적인 일에서 올바른 것을 구한다' 라는 뜻으로 새기고 있다. 좀더 자세히 살펴보면, 여기에는 경세학적經世學的인 의미와 고증학적考證學的인 의미가 함께 포함되어 있다. 곧 '구체적인 현실 속에서 진리를 찾는다' 는 의미로 새길 경우, 여기에는 현실 중시의 사고가 담겨 있다고 할 수 있는데, 이러한 현실 중시의 사고는 학문의 중심을 도덕철학적 윤리설이나 형이상학적 본체론 중심에서 현실적이고 경험적인 경세학을 중시하는 것으로 나아가게 한다.

한편 '실사' 의 의미를 '실제적인 일' 로 풀이할 경우, 특히 이것은 경전에 대한 해석의 방법과 연관될 수 있으며, 한 개인의 자의적인 해석보다는 경전 본래의 뜻으로 되돌아간다는 의미를 지니게 된다. 이것은 곧 훈고적·고증적 경전 해석으로 돌아감을 말하고 있다. 그리고 때로는 '실사' 에 대해 실증적·경험적인 의미로 풀이하기도 하는데, 이것은 학문의 방법이나 학문적 태도와 관계된 것이다. 이렇게 볼 때, 김정희가 말하는 '실사구시' 는 주로 후자에 해당하는 것으로 생각된다.

세아문제연구소, 1976), 14-15쪽 참조.

64) 김정희, 『완당전집』(서울: 민족문화추진회, 1996). 卷1, 「實事求是說」

김정희는 「실사구시설」에서 올바른 학문의 길은 오로지 이 '실사구시' 를 실천하는 데에 있을 뿐이라고 말한다.

> 올바른 학문의 길은 ……다만 마음을 평정하고 기를 정밀히 하며, 널리 배우고 독실하게 실천하면서 오로지 '실사구시' 라는 이 한 마디 말만을 주장하여 그것을 적극 실행하는 것이 옳을 것이다.65)

또한 뒤이어 김정희는 한나라 유학자들이 훈고를 함에 있어서 이 실사구시에 누구보다도 충실했음을 말한다.

> 만일 실답게 일을 하지 않고 다만 공소空疎한 것만을 좇는다거나, 그 옳음을 찾지 않고 다만 선입견을 위주로 한다면, 성현의 도에 배치되지 않는 것이 없을 것이다. 한나라 유학자들은 경전의 훈고에 대해서 모두 스승에게서 가르침을 받은 것이 있어 정밀하고 정실함을 극도로 갖추었다. 성性·도道·인仁·의義 등의 문제에 대해서는 그 때의 사람들이 이미 모두 다 알고 있어서 깊이 논할 필요가 없었기 때문에 더욱 더 미루어 밝히지를 않았다. 그러나 어쩌다 주석이란 것을 하게 되었는데, 실사구시로 하지 않은 것이 없었다.66)

여기에서 먼저 김정희는 한나라 유학자들이 성·도·인·의 등의 문제에 대해 이미 다 알고 있었으므로 더 이상 깊이 논의하지 않았다

---

65) 위의 책, 같은 곳, "爲學之道, ……但平心精氣, 博學篤行, 專主實事求是一語, 行之可矣."

66) 위의 책, 같은 곳, "若不實以事, 而但以空疎之術爲便, 不求其是, 而但以先人之言爲主, 其於于聖賢之道, 未有不背而馳者矣. 漢儒于經傳訓詁, 皆有師承, 備極精實, 至于性道仁義等事, 因爾時, 人人皆知, 無庸深論, 故不多加推明. 然偶有注釋, 未嘗不實事求是也."

고 말한다. 그러나 사실상 이것은 한유들에 대한 자신의 절대적 믿음만을 나타낼 뿐이지 아무런 실질적인 의미가 없는 말이다. 이어 그는 그들이 즐겨 주석을 하지는 않았으며, 어쩌다 주석을 하면 모두 실사구시에 맞았다고 말한다. 그럴 수 있었던 이유는 다른 것에 있는 것이 아니라 함부로 자기 생각에 따르지 않고 어디까지나 스승으로부터 전해 받은 것을 잘 따랐기 때문이다. 여기에는 한유들은 성현들로부터 가까운 시대에 살았다는 판단이 전제되어 있다. 그는 이렇게 한유들은 사승이 분명하기 때문에 한학은 성현들의 본지와 부합한다고 주장한 것이다. 따라서 그는 한학에 대한 부정적 견해를 받아들이지 않는다. 그는 정약용에게 보낸 편지글에서 이렇게 말한다.

> 대저 정현의 주석은 의심스러운 곳이 매우 많기는 하지만 이것은 모두가 다 그보다 앞선 스승의 학설이며 가법으로 전해진 것입니다. ……후세의 사람들이 정현을 반박하는 것은 자기의 얄팍한 지식과 부족한 견해로 어쩌다가 우연히 새롭고 기이한 것을 발견하여 기뻐할 만하다고 생각되면 의연히 떨쳐 일어나 있는 힘을 다하여 그를 공격하는 것입니다. 돌이켜 생각해보면 자기가 공격한 것은 특별히 사설師說이 있는 것도 아니요 또한 가법家法도 아닌 것입니다.[67]

김정희는 정약용이 정현의 주석에 의심나는 곳이 있다고 한 말에 대해 그래도 그것은 사설이 있고 가법이 있는 것이지만 당신의 생각은 그것마저도 없는 것이 아니냐고 여지없이 반박하고 있다. 다만

67) 위의 책, 권4, 「與丁茶山」, "大抵鄭注之可疑處甚多, 然此皆師說也家法也. ……後人所以駁鄭者, 以己之一知半解, 偶有新奇可喜處, 毅然奮起而攻之, 不遺餘力, 反以思之, 己之所攻者, 別無師說, 又非家法也."

여기에서는 '존고存古'의 의지는 돋보이지만 실사구시의 모습은 보이지 않는다. 여기에서도 볼 수 있다시피 그가 특히 경계한 것은 자기의 독창적 견해를 제기하는 것이다.

> 설령 옛 사람과 암암리에 합치하는 바가 있다고 하더라도 스스로 자기의 견해를 세우고 자기의 학설을 만들어 임의대로 경전을 해석하는 일은 감히 하지 않는 바입니다. 이는 단지 분란만 더욱 첨가시켜 후대 사람들의 안목을 어지럽게 할 뿐이니, 경전을 올바르게 해석하는 데는 보탬이 되지 않을 것입니다.68)

앞에서 보았다시피 정약용은 한학과 송학의 장점을 두루 살핀 뒤 경문經文 속에서 경전의 참된 의미를 밝히며, 최종적으로 '자기의 판단'(己見)을 중시하였다. 그런데 김정희는 이것을 원천적으로 부정하고 있다. 결국 정현의 주석은 약간의 오류는 있을 수 있으나 사승과 가법에 따른 연원이 있으므로 영원토록 남아야 한다고 그는 말한다.

> 가만히 생각하건대, 육경六經의 전傳과 주注는 마땅히 육경의 본문과 함께 천고에 남아야 할 것입니다. 위공僞孔·두예杜預·왕필王弼·하안何晏의 주석도 무조건 다 폐기해서는 안 될 것이 있는데, 하물며 정현의 주석에 있어서이겠습니까?69)

김정희는 자신이 이렇게 한학을 절대적으로 중시하는 것은 옛 것

68) 위의 책, 같은 곳, "設有暗合古人, 自立己見, 自創己說, 說經之所不敢也. 適足以轉添葛藤, 督亂後人眼目而已, 於經無補矣."

69) 위의 책, 같은 곳, "竊謂六經傳注, 當與六經正文, 共垂千古印. 僞孔杜預王弼何晏, 皆有不能廢者, 況鄭義乎?"

을 보존하는(存古) 일이 오늘날의 가장 중요한 급선무이기 때문이며, 다만 옛 것에 완전히 빠져버리는 것만큼은 피해야 한다고 말하면서 논의의 방향을 돌린다.

> 오늘날의 급선무는 단지 옛 것을 보존하는 일만이 최상인데, 옹방강 또한 옛 것을 보존하는 학이요, 단옥재段玉裁·유단림劉端臨 또한 옛 것을 보존하는 학이라 할 수 있습니다. 그러나 옹방강은 옛 것을 보존하되 옛 것에만 빠지지는 않았고, 단옥재와 유단림은 옛 것을 보존하되 옛 것에 빠졌습니다. 옹방강처럼 옛 것에 빠지지 않는 것도 한번 논의해 볼 만한 것이 있고, 단옥재와 유단림처럼 옛 것에 빠지는 것도 한번 논의해 볼 만한 것이 있습니다. 제가 절충하려는 것도 바로 여기에 있습니다.[70]

그리고 나서 김정희는 완원阮元이 비유한 것과 같이 문경門徑과 당실堂室의 비유를 들어 한학과 송학의 차이를 언급하고 있다.

> 다만 성현의 도는 비유하자면 마치 넓고 큰 집과 같으니, 주인이 거처하는 곳은 항상 당실이 있는데, 그 당실은 '문경'이 아니면 들어갈 수가 없다. 훈고는 바로 문경이 된다. 일생 동안을 문경 사이에서만 분주하면서 당에 올라 방에 들어가기를 구하지 않는다면, 이것은 하인이 될 것이다. 그러므로 학문을 할 적에는 반드시 훈고를 정밀히 연구해야 하는 것은 당실에 들어가는 데 잘못되지 않도록 한 것이지, 훈고하면 반드시 일이 된다고 말하는 것이 아니다. 한나라 사람들이 당실에 대해 깊이 논하지 않았던 것은 그 때에는 문경이 잘못되지 않았고, 당실

70) 위의 책, 卷5, 「與李月汀」, "今日急務, 只是存古爲上, 覃翁亦存古之學也, 段劉亦存古之學也. 覃翁存古而不泥於古, 段劉存古而泥於古. 覃翁之不泥於古者, 亦有可議處, 段劉之泥於古者, 亦有可議處."

도 본래 잘못되지 않았기 때문이었다. 진나라 송나라 이후로는 학자들이 고원한 것을 가지고 공자를 높이기를 힘써 '성현의 도가 이와 같이 비천하지 않다' 고 하며, 이에 문경을 싫어하여 이를 버리고 별도로 초묘하고 고원한 곳에서 찾게 되었다. 이에 허공을 딛고 올라가 용마루 위를 왕래하면서 창문의 빛과 다락의 그림자를 사의하는 사이를 헤아리고 깊숙한 방이나 방구석을 탐구하지만 이를 직접 보지 못하였다. 그리고 혹은 옛것을 버리고 새것을 좋아하여 큰 집에 들어가는 것을 가지고 '이와 같이 얕고 쉽지는 않을 것이다' 라고 여기는 것은, 별도로 문경을 열어 서로 다투어 들어가기 때문이다. 이쪽에서는 집 가운데 기둥이 몇 개라는 것을 말하고, 저쪽에서는 당상에 용마루가 몇 개라는 것을 변론하는데, 비교하며 논란하는 것을 그만두지 않다가, 자신이 말한 것이 이미 서쪽 이웃집의 작은 집으로 들어가는 줄도 모른다. 그러면 큰 집의 주인은 빙그레 웃으며, '나의 가옥은 그렇지 않다' 고 말한다.[71]

여기에서도 김정희는 당실, 곧 성현의 도로 들어가는 유일무이한 길은 한학일 뿐이라고 말한다. 다만 한학에만 매달려 훈고만을 일삼아서는 당실에 들어갈 수 없다는 말을 덧붙이고 있을 뿐이다. 만약 그가 성실한 '한송불분론자' 라면 송학은 길이 아님을 말하는 것으

71) 위의 책, 卷1, 「實事求是說」, "但聖賢之道, 譬若甲第大宅, 主者所居, 恒在堂室, 堂室非門逕不能入也. 訓詁者, 門逕也. 一生奔走于門逕之間, 不求升堂入室, 是厮僕矣. 故爲學必精求訓詁者, 爲其不誤于堂室, 非謂訓詁必乃事也. 漢人不甚論堂室者, 因彼時門逕不誤, 堂室自不誤也. 晋宋以後, 學者, 務以高遠尊孔子, 以爲聖賢之道, 不若是之淺近也, 乃厭薄門逕而弃之, 别于超妙高遠處求之. 于是乎躡空騰虛, 往來于堂脊之上, 窓光樓影, 則度于思議之間, 究之奧戶屋漏, 未之親見也. 又或棄故喜新, 以入甲第爲不若是之淺且易, 因別開門逕而爭入之. 此言室中幾楹, 彼辨堂上幾棟, 校論不休, 而不知其所說, 已誤入西隣之乙第矣. 甲第主者, 哦然笑曰, 我家屋不爾爾也."

로 그쳐서는 안 될 것이다.

3) 김정희의 송학관宋學觀과 한송불분론漢宋不分論

'한송불분론' 은 '실사구시설' 과 더불어 김정희의 대표적인 학설이다. 그런데 그는 앞에서도 보았다시피 한학만이 성현의 도로 들어갈 수 있는 길이며, 실사구시에 충실했다고 말하였다. 그렇다면 한학과 송학은 무엇이, 어떻게 나눠지지 않는다는 말인가? 사실 이 물음에 대해 김정희 자신은 충분한 근거와 대답을 준비하고 있지 않고 있으며, 바로 여기에 고려해 보아야 할 문제가 있다는 것에 대해 그의 연구자들도 별로 주목하지 않았다.

> 그런 까닭에 학문하는 도는 반드시 한나라의 학풍과 송나라의 학풍의 경계를 나눌 필요가 없고, 굳이 정현·왕필과 정호·정이·주자의 장단점을 비교할 필요가 없으며, 굳이 주희·육구연과 설선·왕수인의 문호를 다툴 필요가 없다.[72]

이것이 김정희가 '한송불분' 을 언급하는 대목이다. 여기에서 그는 한학과 송학뿐만 아니라 주자학과 양명학을 구분하여 어느 것이 옳고 그른지를 따질 필요가 없다고 단언하고 있지만 왜 그렇게 해야 하는지에 대해서는 명확한 언급이 없다. 다만 이 구절이 학문의 핵심이 '실사구시' 에 있음을 주장하기 위한 부분이라는 점에서 한학이든 송학이든 그것이 실사구시의 방법을 사용하기만 한다면 올바른 문경으로서 수용할 수 있다는 개방적인 태도를 지향하고 있음

---

72) 위의 책, 같은 곳, "故爲學之道, 不必分漢宋之界, 不必較鄭王程朱之短長, 不必爭朱陸薛王之門戶."

은 분명하다고 할 수 있다.

굳이 한학과 송학을 구분할 필요가 없다고 하지만 한학에 대해서는 여러 곳에서 긍정적인 언급을 하고 있는 데 비해 상대적으로 김정희가 송학에 대해 긍정적 측면에서 언급한 내용은 아래와 같은 문장 외에는 찾기가 어렵다.

> 중국의 북송과 남송의 유학자들은 도학道學을 천명하여, 성리性理 등의 문제에 대해서 정밀히 말하였으니, 이는 실로 옛 사람이 미처 밝히지 못한 것을 밝힌 것이다.[73)]

반면에 송학에 대해 직접·간접으로 비판하는 것은 수없이 많다. 그는 먼저 송학의 현실을 다음과 같이 말하고 있다.

> 근래로 명유들이 무리지어 나와 옛 학문이 번성하고 밝아져서 2천년 이래 끊어진 실마리를 다시 정리할 수 있게 되었습니다. 하지만 학파마다 한 가지 학설이 있고, 사람마다 한 가지 주장을 하여 문호門戶마다 시시비비를 따지는 것이 오늘날처럼 심한 적이 없었습니다.[74)]

송학의 후예들이 실사구시를 하지 않고 앞다투어 자기의 견해만을 제기하면서 이러한 폐단이 일어났음을 김정희는 지적하고 있다. 그리고 얼핏 보면 그가 송학의 도통전수道統傳受를 인정하는 것처럼 보인다. 하지만 그는 곧바로 주자학 도통전수의 핵심이라고 할 수

73) 위의 책, 같은 곳, "兩宋儒者, 闡明道學, 於于理等事, 精而言之, 實發古人所未發."

74) 위의 책, 卷5, 「與李月汀」, "近日以來, 名儒輩出, 古學唱名, 二千年來墜緖, 可腹整理. 然家有一說, 人是一義, 門門戶戶, 是是非非, 又無如近日之甚."

있는 '십육자심법十六字心法' 에 대해서도 비판하고 나선다.

> 지금 만약 단지 만세萬世의 심학心學이요 순舜·우禹가 서로 전수한 것이라 하여 '결단코 의심이 없다' 는 등의 말로써 하나의 큰 상투어를 만들어 뒤집어씌우고, '이는 반드시 이와 같을 뿐이다' 고 한다면, 이것은 허공에 매달린 하나의 가공의 설이 될 것입니다. 일찍이 귀로 듣거나 눈으로 본 것이 아니며, 또 입에서 입으로 서로 전수된 것도 아니니, 무슨 증거가 있겠습니까?[75]

이 '십육자심법' 속의 인심도심설人心道心說은 고문古文『상서尙書』가 위서僞書라고 생각한 정조나 정약용마저도 직접적인 언급을 피해 갈 만큼 성리학의 핵심적인 문제이다. 그러므로 이 문제를 직접 제기한다는 것은 그만큼 적지 않은 의미를 지니고 있는 것으로 보아야 한다.

또한 김정희는 주자학의 리理에 대해서도 비판하고 있다.

> 성인의 마음은 혼연한 하나의 리理인데, 이 의미가 가장 이해하기 어렵다. 배움이 얕은 무리들이 가볍게 설명할 것이 못 된다. 마땅히 먼저 리理라는 글자가 어떤 의미를 가지고 있는지 정해 놓은 뒤에야 곧 정확하게 될 것이다. 공맹으로부터 리理란 글자로 말한 것은 오직 문리文理·조리條理·의리義理 등 몇 가지 말뿐인데, 주자는 말하기를 "리理는 정의情意·계탁計度·조작造作이 없으며, 단지 하나의 공활한 세계일뿐으로 형적이 없다" 고 하였다. 그것은 도리어 조작하지 않는다는 것이다. 만약 이 뜻

75) 위의 책, 卷5, 「與人書」, "今若只以萬世心學舜禹相傳, 斷然無疑等語, 做得一大套而冒之曰, 此必如是云爾, 則一懸空說去. 曾非耳聞也目見也, 又非口口相授也, 有何證乎?"

> 으로 본다면, 성인의 마음은 리로써 구증해야 하니, 말하기는 어렵지 않지만 깨닫기가 어렵다. 또 간혹 리자理字의 다른 뜻이 있는데, 혹 천天이라 하고 혹 성性이라 하지만, 성이나 천의 뜻과는 또 서로 통하지 않고 막혀서 깨닫기가 어렵다. 이 설이 지극히 이해하기 어려운 까닭이다. 이제 전승되어 온 주석 가운데 있다고 해서 함부로 인용하고 가볍게 말하는 것이 옳겠는가?[76]

김정희는 이처럼 주자학의 경전 해석 방법과 학설을 모두 비판하고 있다. 이것은 그가 스승으로 받들었던 옹방강이나 완원의 입장과도 차이가 있다. 옹방강은 한학을 두루 종합하되 반드시 송학을 각수할 것을 가르쳤으며, 완원은 송학을 높이고 한학으로 보완할 것을 가르쳤다. 조선에서 한학을 중시했던 성해응成海應도 송학은 한학을 발전시킨 것이라고 하여 한학을 통해 송학을 보완할 것을 주장하였으며, 정약용丁若鏞도 자기의 판단을 중시하기는 하였지만 기본적으로는 송학과 한학의 주장 모두에 귀를 기울이고 있었다. 그렇다면 김정희의 입장은 그의 교우였던 조인영趙寅永과 같이 한학으로 기울었는가? 만약 그렇다면 그의 한·송불분론은 성립될 수가 없는 것이다.

이 문제에 답하기 위해서는 김정희 자신이 인정한 송학의 장점으로 돌아갈 수밖에 없다. 그는 송학이 도학道學을 천명하고 성리性理

---

76) 위의 책, 卷1, 「理文辨」, "聖人之心, 渾然一理, 此義最難理會, 非淺學輩, 所可輕易下說也. 當先定理字之爲何義, 然後乃可的確. 孔孟以來, 理字云者, 惟文理條理義理等數語而已. 朱子曰, 理無情義計度造作, 只是個潔淨空闊底世界, 無形迹. 他却不會造作. 若以此訓看之, 聖人之心, 以理究證, 寧不難言, 而難曉也. 又或有理字之他訓, 或曰天曰性, 而性天之義, 又互相窒礙難曉焉, 所以此說之極難理會也. 今以在傳注中, 而妄引輕說可乎?"

를 밝히는 데 공적이 크다고 말하였다. 그리고 그는 「실사구시설」에서 문경과 당실의 비유를 들면서 성현의 도를 당실에 비유하고, 그것은 바로 성性·도道·인仁·의義라고 말하였다. 그는 비록 한유들은 성·도·인·의를 잘 알고 있었기 때문에 그것을 말하지 않았으며, 한학을 통하면 거기에 이를 수 있다고 말하였다. 그런데 사실 성·도·인·의는 비록 성현들이 말하긴 했지만, 그것을 집중적으로 거론하며 중시한 것은 송학자들이다. 그 자신도 역시 송학의 공적은 성리를 밝힌 데 있다고 말하였다. 그런데 그는 이러한 사실을 뒤집어서 말하고 있는 것이다. 즉 송학자들의 관점을 그대로 성현의 도라고 규정하고서 성현으로부터 가까운 한학이 송학보다 더 옳고 정확하다는 주장을 한다.

역사적 사실로 볼 때 공자는 성性이나 천도天道와 같은 문제에 대해 많이 말하지 않았으며,[77] 한유들은 성과 천도의 문제에 대해 충분히 알고 있었기 때문에 말하지 않은 것이 아니라 그것에 대해 별로 관심이 없었기 때문에 말하지 않았던 것이다. 이것은 결국 존고론자尊古論者들의 상투적 화법으로 읽을 수 있을 것이다. 여기에서 그가 한학은 어디까지나 문경에 지나지 않는다고 한 말, 한의 상수역을 비판적으로 본 반면 정이程頤의 의리역義理易을 중시한 사실,[78] '오늘날의 급무'로서 '존고存古'를 주장한다는 말 등을 의미 있게 받아들일 필요가 있겠다.

---

77) 『論語』, 「公冶長」, "夫子之言性與天道, 不可得而聞也."
78) 남상락, 앞의 논문, 123-129쪽 참조.

제3장 법고창신론法古創新論과 김정희의 예술정신藝術精神

1. 법고론法古論

1) 존고存古의 정신

김정희는 올바른 예술작품을 창작하기 위해서는 예술에 대한 학문적 연구가 선행되어야 함을 주장하면서 예술에 있어서 무엇보다도 학문의 중요성을 강조한다. 여기서 예술을 위한 학문이란 앞선 시기의 예술사적 지식은 물론이고 이 지식에 입각하여 작품의 장단점을 파악할 수 있는 올바른 감식안을 기르는 것을 말한다. 이러한 태도는 김정희의 학문관과 예술관에 가장 큰 영향을 끼쳤던 옹방강의 견해를 그대로 수용한 것이다.

옹방강에 의하면 예술창작에는 수많은 법칙이 존재하고 있는데, 그것은 작가 개개인에게서 유래하는 것이 아니다. 그 법칙의 체계는 고대인들이 이미 마련해 놓고 있다. 그러므로 창작에 있어서 가장 중요한 것은 고대인들의 작품을 배우고 그들이 제시하고 있는 규범에 따르는 일이라는 것이다.[79] 이것은 학문에 있어서 성현의 도를

79) 민주식, 「완당 김정희에 있어서 문인예술의 이념」, 『인문연구』, 제20집(대구: 영남대학교 인문과학연구소, 1991), 155쪽 참조.

담고 있는 경전을 올바로 이해하기 위해 사승과 가법이 있는 해석(훈고)을 참고해야 하는 것과도 같은 이치이다.

그는 경전을 해석함에 있어서 자신의 방식으로 이해하여 스스로의 주장을 세우는 것은 경전의 이해에 도움이 되지 않으며, 오히려 다른 사람들의 이해에 혼란을 일으켜 심각한 갈등을 초래하게 된다고 생각하였다. 따라서 경전에 대한 참된 이해방식은 사사로운 자기의 학설을 통해 이해하는 것이 아니라 경전 그 자체의 의미를 고증학이나 훈고학적인 방법을 통하여 이해하는 것이며, 이것이 경전에 대한 가장 정확한 접근방법이라고 보았다. 그러므로 김정희는 경학에 있어 무엇보다 사설師說과 가법家法을 중시한다. 그는 정약용에게 보낸 편지글에서 이렇게 말한다.

> 정현의 주석은 의심스러운 곳이 매우 많기는 하지만 이것은 모두가 다 그보다 앞선 스승의 학설이며 가법으로 전해진 것입니다. ……후세의 사람들이 정현을 반박하는 것은 자기의 얄팍한 지식과 부족한 견해로 어쩌다가 우연히 새롭고 기이한 것을 발견하여 기뻐할 만하다고 생각되면 의연히 떨쳐 일어나 있는 힘을 다하여 그를 공격하는 것입니다. 돌이켜 생각해보면 자기가 공격한 것은 특별히 사설師說이 있는 것도 아니요 또한 가법家法도 아닌 것입니다.[80]

아무리 자기의 독창적인 견해가 있더라도 그에 따라 경전을 이해하는 것은 근거가 빈약한 것이므로 전통적인 근거를 지니고 있는

80) 김정희, 앞의 책, 卷4, 「與丁茶山」, "鄭注之可疑處甚多, 然此皆師說也家法也. ……後人所以駁鄭者, 以己之一知半解, 偶有新奇可喜處, 毅然奮起而攻之, 不遺餘力, 反以思之, 己之所攻者, 別無師說, 又非家法也."

기존의 주석을 따르는 것이 옳다는 말이다. 사설師說과 가법家法이란 그 연원이 분명하고 오랜 시간에 걸쳐 검증된 것이므로 우리의 판단이 잘못된 길로 빠지지 않고 올바른 길을 선택할 수 있도록 이끌어주는 것이다. 이러한 입장에서 김정희는 “무릇 태산의 정상에 오른 사람은 한 걸음도 더 나아갈 수 없는 곳에 처하게 되면 어쩔 수 없이 옛 길을 따라 아래로 내려오게 된다”[81]고 하며, 따라서 “옛 것을 보존하는 것이 급선무일 것이다”[82]라고 하여 특히 존고存古의 정신을 강조한다. 이러한 존고의 정신은 경전의 올바른 뜻을 파악할 수 있도록 하는 기본이 되며, 이를 무시하고 자기의 견해만 내세우는 것은 아무런 도움이 되지 않는다는 것이다.

경전을 이해하는 데 있어서 사설과 가법이 중요한 기준을 제공하는 것처럼 예술작품을 창작하고 평가하는 데에도 마찬가지로 대가들의 작품이나 전통적인 법식이 가장 중요한 기준점이 된다. 김정희에 있어서 학문과 예술은 두 가지의 일이 아니다. 그러므로 시·서·화 등의 예술작품을 창작하는 원리나 방법 역시 학문을 하는 과정과 동일한 과정을 거치는 것이 필요하다. 즉 기존의 대가들이 남긴 훌륭한 작품을 보고, 그에 대한 철저한 학습을 통하여 본연의 법식을 올바로 깨우칠 수 있어야 비로소 잘못된 길로 들어서지 않고 예술의 본원을 체득할 수 있는 것이다.

그러므로 김정희의 학문 전반에 걸쳐 일관되게 나타나는 실사구시實事求是의 실증주의적 태도는 기본적으로 그의 예술관에도 그대

81) 위의 책, 卷5, 「與李汝人」, “凡到泰山頂者, 無更進一步處, 則不得不從舊路下來而已.”

82) 위의 책, 卷5, 「與李月汀」, “存古爲第一急務.”

로 반영되어 있다고 할 수 있으며, 이것은 원래의 예술적 법식을 충실하게 이해하고 이를 따르는 존고의 정신을 강조하는 것으로 구체화되어 나타나고 있다. 그러나 '옛 것을 보존한다'(存古)고 해서 단순히 거기에 매몰되어 빠져 있어서는 안 된다. 존고의 정신이란 어디까지나 잘못 찾아든 길을 바로잡고, 경전의 뜻을 올바르게 이해하는 데 도움을 얻기 위한 것이며, 이를 핑계로 경전의 뜻을 오히려 어지럽혀서는 안 된다는 것이다.

> 오늘날 가장 시급하게 해야 할 일은 바로 옛 것을 보존하는 것이다. 옹방강 역시 옛 것을 보존하는 학문이요, 단옥재段玉裁나 유단림劉端臨 또한 옛 것을 보존하는 학문이다. 그런데 옹방강은 옛 것을 보존하되 옛 것에 빠져버리지는 않았으나 단옥재와 유단림은 옛 것에 빠져버렸다.[83]

이러한 맥락에서 김정희는 사설이나 가법을 통해 전승된 이론을 존중하면서도 실증을 통한 정확한 이해를 우선으로 삼는다. 또한 경전을 이해하는 데 있어서도 무엇보다 직접적인 고증을 통하여 그 진의를 확인하는 작업이 선행되어야 함을 강조한다.

이렇게 보면 그의 존고정신은 단순히 옛날로 되돌아가기 위한 복고復古가 아니라 개방적인 태도로 다양한 원리를 포괄하고자 하는 박고博古를 의미하며, 법식에만 매몰되어 그것을 답습하려는 니고泥古가 아닌 법식을 숭상하고 충실하게 체득함으로써 예술의 본원에 다가가고자 하는 상고尙古의 의미를 갖는 것이다. 이것은 또한 유학

---

83) 위의 책, 같은 곳, "今日急務, 只是存古爲上, 覃翁亦存古之學也, 段劉亦存古之學也. 覃翁存古而不泥於古, 段劉存古而泥於古. 覃翁之不泥於古者, 亦有可議處, 段劉之泥於古者, 亦有可議處."

본래의 정신인 '온고지신溫故知新' 과 상통하는 '법고창신法古創新', '입고출신入古出新' 의 예술적 지향을 말한다.

그는 "실로 학자는 마땅히 옛 것에 박식해야 할 것이며, 그렇다고 해서 옛 것에 지나치게 얽매여서도 안 된다"[84]고 말하고 있다. 이 것은 옛것을 모범으로 삼아 철저하게 배우고 익혀야 하지만(法古), 옛 것의 장점과 그 내면에 담긴 뜻을 체득한 후에는 더이상 그것에 얽매이지 말고 새로운 자신만의 독자적인 세계를 추구해야 한다는(創新) 의미를 함축하는 말이다. 이러한 김정희의 존고적 태도는 옛 것을 올바르게 체득함에 있어서 문호를 초월하고 개방적이며 종합적인 객관성을 지니기 위한 것이며, 또한 그 수단으로서 사승師承과 가법家法을 매우 중시하면서도 그 수단에 얽매이지 않고 자신의 심기를 평정平靜해야 하는 주체성을 배제하지 않는 정신이라고 할 수 있다.[85]

그러므로 이 법고와 창신의 기본정신은 옛것을 널리 배워서 이를 바탕으로 새로운 창작을 추구해 내고자 하는 것이다. 김정희는 글씨를 쓸 때는 자신의 재주에 가벼이 의지해서는 안 되며, 반드시 그 근원으로 거슬러 올라가 옛날의 올바른 법도를 실증적으로 파악해야 함을 강조하고 있다. 또한 여기에만 머무르지 않고 끊임없는 노력과 수없이 많은 반복학습이 병행되어야 함을 말하고 있다.

내 글씨는 비록 자랑할 만한 것은 못되지만 칠십 여 년 동안

---

84) 위의 책, 卷4, 「與金東籬」, "此實學者, 所宜博古, 又不宜泥古."

85) 서경요, 「김추사의 예술정신」, 『(補遺篇)韓國實學思想論文選集』, 제17집(서울: 불함문화사, 1994), 245쪽 참조.

열 개의 벼루를 닳아 없애고 천 자루의 붓을 몽당붓으로 만들었다.86)

너의 이른바 "겨우 몇 자를 썼더니 글자마다 각각 달라서 끝내 한결같지 않았다"고 하는 것은 이것이 네가 가히 입문하여 어느 정도의 경지에까지 들어갈 수 있었던 것이다. 마음을 가다듬어 힘껏 좇아가도록 하라. 꾹 참고 이 한 관문을 지나고 난 후에라야 통쾌하게 깨닫는 곳을 찾을 수 있을 것이다. 절대로 이것이 이루어지지 않는다고 해서 물러나지 말고 더욱 힘쓰는 것이 좋겠다. 나는 육십 년 동안 하였어도 아직 한결같지 않거늘, 하물며 너처럼 처음 배우는 사람에게서야 더 말할 것이 있겠느냐.87)

또한 수없이 많이 그린 후라야 가능한 것이니, 당장에 부처를 이룰 수는 없는 것이며, 또 맨손으로 용을 잡으려 해서는 안되는 것이다. 아무리 9999분分에까지 이르렀다 해도 나머지 일분一分을 원만하게 성취하기란 매우 어렵다. ……이 일분은 인력으로 가능한 것이 아니지만 그렇다고 해서 인력 밖에서 나오는 것도 아니다88)

전통적으로 내려오는 올바른 법식을 실증적으로 파악한 후에는 반드시 쉬지 않고 연습하여 이를 그치지 않아야 한다. 마음을 가다

---

86) 김정희, 앞의 책, 卷3, 「與權彛齋敦仁」, "吾書雖不足言, 七十年磨穿十硏, 禿盡千毫."

87) 위의 책, 卷7, 「書示佑兒」, "汝所謂纔書數字, 字字各出, 終不歸一云者, 是汝可以入門之進境處. 須潛心力追, 忍過此一關, 然後可以快得悟處. 切勿以此爲不成而退轉, 益加用工可也. 吾則六十年, 尙不得歸一, 況汝之初學者乎."

88) 위의 책, 卷6, 「題石坡蘭卷」, "又多作然後可能, 不可以立地成佛, 又不可以赤手捕龍. 雖到得九千九百九十九分, 其餘一分, 最難圓就. ……此一分非人力可能, 亦不出於人力之外."

듣고 수없이 반복하여 연습한 후에야 비로소 깨닫는 곳을 얻을 수 있기 때문이다. 이런 각고의 연습이 이루어진 후에야 완전한 법식을 체득할 수 있으며, 단순히 그 그림자나 빛과 같은 외양만을 모방하는 것이 아니라 철저하고 완벽하게 그 참모습을 꿰뚫을 수 있다.

> 언제나 사람들은 문경에서만 어른거리며 그림자를 본뜨거나 빛을 채어 오지만 철저하게 하여 그 핵심을 꿰뚫어 내지를 못한다. 문경이 잘못되지 않았다면 큰 기러기의 털이 순풍을 타고 날아가는 것과 같이 도저히 막을 수 없을 것이다.[89]

모범으로 삼을 수 있는 올바른 법식을 찾고, 이를 철저하게 학습하여 그 정점까지 완전히 도달한다는 것은 여간 어려운 일이 아니다. 하지만 원숙한 예술미의 묘경을 획득하기 위해서는 반드시 거쳐야 하는 일이기 때문에 잠시라도 멈출 수 없는 것이다. 또한 이렇게 근원으로 거슬러 올라가는 데 있어서도 일정한 순서를 밟아야 한다. 만약 그 순서를 어기고 등급을 뛰어넘는다면 이것은 마치 문간을 거치지 않고 곧바로 안방으로 들어가려는 잘못과 같은 오류를 범하게 되는 것이다.

이와 같은 존고의 정신에 입각한 김정희의 예술관은 당시 조선의 예술계로서는 획기적인 일이었다. 그리고 그가 여러 가지 방식을 통하여 당시의 서예가들에 대해 비평한 대부분의 내용은 누구의 필법을 배웠으며, 또한 그 필법의 핵심을 얻었는가에 집중되어 있다.[90]

---

89) 위의 책, 卷2, 「與申威當」, "每人於門徑, 摸影掠光, 不能透頂徹底. 門徑不誤, 如鴻毛順風, 沛然莫禦耳."

90) 호승희, 『(補遺篇)韓國實學思想論文選集』, 제17집(서울: 불함문화사, 1994), 470쪽 참조.

또한 그의 평가에 따르면 조선에 있는 대부분의 서예가들은 이런 서법의 연원과 변천과정을 이해하지 못하고 있으며, 단순히 한 두 가지의 법칙만을 습득하고 난 후에 그것이 서법의 전부라고 생각하는 잘못을 범하고 있다.

2) 당시 예술계에 대한 비판

1809년 24세의 나이로 부친 김노경을 따라 연경을 방문하게 된 김정희는 당시 청나라의 고증학적 풍토에 큰 충격을 받게 된다. 또한 옹방강과 완원을 비롯한 청나라 학자들과 직접적으로 교류하면서 예술에 대한 새로운 시각에 눈뜨게 된다.

> 나는 어려서부터 글씨에 뜻을 두었는데, 24세에 입연하여 여러 저명한 석학들을 만나 그들의 체계적인 논의를 들었다. 발등법撥鐙法(필획이 서로 충돌하지 않고 조화를 이루는 것)이 입문하는 첫 번째 원칙이 되는 것이나, 지법指法과 필법筆法, 묵법墨法, 그리고 분행分行과 포백布白하는 법과 과戈와 파波와 점點과 획劃을 쓰는 법에 이르기까지 우리나라 사람들이 익히던 것과는 크게 달랐다. 한漢나라와 위魏나라 이후의 금석문자는 수천 종이나 되는데, 종요鍾繇나 색정索靖 이전으로 거슬러 올라가고자 한다면 반드시 북비北碑를 많이 보아야만 비로소 그 처음부터 변천되어 내려온 원류가 시작되는 곳을 알게 된다.[91]

김정희가 연경에서 접한 학문과 예술은 당시 조선에서 행해지고

---

91) 김정희, 앞의 책, 卷8, 「雜識·答朴蕙百問書」, "余自少有意於書, 廿四歲入燕, 見諸名碩, 聞其緖論. 撥鐙爲立頭第一義, 指法筆法墨法, 至於分行布白戈波點劃之法, 與東人所習大異. 漢魏以下金石文字, 爲累千種, 欲溯鍾索以上, 必多見北碑. 始知其祖系源流之所自."

있던 것과 비교했을 때, 너무나도 큰 차이를 보이고 있었다. 서화를 비롯한 예술을 하찮은 소기小技로 평가하고, 단순한 여가활동이나 기예로 폄하하는 조선과 달리 연경의 학계는 이미 예술의 의미를 크게 높이고, 학문과 동일한 가치로 평가하는 '학예일치學藝一致'의 풍조가 일반화되어 있었다. 물론 여기에는 이민족의 지배라는 청대의 특수한 정치적 상황과 이를 문화적으로 극복하려는 의도가 배경에 깔려 있었지만 어떤 형태로든 예술의 지위가 상당히 높아진 것은 분명한 사실이었다.

청대의 한족 지식인 학자들은 학문과 문화 전반에 걸쳐 이전 시대의 관념적이고 형식주의적인 경향을 비판하고 실증적이고 현실적인 측면에 깊은 관심을 표명하였다. 이것은 지배층의 문화진흥 운동과 맞물리면서 상승효과를 불러 일으켰고, 학문적으로는 고증학이 급속하게 주도적 위치를 차지하게 하였다. 또한 실증을 강조하는 고증학적 특성과 그로 인한 학문적 성과는 문학이나 예술에 있어서도 크게 영향을 끼쳐 예술의 근원에 대한 실증적 탐구를 진행하도록 하였다. 그 결과 추상적이고 관념적인 예술을 부정하고 고졸古拙하고 사실적인 예술을 추구하게 되었으며, 도덕적 이념성이 아니라 개인의 개성을 강조하고 예술 자체의 본질적 미감을 발현하고자 하는 경향이 팽배하게 되었다.

예술의 근원적 미감과 그 변천과정에 대한 철저한 실증적 탐구와 그 결과로 나타난 고졸한 아름다움과 자유분방한 개성미는 김정희로 하여금 예술에 대한 획기적인 인식의 변환을 경험하게 하였으며, 이제까지 특별한 의식이 없었던 당시 조선의 예술계를 새로운 시각으로 바라보게 하였다. 그리하여 일차적으로 예술에 대한 철저한 학문적 탐구라는 관점에서 당시 조선의 예술계를 신랄하게 비판하고 있다. 그의 비판은 주로 서법書法을 대상으로 하여 진행되고 있는데, 그 핵심은 바로 올바른 예술이론에 무관심하고, 진정한 법식을 실증적으로 파악하려 하지도 않으며, 역사적으로 검증된 뛰어난 예술가의 작품에 대한 분석도 없다는 것이다.

> 옛날 글씨 쓰는 비결에 이르기를, "먹물은 깊고 색은 진하며, 수많은 붓털이 힘을 가지런히 쓰게 한다"라고 하였으니, 이것은 바로 묵법墨法과 필법筆法을 아울러서 말한 것이다. 그런데 근래에 우리나라의 서예가들은 그저 '수많은 붓털이 힘을 가지런히 쓰게 한다'는 한 구절만 집어내어 이것을 묘체로 삼고, 윗 구절에 있는 '먹물이 깊고 색이 진하게 한다'는 말은 함께 언급하지 않는다. 그들은 이 두 구절이 서로 떨어져서는 안 된다는 것을 모르고 있으며, 이는 꿈에도 묵법을 생각하지 못하는 탓이다. 이 때문에 자신도 모르는 사이에 스스로 한 쪽으로 치우치고 고루함에 빠져버리고 만 것이다.[92)]

김정희에 따르면 우리나라는 삼국시대부터 서도의 명가들이 많이 있었으며, 그 수준 역시 매우 높았다. 그러나 조선조에 이르러 모든 서법이 송설체松雪體 일색으로 이루어지고, 그 또한 올바른 진본眞本이 아니라 특별한 근거도 없는 위본僞本을 기준으로 함으로써 서법의 연원에도 밝지 못하고, 또한 올바른 옛 법식을 잃어버리게 되고 말았다.

---

92) 위의 책, 卷1, 「墨法辨」, "是以古訣, 云, 漿深色濃, 萬毫齊力. 卽並擧墨法筆法, 而近日我東書家, 單拈萬毫齊力一句, 以爲妙諦, 不並及其上句之漿深色濃. 不知此兩句之不可離開, 是夢未到墨法. 不覺其自歸偏枯."

서도는 그 특성상 대가의 작품 원본을 보고 그것을 임모臨模함으로써 그 예술미를 탐색하게 된다. 그러나 시대가 많이 지나고 임모한 것을 다시 임모하는 것이 반복되다 보면 어느새 원본과는 전혀 다른 글씨가 되고 만다. 게다가 원래의 진본眞本이 소실된 경우에는 임모한 글씨가 올바른 것인지조차 불분명해 진다.

서도에서는 전통적으로 왕희지를 가장 중요한 준칙으로 인정해 왔고, 글을 쓰는 사람이라면 누구나 그의 신수神髓를 얻고자 노력하게 된다. 그러므로 왕희지의 글씨를 임모하는 것은 가장 기본적이고 중요한 것이다. 그런데 문제는 임모하는 원본의 글씨가 과연 왕희지의 진적眞蹟이 맞는가 하는 것이다.

김정희는 조선의 서가書家에서 왕희지의 진본으로 인식되어 가장 많은 임모의 대상이 되었던 『악의론樂毅論』과 『황정경黃庭經』 등은 왕희지의 진적이 아니라고 단언한다.

> 『악의론樂毅論』은 이미 당나라 때부터 그 진본이 사라져 버렸고, 『황정경黃庭經』은 육조 시대의 사람이 쓴 것이며, 『유교경遺敎經』은 당나라에서 경학을 공부하는 학자의 글씨이고, 〈동방삭찬東方朔贊〉·〈조아비曹娥碑〉 등의 글씨도 전혀 내력이 없으며, 〈각첩閣帖〉은 왕저王著가 옮겨 모사한 것으로 더욱 오류가 심각하여 이미 당시에 미원장米元章·황백사黃伯思·동기창董其昌 같은 사람들이 일일이 그릇된 것을 바로잡아 놓은 바가 있으니, 중국에서 식견이 있는 학자들은 『악의론』이나 『황정경』 등의 글씨로부터 〈각첩〉에 이르기까지는 다 말하기조차 부끄럽게 여기는 것이다.[93]

93) 위의 책, 卷8, 「雜識」, "至於『樂毅論』, 自唐時已無眞本, 『黃庭經』爲六朝人書, 『遺敎經』爲唐經生書, 〈東方朔讚〉·〈曹娥碑〉等書, 全無來歷, 〈閣帖〉爲王著所摹

뿐만 아니라 왕희지체를 가장 잘 표현하고 있다고 전해지는 『난정서蘭亭序』 역시 왕희지의 서체라고 말할 수 없으며, 명확한 고거가 필요하다고 주장한다.

> 『난정서蘭亭序』에 대해서는 정무본定武本이 가장 왕희지의 진적에 가까운 것이라고 말하고 있지만 구양순이 임모한 것은 끝내 그 자신의 필의筆意가 있으니 이것은 마치 신룡본神龍本에 저수량의 필의가 있는 것과 같다. 그러므로 지금 정무본을 표준으로 하여 왕희지의 서체가 반드시 이와 같다고 생각한다면 이것은 깊이 고거考據한 것이라고는 할 수 없을 것이다.94)

이처럼 원본을 잘못 임모했거나, 근거가 불분명한 것, 그리고 새로운 서체로 변화한 것 등을 실증적으로 고려하지 않고 무조건적으로 수용하는 태도는 서도의 본질을 왜곡하게 한다. 또한 진적眞蹟을 많이 접해 보지도 못하고, 좋은 스승으로부터 가르침을 받지도 못함으로서 궁벽한 시골 구석에서 자신의 재능만 믿고 그것이 최고인양 생각하는 결과를 초래하였다. 그는 조선의 최고 명필이라고 칭해지는 한호韓濩(石峯, 1543~1605)에 대해서도 다음과 같이 평가하고 있다.

> 우리나라의 글씨 중에서는 한석봉을 최고로 칭하는데, 한석봉의 필력은 동기창에 비하면 가볍기가 새의 깃털 하나 정도에 불과하니 세상에 누가 이와 같은 사실을 알고 있겠는가. 다만

翻, 尤爲紕繆, 已爲當時, 如米元章黃伯思董廣川, 所一一駁正, 中國之有識者, 自『樂毅』『黃庭』等書, 至於閣帖, 皆羞道之."

94) 위의 책, 卷4, 「與南圭齋」, "蘭亭定武本, 最稱蘭亭之眞, 然歐陽所摹, 終有歐陽筆意, 猶神龍本之有河南筆意. 今以定武爲右軍書, 必全如是, 未足深據."

> 양자강 남북에 가서 물어보아야만 마땅히 인정할만한 사람이 있을 것이다.[95]

> 동기창의 글씨에 대해서 우리나라 사람들은 모두가 대단치 않은 것으로 여기며, 어떤 사람들은 오로지 아름답고 화려한 것만 일삼는다고 평가하기도 하는데, 이는 동기창의 글씨가 어떤 것인지도 모르는 사람들이다. 만약 우리나라 사람 가운데 한 사람을 들어 논한다면 한석봉의 기운이나 품격은 동기창의 십분의 일에도 미치지 못한다.[96]

김정희의 평가에 따르면 이처럼 조선조에 이르러 서법은 오히려 이전에 비해 더욱 쇠퇴의 길로 접어들게 되었다. 특히 양란이후 문화적 혼란을 겪으면서 이런 현상이 더욱 심화되었다.

> 대저 우리나라의 임진년 왜란은 이것이 어떠한 백육百六의 큰 액운인지 모르겠으나 조정의 전례와 문장에서부터 일반 백성들의 풍속에 이르기까지 크게 변하지 않은 것이 없어 지금까지도 옛 것을 회복하지 못했으며, 문장이나 서화의 작은 법도에 있어서도 모두가 다 이를 따라서 변질되고 쇠락하게 되어 마침내 만회할 길이 없게 되었으니, 명종明宗과 선조宣祖 이전의 융성하던 대아大雅의 풍風과 같은 것은 더 이상 찾아볼 수조차 없게 되어 항상 한탄하고 애석하게 여기고 있었다.[97]

---

95) 위의 책, 같은 곳, 「與金君」, "如吾東書, 冣稱石峰, 而石峰筆力, 較董卽一羽之輕, 世孰有知此者哉. 往扣於大江南北, 當有印可之者."

96) 위의 책, 卷6, 「題淸愛堂帖後」, "董書, 東人皆眇之, 或以爲專事美麗, 是不知董書之如何者. 若以東人論之, 石峰之氣格, 不能及董十之一."

97) 위의 책, 卷4, 「與張兵使」, "大抵我國之壬辰, 不知是何等百六大運, 而上自朝家典章, 至於閭巷風俗, 無不大變, 至今未復舊, 文章書畵之小道, 亦皆從以遷謝, 竟未有挽回, 如明宣以上渢渢大雅之風, 不可得見, 常所嘆惜."

김정희는 이처럼 서도가 급속하게 잘못된 길로 빠져들게 된 것은 예술이론과 작품에 대한 학문적 연구가 미흡했기 때문이며, 근원을 탐구하는 실증적인 태도를 지니지 못했기 때문이라고 보고 있다. 아울러 당시 우리나라의 서도를 망친 대표적인 인물로 이광사李匡師(圓嶠, 1705~1777)를 꼽으면서 이광사가 쓴 「원교서결圓嶠書訣」을 조목조목 비판하는 「서원교필결후書圓嶠筆訣後」를 써서 그를 직접적으로 공격하고 있다.

이광사는 우리나라 서예사에 있어서 왕희지체에 기반을 두고 이를 더욱 발전시킴으로써 당시 조선의 독자적인 서체로 형성된 동국진체를 완성한 사람으로 조선의 대표적인 서예가였으며, 당대 예술계에 가장 큰 영향력을 행사한 인물이었다. 김정희는 이광사에 대해 다음과 같이 평가하고 있다.

> 오호라! 세상이 모두 원교의 필명에 눌리고 덮여서 그의 '획의 위와 왼편은 먹이 짙고 미끄러우며, 아래와 바른편은 먹이 묽고 거칠다' 는 말과 '붓 끝을 펴고 가면 아래는 예리한 칼로 가로지른 것 같다' 는 말, '붓이 먼저 가고 손은 나중에 간다' 는 말 등과 같은 여러 학설을 마치 금과옥조처럼 떠받들고 있다. 한 번 그 잘못된 길 속으로 빠져들면 미혹됨을 타파할 수 없게 되니, 참람하고 망령됨을 헤아리지 못하고 큰 소리로 외쳐 극단적으로 잘못된 말을 꺼리지 않기를 이와 같이 하게 된다.98)
>
> 그의 천품은 남보다 뛰어났으나 그는 재주만 있을 뿐 배움이

---

98) 위의 책, 卷6, 「書圓嶠筆訣後」, "噫, 世皆震耀於圓嶠筆名, 又其上左下右伸毫筆先諸說, 奉以金科玉條. 一入其迷誤之中, 不可破惑, 不揆僭妄, 大聲疾呼, 極言不諱, 如是."

> 없었으니, 이 또한 그의 잘못만은 아니다. 고금의 법서 가운데 좋은 것을 볼 수 없었고, 또 올바른 법을 알고 있는 대가를 스승으로 모시지도 못하였으며, 다만 타고난 재능의 뛰어남에만 의지함으로써 스스로를 높이고 오만함에 빠져 옳게 헤아리지를 못하였을 따름이다. ……만약 좋은 작품을 볼 수 있게 하고 또 올바른 도가 있는 곳에 나아가 배울 수 있도록 했다면, 그의 재능으로 어찌 이런 정도의 수준에만 머물렀겠는가.[99]

> 옛 선사들이 말하기를 '좁은 집 밖에는 푸른 하늘이 펼쳐져 있네' 라고 하였으니, 문득 여기에서 다시 볼 수 있도다. 우리나라 사람들은 원교의 글씨에만 얽매여 왕허주王虛舟·진향천陳香泉 등과 같은 여러 대가들이 또 있다는 것을 알지 못하고 망령되이 서도를 말하니, 나도 모르는 사이에 아연하게 한번 비웃어 줄 뿐이다.[100]

서도에 있어서도 학문과 마찬가지로 마땅히 그 근원을 실증적으로 탐구하여야 하며, 옛 사람이 남긴 올바른 법식을 충분히 이해하고 이를 체득하는 것을 바탕으로 해야 한다. 만약 그 근원을 탐구하지 않고 잘못된 기준을 따라간다면 결코 서도의 본원에 도달할 수 없을 뿐만 아니라 스스로 미혹에 빠져 자신이 잘못된 것조차 알 수 없게 된다. 이런 점에서 이광사는 학습의 기준이 될 만한 좋은 작품을 보지도 못하였고, 또 옳은 법을 알고 있는 스승을 만나지도 못했으며, 자신의 재능에만 의지하여 이것이 옳다고 고집하였으므로 타

99) 위의 책, 같은 곳, "其天品超異, 有其戈而無其學. 無其學又非其過也, 不得見古今法書善本, 又不得就正大方之家, 但以天品之超異, 騁其貢高之傲見, 不知裁量. ……若似得見善本, 又就有道, 以其天品, 豈局於是而已也."

100) 위의 책, 卷2, 「與舍季」, "古禪伯所云, 屋外青天, 便復此觀. 東人錮於圓嶠之筆, 不知更有, 王虛舟陳香泉, 諸臣璧, 妄稱筆, 不覺啞然一笑耳."

고난 재능에도 불구하고 본원의 도에 이르지 못하고 잘못된 길로 빠져버렸다는 것이다. 그러므로 동일한 전철을 밟지 않기 위해서는 전통적인 법식에 대한 실증적 탐구와 아울러 그 연원과 변천과정에 대한 분명한 이해와 감식안을 지녀야만 하는 것이다.

3) 문경門徑을 통한 소원溯源

김정희는 서도에 있어서 가장 근원이 되는 법식과 준칙을 배우기 위해서는 반드시 사승師承이 있는 연원을 따라 변천과정을 살펴야 하며, 보다 가까운 것에서부터 시작하여 점차 근원적인 것으로 나아가야 한다고 말한다. 그렇지 않고 잘못된 길로 빠져 학습의 올바른 대상을 선택하지 못한다거나 명확한 기준이 없이 이것저것 가리지 않고 뒤섞어 버리는 것은 반드시 경계해야 할 것이며, 이렇게 되면 결코 근원적인 법식에 도달할 수 없게 된다.

> 구양순이나 저수량과 같은 여러 사람을 모두 건너뛰어 곧바로 종요와 왕희지에게로 올려붙이려 하면, 이것은 문경을 거치지 않고 곧장 당실로 들어가려는 것이다. 과연 그것이 가능하겠는가?[101]

그는 근원적인 법식에로 나아가기 위해서는 반드시 일정한 과정을 거쳐야 한다고 보고, 이 과정을 '문경門徑' 혹은 '결국結局'이라는 말로 표현하고 있다. 예를 들어 왕희지라는 법식에 다가가기 위해서는 반드시 이를 이끌어 줄 문경이 필요하다. 구양순과 저수량은

101) 위의 책, 卷8, 「答朴蕙百問書」, "欲盡空歐褚諸人, 而上接鍾王, 是不由門逕, 直躡堂奧. 其可得乎?"

모두 왕희지의 신수를 얻었기 때문에 왕희지를 습득하기 위해서는 반드시 먼저 이들을 거쳐야 올바른 법도를 잃지 않는다.

> 담계노인(옹방강)의 해서楷書는 솔갱率更(구양순)에게서 그 원숙한 곳을 얻었고, 하남河南(저수량)에게서는 예서隸書의 필의筆意를 얻었는데, 팔만 개의 금석기운이 팔뚝 아래로 펼쳐지니 뚜렷하게 서도書道의 대가가 되었다. 당唐나라에서부터 진晉나라로 들어가는 지름길은 이것이 아니고서는 다른 길이 없다.[102]

시간적으로도 큰 차이가 있고, 진적眞蹟도 남아 있지 않기 때문에 구양순과 저수량이라는 문경을 거치지 않고서는 결코 왕희지에 도달할 수 없다. 역사적으로도 많은 서예가들이 있었지만 이들에 대한 평가의 기준은 결국 올바른 문경이 되는 필법을 배웠는가, 그리고 그 필법의 중요한 핵심을 터득했는가 하는 두 가지 요소에 달려 있는 것이다. 이런 점에서 김정희는 서예가들을 평가할 때마다 그가 누구에게서 배웠으며, 그 신수를 얻었는지를 기준으로 함으로써 각각의 장점과 문제점을 지적하고 있다.

102) 위의 책, 卷7, 「書古東尙書所藏覃溪正書簇」, "覃溪老人正書, 於率更, 得其圓處, 於河南, 得其隸意, 而八萬卷金石之氣, 注於腕下, 蔚然爲書家龍象. 出唐入晉之徑路, 舍是無二."

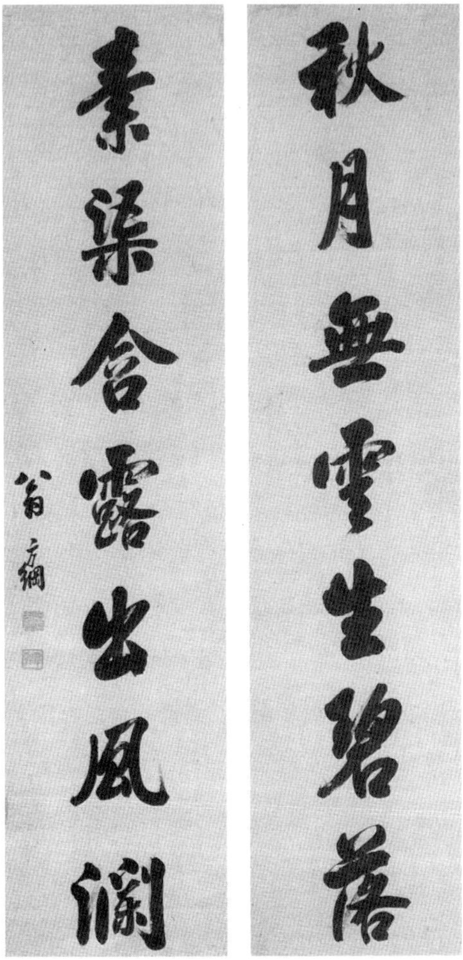

<그림 2> 翁方綱, <秋月無雲生碧落>

이처럼 김정희는 올바른 문경을 통해 서법의 근원을 거슬러 올라가려는 소원溯源의 자세를 가장 중시한다. 그에 의하면 서법은 진대晉代의 종요鍾繇와 색정索靖이래로 한 가지로 확정되어 이미 법칙화

가 이루어졌으며, 이 법칙은 누구라 하더라도 함부로 바꾸거나 폐기할 수 없는 것이다.

> 글씨 쓰는 법은 종요와 색정 이래로 한 가지로 정해져서 고칠 수 없는 법칙이 있어 왔으니, 비록 때에 따라서 격식을 바꾸고 스스로 자기 나름대로의 법식을 세운 사람이 있기도 하였으나, 발등撥鐙이나 포백布白 등의 법식은 요즘의 대가인 왕허주王虛舟, 장득천張得天, 유석암劉石庵 등과 같은 여러 사람에 이르러서도 도장을 인주에 묻혀서 찍는 것처럼 감히 그 테두리 밖으로는 조금도 벗어나지 않고 있으며, 또한 왕희지와 왕헌지의 진적에서도 오히려 남아 있는 것을 볼 수 있으니 갖추어 명백하게 증명할 수 있는 것이다.[103)]

비록 기본 법식에 대한 성취도에 따라 글씨에도 차이가 있기 마련이고, 또한 개인적인 품격이나 선호도에 따라서도 다른 모습으로 나타나게 되지만 적어도 가장 핵심이 되는 원칙에 있어서만큼은 고대 이래로 변화되지 않고 그대로 계승되어 왔으므로 올바른 문경을 선택하여 철저하고 완벽하게 그 참모습을 깨우칠 수 있다면 더 나아가 서도書道의 본원本源에도 이를 수 있게 된다.

이렇게 올바른 문경을 따라 근원을 거슬러 올라가면 서법의 원형이 어디에 있는지도 깨우칠 수 있게 된다. 김정희에 따르면 서법의 원형은 예서隷書에 있으며, 이 예서로부터 행서行書, 해서楷書, 초서草書 등으로 발전되어 왔다.

---

103) 위의 책, 卷1, 「書贈尹生賢夫」, "書法, 自鍾索來, 有一定不易之典則, 雖隨時變格, 自立己法, 然撥鐙布白等式, 至於近日大家之王虛舟張得天劉石庵諸人, 如印印泥, 未敢一毫出其圈子中, 且右軍大令眞迹, 尙有見存, 具證明白."

> 서법의 변천은 그 흐름이 뒤섞여 있으니 근원을 거슬러 올라가지 않으면 어떻게 옛 것으로 되돌아갈 수 있겠는가. (서법은) 대개 예서隷書로부터 시작하여 정서(楷書)와 행서行書, 초서草書로 변화하였으니, 그 전이는 모두 한말漢末에서 위진魏晉사이에 있었으며, 해서와 행서, 초서의 나뉨으로 인하여 남파와 북파의 두 서파가 생겨나게 되었다.[104]

> 예서는 모든 서법의 근원이 되는 것이다. 그러므로 만약 서도書道에 마음을 두고 있다면 예서를 제대로 알지 않으면 안 된다.[105]

이처럼 모든 서체의 근원은 예서에 있다. 그러므로 그는 서법의 변천을 올바르게 파악하기 위해서는 예서를 충실하게 이해할 수 있어야 하며, 예서는 주로 옛날의 금석에 남아 있으므로 이 금석문자를 실증적으로 연구함으로써 그 원형의 미감을 배워야 한다고 생각하였다. 그래야만 서법의 근원을 발견하고 그 변천을 이해할 수 있으며, 올바른 서법을 체득할 수 있기 때문이다.

이런 점에서 특정한 글씨를 보고 그것이 어느 서체에서 파생된 것이고, 또한 그 서법의 원형에 충실했는가를 판단하는 것은 무엇보다도 우선적으로 고려해야 할 가장 중요한 사안이다. 왜냐하면 어떤 서법을 기준으로 삼아 글씨를 배우는가에 따라 근원적인 법식과 준칙에 도달할 수 있는지의 여부가 달려 있기 때문이다.

---

104) 위의 책, 卷1, 「書派辨」, "書法變遷, 流波混淆. 非溯其源, 曷返于古. 蓋由隷字, 變爲正書行草. 其轉移, 皆在漢末魏晉之間, 而正書行草之分, 爲南北兩派者."

105) 위의 책, 卷7, 「書示佑兒」, "隷書, 是書法祖家. 若欲留心書道, 不可不知隷矣."

<그림 3> 金正喜 <畵法有長江萬里>

김정희는 단지 서론에서 뿐만 아니라 모든 예술론에 있어서 문경을 통하여 근원을 찾아 나가야 함을 말하고 있다. 왕희지에 이르기 위해 구양순과 저수량이라는 문경을 통하는 것과 마찬가지로 시도

詩道에 있어서도 두보杜甫를 근원적인 법식으로 설정한 후 가장 가까운 시대의 시인으로부터 공부하여 거슬러 올라가는 방법을 제시하고 있다. 즉 청대淸代의 왕사정王士禛과 주이준朱彝尊 등에서부터 시작하여 원대元代의 원호문元好問과 우집虞集, 그리고 더 멀리는 송대宋代의 소식蘇軾과 황정견黃庭堅 등을 거쳐 최고의 정점인 두보杜甫에로 나아가는 것이 가장 확실하고 올바른 방법이라고 한다.

> 시도詩道에서 말한다면 청대에는 왕사정王士禛(漁洋)과 주이준朱彝尊(竹坨)의 문경이 잘못되지 않았다고 할 수 있다. 왕사정의 경우는 순수하게 타고난 천품에서 나왔으니 마치 천의무봉天衣無縫과 같고, 또 마치 화엄누각華嚴樓閣을 한 손가락으로 튕겨서 열어버린 것과도 같아서 그 자취를 찾아내기가 어렵고, 주이준의 경우는 스스로의 노력으로 정진하여 하나하나의 계단을 밟아 올라간 것이니 비록 태산의 정상까지라도 한 걸음 한 걸음 나아가다 보면 차츰차츰 올라설 수 있는 것과 같다. 그러므로 모름지기 왕사정을 위주로 하고, 거기에다 주이준을 참조해서 겸할 수 있다면 색色·향香·성聲·미味가 완전하여 조금의 결함도 없게 될 것이다. ……그리고 이보다 아래로는 또한 사신행査愼行(初白)이 있는데, 그는 왕사정과 주이준 이라는 두 대가大家 이후로 문경이 가장 잘못되지 않은 사람이다. 그러므로 이 세 사람(왕사정·주이준·사신행)으로부터 시작하여 원대의 원호문元好問(遺山)과 우집虞集(道園)으로 나아가고, 다시 송대의 소식蘇軾(東坡)과 황정견黃庭堅(山谷)으로 거슬러 올라감으로써 마지막으로 두보杜甫에게로 들어가는 준칙으로 삼는다면 노력한 공이 이루어지고 소원이 성취되어 시도詩道를 깨닫는 데에 부끄러울 것이 없다고 이를 만할 것이다.[106]

106) 위의 책, 卷2, 「與申威堂」, "詩道之漁洋竹坨, 門徑不誤. 漁洋, 純以天行, 如天

시대를 거슬러 올라가면서 각각의 시대에 문경이 될 만한 올바른 기준을 선정하고, 가까운 것에서 점차 근원적인 법식에로 나아가는 방식은 시도詩道나 서도書道 모두에 공통된 것이다. 서법書法이든 시법詩法이든 기본적인 법식은 이미 옛 대가에게서 완전하게 구비되어 있고, 올바른 문경에서는 이 법식이 '거울에 비친 것'(鏡鏡相照)처럼, '도장으로 찍어 낸 것'(印印相合)처럼 그대로 보존되어 있기 때문이다. 다른 것이 있다면 이런 법식을 바탕으로 하여 그 위에다가 얼마나 자신의 독창성을 표현하고 있는가 하는 문제일 뿐이다.

또한 김정희는 화도畵道에 있어서도 동일한 관점을 보이는데, 특정한 화가를 지칭하여 문경으로 제시하지는 않고 있지만 옛 사람의 좋은 작품을 많이 보고, 그 문경을 찾아나가야 한다고 말하고 있다. 이처럼 문경을 통하여 근원으로 거슬러 올라가는 방식은 한 분야만이 아니라 모든 예술 영역에 있어서 공통된 법칙이며, 이것은 김정희가 예술을 단순히 한 개인의 타고난 재주로 완성되는 기예로 보는 것이 아니라, 올바른 학습과 실증적 연구, 그리고 부단한 실천과 온 정열을 다하는 노력을 통해서만 성취될 수 있는 것으로 파악하고 있음을 알게 해 준다.

衣無縫, 如華嚴樓閣, 一指彈開, 難以摸捉. 竹垞, 人力精到, 攀緣梯接, 雖泰山頂上, 可進一步. 須以竹垞爲主, 參之以漁洋, 色香聲味, 圓全無虧缺. ……下此又有查初白, 是兩家後, 門逕最不誤者也. 由是三家, 進以元遺山虞道園, 溯洄於東坡山谷, 爲入杜準則, 可謂功成願滿, 見佛無怍矣." 이 외에 위의 책, 卷8, 「雜識」에서도 동일한 내용이 더욱 상세하게 언급되어 있다.

2. 창신론創新論

1) 학예일치學藝一致

올바른 문경을 거쳐 최고의 준칙이 포함하고 있는 기본 법식에로 나아간다는 것은 곧 실사구시의 방법을 통하여 예술의 근원을 탐구해 나가는 것을 말하며, 바로 이 점에서 우리는 당시 조선의 예술계에 있어서 전통 성리학의 영향으로 형성된 본말론적本末論的 시각과는 다른 김정희의 학예일치學藝一致 정신을 확인할 수 있다.

전통적으로 도학자道學者(性理學者)들은 학문 중심의 가치체계를 지니고 있었다. 그들에게 있어서 예술은 학문의 보조적 수단으로 인식되어 왔으며, 아무리 최고 수준의 예술이라 하더라도 그것은 여전히 지엽적인 것이고 말단에 불과한 것이지, 결코 도의 본령이 될 수는 없다고 생각해 왔다.[107] 그들은 예술이 인간 본연의 성性과 정情을 조절하고 세상을 윤리적으로 교화하는 데 일정부분 역할을 할 수 있음은 인정하지만 예술 자체가 도道가 될 수 있다거나 성현의 학과 동일한 가치를 지닌다고는 생각하지 않았다. 그래서 예술은 어디까지나 작은 기예(小技)에 불과하며, 높은 학문을 통하여 인격을 수양하면 저절로 이루어질 수 있다는 견해를 피력하기도 하였다. 그러나 김정희는 이런 생각을 반박하면서 이렇게 말하고 있다.

---

107) 물론 '文以載道'라 하여 예술의 기능을 높이 평가한 경우도 있지만 이것은 어디까지나 소극적 입장에서 예술을 옹호한 것일 뿐이며, 따라서 여전히 道本文末의 본말론적 사고에서 벗어나지 못하고 있다. 그러므로 '文道相須', '文道不二'로 표현되는 예술에 대한 김정희의 적극적 가치 평가와는 다르다.

> 세상 사람들은 흔히 문文을 '작은 도'(小道)라 하여 가볍게 여기는데, 이것은 문을 유희로 삼는 자에게만 해당되는 말일 뿐이니, 문이 아니면 도道는 붙일 곳이 없게 된다. 그러므로 문과 도는 서로 필수적이며, 둘로 가를 수 없는 것이다.[108]

여기에서 '문도상수文道相須', '문도불이文道不二'란 곧 문文과 도道가 따로 떨어져 있는 것이 아니고 하나로 합일되어 있으며, 따라서 문장(예술)은 단지 도(학문)의 수단으로서만 일정한 가치를 지니는 것이 아니라 이미 그 자체로 최고의 목적이 될 수 있음을 천명한 것이다. 이처럼 김정희는 예술에 대해 결코 작은 도(小道)에 그치는 것이 아니며, 어떤 의미에서는 유가적 도의 실현과 동등한 것으로서 그 자체의 실현가치를 지니고 있는 독자적 영역으로 인식하고 있다.

또한 김정희에 있어서 예술이 도가 될 수 있는 것은 그 내용이 도를 담고 있기 때문만이 아니라 작품의 형상화 원리 그 자체도 이미 도이기 때문이다.[109] 뛰어난 예술작품을 창작한다는 것은 단순히 타고난 재능을 발현하는 것만도 아니며, 심성의 수양을 통하여 도덕적 인격이 완성되었기 때문만도 아니다. 그것은 마치 학문을 연마하듯 부단한 예술적 수련을 통해서만 획득할 수 있는 것이며, "가슴 속에 오천 권의 책이 들어 있고, 오랜 수련을 통하여 붓 아래 흔들리지 않는 굳은 팔뚝을 지니지 않고서는 불가능한"[110] 것이다.

---

108) 김정희, 앞의 책, 卷8, 「雜識」, "世每以文爲小道而忽之, 是以文爲戲者也, 非文則道無以寓焉. 文與道相須, 不可歧而貳之也."

109) 김혜숙, 「추사 김정희의 시문학 연구」(박사학위논문, 서울대학교, 1989), 12쪽 참조.

110) 김정희, 앞의 책, 卷6, 「題丹廛冠嶽山詩」, "此非胸中有五千卷, 筆底具金剛杵,

김정희에 있어서 예술은 그 자체로 독자적 가치를 가지고 존립한다. 또한 예술에 임하는 자세 역시 유학자들이 생활 속에서 지니는 자세와 동일하다고 말할 수 있을 만큼 엄숙하고 신중한 것이다.

> 무릇 감정이 지나쳐 과장되게 표현된 말이나 사실과 부합하지 않는 칭찬 등은 군자가 부끄러워하는 것이다. 그리고 이것은 군자가 부끄러워하는 것일 뿐만 아니라 문장에 있어서도 가장 크게 꺼리는 것이다.[111)]

예술가는 어떤 사물이나 사실을 아름답게 꾸미거나 과장되게 표현하는 것이 아니라 그 사물이나 사실의 참된 모습인 본질을 꿰뚫어 보고, 그것을 자연스럽게 표현해 낼 수 있어야 한다는 것이다. 그런데 이것은 하루아침에 이루어질 수 있는 것도 아니며, 자기 자신에 대한 성찰과 외재하는 사물에 대한 올바른 식견을 통해서만 가능한 것이다.

> 무릇 난초를 그리는 일은 바로 하나의 하찮은 기예技藝이지만 마음을 전일하게 하여 공부하는 것은 성문聖門에서 격물치지格物致知의 학문을 하는 것과 다르지 않다. 이 때문에 군자는 손짓 하나 발걸음 하나에도 도道가 아닌 것이 없으니, 만일 이렇게만 한다면 또 다시 '완물상지玩物喪志'라는 경계警戒를 논급할 필요가 없다. 그러나 이렇게 하지 못한다면 곧 속사俗師의 마계魔界에 불과한 것이다. 가슴 속에 오천 권의 서책을 담는 일이나 금강석처럼 굳건하게 단련된 팔뚝을 휘두르는 일과 같은 것에 이르러서도 모두 이로부터 들어가게 되는 것이다.[112)]

不可能."

111) 위의 책, 卷4, 「與李汝人」, "夫過情之詞, 不實之譽, 是君子所耻. 非徒君子之所耻, 抑且文章之大忌."

예술작품을 창작하면서 마음을 전일하게 하는 것은 바로 학문에 있어서 도를 체득하기 위해 격물치지格物致知하는 것과 동일한 것이며, 따라서 군자의 도는 학문에만 국한되는 것이 아니라 어떤 일이든 마음을 전일하게 하여 집중하는 데 달려 있다는 것이다. 이런 점에서 예술의 본원을 체득하기 위해 온 몸과 마음을 다하는 것은 곧 군자적 삶의 태도라고 할 수 있으며, 예술과 학문은 서로 다른 길에 위치해 있지 않다. 여기에서 김정희는 군자에게는 도에 이르는 길이 어느 하나의 길로 한정되어 있지 않으며, 예술이 지향하는 본원의 도에 이르러 그 도를 자유자재로 운용하는 경지 역시 학문에 있어서 격물치지를 통하여 도를 체득한 경지와 같다고 할 수 있음을 말하고자 한다.

김정희의 학문적 욕구는 병들고 미혹된 세상을 맑고 깨끗한 세상으로 변화시키려는 의지와 무관하지 않다. 문화의 전 체계를 인식해 내려는 김정희의 학문적 도전과 끊임없이 예술작품을 마주하고 작품을 창작하는 예술행위는 결국 인간 역사를 통하여 부단히 계승되어 왔던 인간정신, 즉 참된 행복과 자유를 추구하기 위해 주어진 한계상황을 극복하고 개척해 나가는 문화의식 위에 깊이 뿌리박고 있다.[113] 삶의 풍요와 행복은 정신적 영역을 강조함으로써 얻어지는 것도 아니고, 물질적 풍요로움만으로 획득되는 것도 아니다. 그는 이러한 사실을 충분히 인식하고 학문의 방향을 모든 영역으로 확장

---

112) 위의 책, 卷2, 「與石坡」, "大抵此事, 直一小持曲藝, 其專心下工, 無異聖門格致之學. 所以君子一擧手一擧足, 無往非道, 若如是, 又何論於玩物之戒. 不如是, 卽不過俗師魔界. 至如胸中五千卷, 腕下金剛, 皆從此入耳."

113) 김혜숙, 앞의 논문, 172-173쪽 참조.

하고자 노력하였다. 김정희는 진정한 학문과 예술정신에 입각한다면 정치나 도덕 역시 제대로 이루어질 수 있다고 믿었으며, 이를 위하여 인간의 의식을 끊임없이 환기시키고 감발하는 예술정신의 확립을 자신의 기본 임무로 인식하고 있었다.

그리하여 김정희는 여러 곳에서 예술의 각 세부 분야, 즉 시詩·서書·화畵 등도 시도詩道·서도書道·화도畵道 등의 용어로 표현하고 있다. 이처럼 모든 예술은 궁극적으로 동일한 미적 본질을 지니고 있으며, 이런 의도에서 김정희는 "서법書法은 시품詩品, 화수畵髓와 더불어 동일한 묘경妙境이다"[114]라고 하여 시·서·화 일치를 주장하고 있는 것이다.

그러나 모든 예술작품이 다 도道로 표현될 수 있는 것은 아니다. 이것은 모든 학자들이 다 성현의 도를 체득하고 이를 실현할 수 없는 것과 마찬가지이다. 하나의 예술이 도의 경지에 이르기 위해서는 반드시 배움과 익힘, 그리고 정신적 깨달음의 과정이 필요하다. 그렇다면 구체적으로 무엇을 배우고 익히며, 어떠한 깨달음이 있어야 하는가?

2) 문자향文字香·서권기書卷氣

김정희는 학문에 있어서와 마찬가지로 예술에 있어서도 옛날의 법식을 그대로 따르는 것만으로 궁극적인 예술작품이 완성될 수 있는 것은 아니라고 주장한다. 그는 "실로 학자는 마땅히 옛 것에 박식해야 할 것이며, 그렇다고 해서 옛 것에 지나치게 얽매여서도 안

---

114) 김정희, 앞의 책, 卷8, 「雜識」, "書法與詩品畵髓, 同一妙境."

된다"[115]고 말함으로써 옛 것을 모범으로 삼되(法古), 옛 것의 장점과 그 내면에 담긴 뜻을 안 후에는 더 이상 그것에 얽매이지 말고 새로운 자신만의 독자적인 세계를 추구해야 한다는(創新) 것을 강조한다.

전통적인 법식이나 기술은 전수할 수 있고 배울 수 있는 것이지만 그 속에 담겨진 정신과 흥취는 전수가 불가능하며, 오직 자기 스스로의 깨달음이 있어야만 성취할 수 있는 부분이다. 만약 법식이나 기술만으로 예술작품을 창작한다면 그것은 단순히 다른 것을 모방한 것에 불과하게 된다. 모방이란 아무리 아름답고 훌륭한 것이라 하더라도 생명이 없는 것이며, 따라서 예술가가 아니라 한낱 장인匠人의 물건에 불과할 뿐이다. 자연스러운 흥취와 고도의 정신성이 더해져서 예술작품과 합일될 때 비로소 참으로 볼만한 것이 되며, 작품 속에 기세와 생명력이 넘치고 이로써 감상자로 하여금 무한한 감동을 전할 수 있는 것이다.

> 법은 가히 사람마다에게 전할 수 있지만 정신과 흥취의 일어남은 곧 사람마다 스스로 도달해야 하는 것이다. 정신이 깃들어 있지 않은 글씨는 비록 서법은 볼만하다고 하더라도 오래 두고 완상할 수는 없고, 흥취가 일어나지 않는 글씨는 아무리 글자의 모양이 아름답다고 하더라도 겨우 글씨장이로 일컬어질 수 있을 뿐이다. 기세가 가슴속에 있어야 글자의 내면과 행간 사이에서 흘러넘치게 되니, 혹은 웅장하기도 하고 혹은 느리기도 하여 막을 수가 없게 된다. 만약 겨우 점이나 획의 모양 위에 있는 것으로 논한다면, 기세는 오히려 한층 막힌 것이다.[116]

---

115) 위의 책, 卷4, 「與金東籬」, "此實學者, 所宜博古, 又不宜泥古."

그러므로 김정희에 있어서 '법고창신法古創新' 이란 우선 전통적인 법法과 격식格式을 올바르게 이해하고 부단한 연습과 체험을 통해 깊이 체득한 후 이를 기초로 하여 자신의 인품과 정신성을 담아내어 실용實用·실천實踐을 통한 독자적인 예술세계를 추구하는 정신을 의미한다. 오랜 경험과 문화적 축적과정 속에서 성립된 전통적인 법도나 격식을 충실히 실천하여 자기 것으로 체득하는 것이 법고法古의 과정이며, 창신創新은 이런 과정을 거친 후에 보다 발전된 단계로 상승하는 단계에서 나타나는 고도의 정신적 요소인 것이다.

그렇다면 궁극적인 예술의 경지에 도달하기 위해 반드시 전제되어야 하는 정신성은 무엇을 말하며, 또 구체적으로 어떻게 예술작품 속에서 발현되는가? 이에 대해 김정희는 '문자향文字香·서권기書卷氣' 를 제시하고 있다. 그는 이렇게 말한다.

> 많이 그린 후라야 가능하다. 당장에 부처를 이룰 수는 없는 것이며 또 맨손으로 용을 잡으려 해서는 안 되는 것이다. 아무리 9999분分에까지 이르렀다 해도 나머지 일분一分을 원만하게 성취하기란 매우 어렵다. ……이 일분은 인력으로 가능한 것이 아니지만 그렇다고 해서 인력 밖에서 나오는 것도 아니다.[117]

이 말은 곧 기존의 법과 격식을 통해서 아무리 열심히 숙련한다 해도 거기에는 한계가 있을 수밖에 없으며, 결국 마지막 최종의 경

116) 위의 책, 卷8, 「雜識」, "法可以人傳, 精神興會, 則人人所自致. 無精神者, 書法雖可觀, 不能耐久索翫. 無興會者, 字體雖佳, 僅稱字匠. 氣勢在胸中, 流露於字裏行間, 惑雄壯, 惑紆徐, 不可阻遏. 若僅在點劃上論, 氣勢尙隔一層."

117) 위의 책, 卷6, 「題石坡蘭卷」, "多作然後可能, 不可以立地成佛, 又不可以赤手捕龍. 雖到得九千九百九十九分, 其餘一分, 最難圓就. ……此一分非人力可能, 亦不出於人力之外."

지는 정신적 깨달음이 있어야 가능하다는 것이다. 그렇기 때문에 이것은 단순히 노력하기만 한다고 해서 가능한 것이 아니다. 그러나 이 깨달음이란 어느 한 순간에 우연히 주어지는 것이 아니라 부단한 노력과 반복 학습을 통해 기존의 법식을 완전히 체득한 후에 그의 인품과 정신적 역량에 따라 주어지는 것이기 때문에 인력 밖에서 나오는 것도 아니다.

이와 같이 훌륭한 예술작품은 외형적으로 드러난 표현 기법만으로 완성될 수 있는 것은 아니다. 작품 속에 고도의 정신적 경지와 내적인 생명력이 용해되어 있지 않으면 감상자로 하여금 강렬한 인상과 공감을 불러일으키지 못한다. 서예 예술도 이와 마찬가지이다. 쓰는 것만으로 서예작품이 완성되는 것은 아니다. 작품 속에 작가의 높은 정신세계가 녹아있을 때, 비로소 그 작품은 생명력을 가지게 된다. 이 고도의 정신세계가 바로 '문자향·서권기' 인 것이다.

> 난초를 그리는 법 또한 예서를 쓰는 것과 가까우니 반드시 문자향·서권기가 있게 된 뒤에야 비로소 얻을 수 있다. 그리고 난초를 그리는 법은 그림을 그리는 법식으로 하는 것을 가장 꺼린다. 만약 그림을 그리는 법식으로 난초를 그린다면 한 획도 손대지 않는 것이 옳을 것이다. 가령 조희룡과 같은 이는 내게서 난초 그림을 배웠으나 끝내 그림을 그리는 법으로 나아가는 것을 면하지 못하였으니, 이는 가슴속에 문자기가 없기 때문이다.[118]

---

118) 위의 책, 卷2, 「與佑兒」, "蘭法亦與隸近, 必有文字香書卷氣, 然後可得. 此蘭法最忌畵法. 若有畵法, 一筆不作可也. 如趙熙龍輩, 學作吾蘭, 而終未免畵法一路, 此其胸中無文字氣故也."

형식적으로 본다면 '문자향'이란 고전서의 철저한 임서臨書와 고비古碑의 문자연구를 통해서 우러나오는 심미의식을 말한다. 그리고 '서권기'란 수많은 독서와 학문을 통하여 형성되는 차원 높은 지성의 세계라 할 수 있다. 그렇다고 해서 이것을 고전서를 많이 임서하고 연구한 사람은 누구나 문자향을 지닐 수 있고, 만 권의 독서를 한 사람이라면 모두 서권기를 가질 수 있다는 의미로 이해해서는 안 된다. 이것은 다만 문인정신의 요체를 상징하는 것으로 이해해야 하며, 필의筆意를 표현보다 앞세우는 '의재필선意在筆先'을 강조한 것이다.

바로 이런 의도에서 김정희는 자신의 제자들 중에서도 조희룡趙熙龍(又峰, 1797~1859)에 대해 낮은 평가를 내린다. 조희룡의 〈묵난도〉(그림 4)를 보면 확인할 수 있듯이, 그의 그림은 세련미가 넘치고 탁

<그림 4> 趙熙龍, <墨蘭圖>

월한 예술적 재능이 느껴짐에도 불구하고 학문적 수양의 깊이가 부족함으로 인해 속기俗氣를 떨치지 못하는 한계점을 드러내고 있다.

김정희는 사실적인 형태의 묘사를 넘어서서 대상의 내면에 있는 참뜻을 파악해야 하며, 그 참뜻을 구하는 것은 자신의 내면으로부터 얻어지는 주관적 소양에 있다고 한다.

> 예서隷書를 쓰는 법이란 가슴속에 청고淸高하고 고아高雅한 뜻이 있지 않으면 한 글자도 손을 대지 않는 것이다. 가슴속의 청고하고 고아한 뜻과 그리고 가슴속에 문자향·서권기가 없으면 팔뚝 아래와 손가락 끝에 발현되어 나오지 않는다. 이것은 또한 항상된 것을 추구하는 해서楷書와는 비교할 수 없다. 모름지기 가슴속에 문자향·서권기를 먼저 갖추는 것이 예서 쓰는 법의 가장 중요한 근본이며, 예서 쓰는 법의 신묘한 요결이다.[119]

그는 만 권의 독서를 통하여 인품을 숭상하고, 고도의 교양미를 추구하는 것은 정신적 초월의 경지에 도달하기 위한 것이며, 그리하여 티끌 한 점 없이 맑고 고아한 문인정신이 작품을 통하여 표현되어야 함을 강조한다. 맑고 속됨이 없는 고귀한 정신은 곧 문인화와 비문인화를 구분하는 중요한 기준이 되며, 세속적인 욕심을 버려 마음이 담박하고 세상 속에서 따로 구하는 것이 없으며, 칭찬이나 비난에 흔들리지 않는 본연의 예술정신을 뜻한다.[120]

---

119) 위의 책, 卷7, 「雜著」, "隷法, 非有胸中淸高古雅之意, 無以出手. 胸中淸高古雅之意, 又非有胸中文字香書卷氣, 不能現發於腕下指頭. 又非如尋常楷書比也. 須於胸中, 先具文字香書卷氣, 爲隷法張本, 爲寫隷神訣."

120) 葛路, 『중국회화이론사』, 강관식 譯(서울: 일지사, 1993), 322쪽 참조.

이것은 사실 독서량의 많고 적음에 달린 문제가 아니라 자신의 마음이 열려 있을 때, 즉 자신의 모든 아집과 자만과 지식을 부분적인 것으로 버릴 때, 비로소 얻어지는 경지라고 할 수 있다. 예술이란 마음속에서 우러나오는 감정이므로 마음속에 스스로 속임이 없다는 것에서부터 예술의 창작이 시작되어야 한다. 그래서 김정희는 다음과 같이 말한다.

> 지금 문장에 마음을 두는 사람에게는 가장 중요한 요체가 있으니 이것은 마땅히 스스로를 속이지 않는 것에서부터 시작해야 한다는 것이다.121)

> 이 봉안鳳眼이니 상안象眼이니 하여 일반적으로 행해지는 규칙은 이것이 아니면 난을 그려낼 수가 없으니, 비록 이것이 작은 법도이기는 하나 제대로 지키지 않으면 이룰 수가 없다. 하물며 더 나아가 이보다 큰 법도에서야 더 말할 것이 있겠는가. 이로써 하나의 줄기, 한 장의 꽃잎이라도 스스로 속이면 얻을 수 없으며, 또 그것으로써 남을 속일 수도 없는 것이다. 열 사람의 눈이 지켜보고 열 사람의 손이 가리키는 바이니 그 엄정함이여. 이로써 난초를 그리는데 손을 대는 것은 마땅히 스스로를 속이지 않는 것으로부터 시작하는 것이다.122)

작가는 작품을 창작하기에 앞서서 스스로를 반성하여 한 점의 부끄러움도 없게 한 후에야 비로소 붓을 잡을 수 있다. 성의誠意와 정

---

121) 김정희, 앞의 책, 卷4, 「與李汝人最相」, "今留心文章者, 有第一義諦, 當先自無自欺始也."

122) 위의 책, 卷6, 「題仁嶽影」, "此鳳眼象眼, 通行之規, 非此無以爲蘭, 雖此小道, 非規不成. 況進而大於是者乎. 是以一葉一瓣, 自欺不得, 又不可以欺人. 十目所視, 十手所指, 其嚴乎. 是以寫蘭下手, 當自無自欺始."

심正心 공부를 통하여 인격을 함양하고, 스스로를 속이지 않는 무자기無自欺의 정신 속에서 창작이 이루어질 때 가장 훌륭한 아름다움이 발현될 수 있다. 그러므로 참된 미의식이란 외형의 아름다움을 추구하는 것이 아니라 내면의 본질을 추구하는 것이며, 이는 인간의 정신적 인격을 통해서만 찾아질 수 있는 것이다.

> 근자에 마른 붓과 바튼 먹을 가지고서 억지로 원대元代 사람들의 황막하고 간략한 분위기를 만들어내는 사람들은 모두 자기 자신을 속이고 나아가서는 다른 사람들을 속이는 것이다. 당대唐代의 왕유王維나 이사훈李思訓, 이소도李昭道 부자父子, 송대宋代의 조영양趙令穰, 원대元代의 조맹부趙孟頫 같은 이들은 모두 청록靑綠으로써 장점을 보였으니, 대개 품격의 높고 낮음은 그림의 기법에 있는 것이 아니라 뜻에 달려 있는 것이다. 그 뜻을 아는 사람이라면 비록 청록이나 니금泥金을 쓴다고 하더라도 역시 좋으며, 서도書道 또한 그러하다.[123]

김정희는 예술작품의 품격은 기교의 원숙함에 달려 있는 것이 아니라 작가의 인품과 내면의 뜻에 달려 있는 것이라고 본다. 스스로의 깨달음이 없이 그저 남의 기교를 흉내내는 것은 일종의 속임수이며, 이런 작품은 아무리 뛰어난 것이라도 품격이 떨어질 수밖에 없다. 화법에 있어서는 훌륭한 제자였던 조희룡에 대해 상대적으로 낮게 평가하는 것도, 예술적 재능은 뛰어나지만 상대적으로 학식이나 정신적 깊이가 부족하다고 판단했기 때문일 것이다.[124]

---

123) 위의 책, 卷6, 「題趙熙龍畫聯」, "近以乾筆儉墨, 强作元人荒寒簡率者, 皆自欺以欺人也. 如王右丞, 大小李將軍, 趙令穰, 趙承旨, 皆以靑綠見長, 盖品格之高下, 不在跡而在意. 知其意者, 雖靑綠泥金亦可, 書道同然."

124) 조희룡은 김정희의 제자들 중에서도 발군의 재능을 지니고 있었으며, 산수와

문자향·서권기의 정신은 결국 형사形似에 대한 신사神似의 강조로 표현되기도 한다. 형사는 모든 예술작품에 기본적으로 요구되는 사항이지만 이것만으로는 참된 미의식을 표현할 수 없으며, 외형적으로 드러나지 않는 본질을 표현하기 위해서는 작품 속에도 고도의 정신적 경지가 포함되어 있어야 한다. 즉 "그림을 품평하는 기준으로부터 말한다면 형사에 있지 않고, 법식과 같은 지름길에도 있지 않는"125) 것이니 형체의 유사함이나 법식만으로는 기운氣韻이 나타나지 않는 것이다. 김정희는 오랜 친구이자 후원자인 권돈인權敦仁(彝齋, 1783~1859)의 〈세한삼우도歲寒三友圖〉에 다음과 같은 화제를 써 주었다.

> 화의畫意가 이러해야 비로소 형사形似의 길을 벗어난 것이 된다. 이러한 의취는 옛날 이름난 화가들 중에서도 터득한 자가 극히 적었다. 공公의 시詩는 높은 경지를 보여줄 뿐만 아니라 그림 또한 그러하다.126)

이와 같이 단순히 대상을 묘사하는 데 그치는 것이 아니라 성현의 도를 실현하려는 학문적 태도와 같은 자세로 마음속의 의취를 표현할 수 있어야만 기운이 생동하게 된다. 이를 위해서는 한 점의 속기도 없어야 하고, 기교를 부리고자 하는 마음이 없이 본연의 맑

매화그림은 김정희보다 더 뛰어났다고 평가된다. 서도에 있어서도 김정희의 글씨와 구별할 수 없을 정도로 뛰어났지만 중인 출신이라는 신분적 한계와 예술적 재능에 비해 상대적으로 학문적 역량이 떨어졌기 때문에 김정희로부터 좋은 평가를 받지 못했다. 유홍준, 『완당평전』, 297-302쪽 참조.

125) 김정희, 앞의 책, 卷6, 「題石坡蘭卷」, "從畫品言之, 不在形似, 不在蹊徑."

126) 김정희, 〈歲寒三友圖〉 畫題: "畫意如此, 而後爲形似之外. 此意, 雖古名家, 得之者絶少. 公之詩, 不獨於闐工, 畫亦然."

고 순수한 상태에서 자신의 인격을 그대로 드러낼 수 있어야 한다.

더 나아가 이러한 문자향·서권기의 진정한 의미는 바로 인간 지식의 유한성을 인정하고, 인간 생명의 유한함을 인정하는 삶에의 통찰이라고 할 수 있다. 또한 이 문자향·서권기의 정신을 통하여 자신의 자만과 아집과 이기심을 놓아버리는 순간, 즉 전체 속에서 자신이 얼마나 작은 부분인가를 깨닫는 순간 생기는 텅 빈 마음의 공간은 어느 것에도 구애됨이 없는 자유자재의 공간이며, 이 무한한 초월의 공간을 통하여 발현되는 작품은 더 이상 '예술藝術'에 머무르지 않고 '예도藝道'의 경지로 나아가게 된다.

3) 괴怪의 미학

김정희는 사실적인 형태의 묘사를 넘어서서 대상의 내면에 있는 참뜻을 파악해야 하며, 그 참뜻을 구하는 것은 자신의 내면으로부터 얻어지는 주관적 소양에 있다고 한다. 따라서 만 권의 독서를 통하여 인품을 숭상하고 고도의 교양미를 추구하는 '청고고아淸高古雅' 한 문인정신이 작품에 표현되어야 함을 강조한다. 이 '청고고아' 는 곧 바로 문인화와 비문인화를 구분하는 중요한 기준이 되며, 앞서 말한 것처럼 "세속적인 욕심을 버려 마음이 담박하고 세상 속에서 따로 구하는 것이 없으며, 칭찬이나 비난에 흔들리지 않는" 본연의 예술정신을 뜻한다. 이러한 경지에 이르게 되면 자연스럽게 자신의 성령과 흥취에 따라 예술성이 발현되어 나오게 되며, 이러한 감흥이야말로 새로운 창작의 원동력이라 할 수 있다.

옛사람이 글씨를 쓴 것은 바로 우연히 쓰고 싶어서 쓴 것이다. 글씨를 쓸 만한 때는 이를테면 '산음설도山陰雪棹'의 고사에서처럼 왕휘지王徽之(子猷)가 흥에 겨워 친구를 만나러 갔다가 흥이 다하면 돌아오는 그 기분인 것이다. 때문에 가고 머무는 것이 뜻에 따라 조금도 구애받는 것이 없으며, 글씨의 나아가는 바도 역시 천마天馬가 공중을 날아다니는 것과 같다.[127)]

문자향·서권기가 충만하여 마음의 본체를 깨닫고, 스스로를 속이지 않으며 뜻을 정성스럽게 하는 사람은 예술작품을 창작할 때도 다른 사람에게 보이기 위한 것이 아니라 자기 스스로의 내면에서 터져 나오는 흥취를 따라 자연스럽게 창작하게 된다. 이것은 '위인지학爲人之學'이 아니라 '위기지학爲己之學'을 추구하는 군자의 태도와도 일치하는 것이다. 또한 이 때에야 비로소 참된 예술성이 발휘될 수 있다. 그런데 이 흥興은 가르치거나 배울 수 있는 것이 아니며, 삶 속에서 스스로 깨달아야 하는 것이다.

법은 가히 사람마다에게 전할 수 있지만 정신과 흥취의 일어남은 곧 사람마다 스스로 도달해야 하는 것이다. 정신이 깃들어 있지 않은 글씨는 비록 서법은 볼만하다고 하더라도 오래 두고 완상할 수는 없고, 흥취가 일어나지 않는 글씨는 아무리 글자의 모양이 아름답다고 하더라도 겨우 글씨장이로 일컬어질 수 있을 뿐이다.[128)]

---

127) 김정희, 앞의 책, 卷8, 「雜識」, "古人作書, 最是偶然欲書者. 書候, 如王子猷山陰雪棹, 乘興而往, 興盡而返. 所以作止, 隨意興會, 無少罣礙, 書趣, 亦如天馬行空."

128) 위의 책, 같은 곳, "法可以人傳, 精神興會, 則人人所自致. 無精神者, 書法雖可觀, 不能耐久索翫. 無興會者, 字體雖佳, 僅稱字匠."

서법과 화법의 준칙을 충실하게 지키고, 전통적인 법식을 체득하여 이에 따라 창작을 한다고 하더라도 흥취가 일어나지 않는 작품은 진실한 생명이 없이 규격화된 정형성만을 보여줄 뿐이다. 학습과 수련을 통해 체득된 법식이 스스로의 창작욕구와 합일되어 진정으로 자유로운 예술의 경지에서 노닐게 될(游藝) 때, 기운이 생동하고 살아 움직이는 생명력이 넘치는 예술작품이 탄생할 수 있다.

이러한 법식과 흥취의 합일은 그의 시론詩論에서도 격조格調와 성령性靈의 문제로 나타나고 있다.

> 성령性靈과 격조格調가 함께 갖추어진 후에라야 시도詩道가 정밀하게 된다. 그런데 『주역』에 이르기를 "나아가고 물러남, 얻고 잃어버림에 있어 그 올바름을 잃지 않는다"고 하였다. 무릇 그 올바름을 잃지 않는다는 것에 대하여 시도詩道로써 말한다면 반드시 격조로써 성령을 마름질하여 음란하고 방탕함과 교활하고 괴이함을 벗어난 다음이라야 시도詩道가 정밀해질 수 있을 뿐만 아니라 그 올바름을 잃지 않게 된다는 것이다. 하물며 나아가고 물러남, 얻고 잃어버림의 사이에 있어서야 더 말할 것이 있겠는가.[129]

성령과 격조는 문학사에 있어서 매우 중요한 개념으로서 간단하게 정리될 수 없는 것이다. 다만 형식적으로 간략하게 구분하여 말하자면 시에 있어서의 성령이란 내면적인 정서의 자연스러운 분출이라고 할 수 있으며, 격조란 격률성조格律聲調, 즉 형식과 운율을

---

129) 위의 책, 卷6, 「題彝齋東南二詩後」, "性靈格調具備, 然後詩道乃工. 然大易云進退得喪, 不失其正. 夫不失其正者, 以詩道言之, 必以格調, 裁整性靈, 以免乎淫放鬼怪, 而後非徒詩道乃工, 亦不失其正也. 況於進退得喪之際乎.

의미한다. 이 두 가지 중에서 어느 것을 더 중요시 하는가에 따라 성령파와 격조파로 구분할 수 있는데, 김정희의 경우는 이 두 가지 중에서 어느 하나가 결여된다면 그것은 예술이 될 수 없다는 입장이다. 즉 언어를 형상화 하는 수련만으로는 시에 정신성이 배태될 수 없고, 정신만으로는 그 정신을 예술일 수 있도록 구조화 하는 능력이 저절로 체득되는 것도 아니라는 것이다.[130]

이 두 가지는 서로 다른 차원의 문제이다. 곧 성령은 체험과 타고난 천성에 기반하며, 격조는 학업과 수련에 기반하고 있다. 그러므로 '성령과 격조가 함께 갖추어져야 한다'는 것은 작가의 상상력과 정서를 바탕으로 하되 나름대로의 질서와 체계가 있어야 함을 밝힌 것이다. 이것은 서론이나 화론에서 법식과 흥취가 결합되어야 한다는 주장과도 맥락을 같이 하며, 그런 측면에서 보자면 김정희의 경우에는 둘 다를 중시하기는 하지만 성령에 좀더 무게의 중심이 놓여져 있음을 짐작할 수 있다.

> 문체의 종류는 열 세 가지인데 그 중에서 문文이 되는 것은 여덟 가지로서 이른바 신神·리理·기氣·미味·격格·율律·성聲·색色이 그것이다. 이 중에서 신·리·기·미는 문의 정精이요, 격·율·성·색은 문의 조粗이다. 그러나 진실로 그 조를 놓아버리면 정이란 것을 어디에 붙일 수 있겠는가. 배우는 자가 옛사람에 대하여 반드시 처음에는 그 조를 만나고 중간에는 그 정을 만나며, 마지막에는 그 정만 쓰고 그 조는 버려야 하는 법이다. 지금 그 조를 만나지도 못하는데 어떻게 그 정을 만나서, 그 정을 쓰며 그 조를 버리는 데 이를 수 있겠는가.[131]

130) 김혜숙, 앞의 논문, 35-43쪽 참조.

근본적인 법식을 학습하고 그것을 오랫동안 수련하여 체득하지 않는다면 정신이란 제멋대로 달아나 버릴 것이다. 아무리 고도의 정신성을 지니고 있다고 하더라도 그에 합당한 법식이 갖추어지지 않는다면 올바르게 발현될 수 없게 된다. 그러나 그렇다고 해서 법식에만 얽매여서는 안 된다. 올바른 법식을 체득하고 또한 고도의 정신세계가 그에 합일되었을 때 진정한 예술적 창조가 이루어질 수 있는 것이다. 또한 김정희는 성령이라는 개념을 '개성'의 의미로 사용하고 있다.

> 무릇 시도詩道 또한 광대하므로 갖추고 있지 않은 것이 없다. 웅혼한 것도 있고 섬세하고 세밀한 것도 있으며, 고고高古한 것도 있고 맑고 기이한 것도 있어서 각기 그 성령의 가까운 바를 따르게 되므로 어느 하나의 측면만을 붙잡아 고착시킬 수 없는 것이다. 그런데 시를 논하는 사람이 그 사람의 성정性情은 논하지 않고 자기가 익혀서 익숙한 것만으로 그 시를 단정하여 웅혼함을 치켜세우고 섬세함을 잘못되었다고 한다면 어찌 만상萬象을 아울러 포함할 수 있으며, 마음에 천고千古의 뜻을 담을 수 있겠는가.[132]

이것은 곧 예술이란 그 사람의 정서와 체험에 따라 다양한 양태로 발현될 수 있으며, 그러므로 하나의 기준으로 정형화 할 수 없음

---

131) 김정희, 앞의 책, 卷8, 「雜識」, "文之體類十三, 而所以爲文者八, 曰神理氣味格律聲色. 神理氣味者, 文之精也, 格律聲色者, 文之粗也. 然苟舍其粗, 則精者亦胡而寓焉. 學者之於古人, 必始而遇其粗, 中而遇其精, 終則御其精者而, 遺其粗者. 今不能遇其粗, 而何以遇其精, 以至於御其精而遺其粗也."

132) 위의 책, 卷8, 「雜識」, "凡詩道亦廣大, 無不具備. 有雄渾, 有纖濃, 有高古, 有淸奇, 各從其性靈以所近, 不可得以抱泥於一段. 論詩者, 不論其人性情, 以自己所習熟, 斷之以雄渾, 而非纖濃, 豈渾函萬象, 寸心千古之義也."

을 말한다. 서화書畵에서의 흥취興趣와 시詩에서의 성령性靈은 곧 그 사람의 정신적 기상에 따라 자기다운 특성을 나타내게 되며, 이것은 결과적으로 작가의 독창적인 개성이 강하게 나타나는 작품으로 구체화된다. 그것은 또한 보는 사람으로 하여금 기괴함으로 나타나 신선한 충격과 감동을 준다. 다만 이것은 '가식하고자 한 괴怪가 아니라 자연스럽게 발현된 괴' 일 때에만 가능한 것이며, 전통적인 법식에 대한 철저한 체득과 동시에 이를 넘어서는 정신적 깨달음이 있어야만 하는 것이다. 김정희는 일반적인 '괴' 에 대해서는 부정적인 견해를 보이고 있다.

> 대개 예서를 쓰는 법은 차라리 졸박할지언정 기이함이 없어야 하고 예스럽기는 해도 괴이하지는 않아야 한다. 비록 척백戚伯·양두羊竇의 험險이라 할지라도 역시 기이하거나 괴이하지 않으니 기이함과 괴이함의 두 가지에 뜻을 두는 것은 특별히 서법에서만이 아니라 모든 것에 있어서 경계하는 것이 좋을 것이다. '방춘번맹方春番萌' 이라는 이 네 글자는 역시 기이함으로 나아갔으니, 사람이 예서에 대해 옛날의 법식을 보지 못하면 흔히 괴이함으로 나아가게 된다. 이것은 예서의 글씨체에 대해 미처 널리 보거나 많이 듣지 못하고 자기의 뜻으로 하기 때문이다. 아무리 천변만화를 한다 해도 괴이함이란 이 한 글자는 깊이 삼가고 금지하는 것이 옳을 것이다.133)

원래 괴이함이란 상식적 보편성에서 벗어나 있는 부정적 가치를

---

133) 위의 책, 卷4, 「與沈桐庵」, "大槩隸法, 寧拙無奇, 古而不怪. 雖戚伯羊竇之險, 亦不奇不怪, 奇怪二意, 不特書法, 一截戒之爲佳. 方春番萌四字, 亦犯奇調, 人隸字, 不見古法, 多犯怪. 此於隸體, 未及廣見多聞, 以意爲之. 雖千變萬化, 怪之一字, 深加禁絶可也."

말한다. 하나의 장르가 지니고 있는 정상적인 속성을 공유하지 못하고 예외적인 특수성을 띠고 있을 때 그것은 괴怪가 된다. 그러므로 괴이함이란 질서를 혼란시키고 조화를 깨뜨리는 것이므로 정상적인 상황일 때는 적극 피해야 한다. 그러나 역설적이게도 괴이함에는 조화의 파괴라는 의미만 있는 것이 아니라 초월적 조화의 측면이 있다.

> 서체는 본시 처음부터 일정한 법칙이 없고, 붓이 팔목을 따라 변하여 괴怪와 기奇가 섞여 나와서 이것이 지금의 글씨체인지 옛날의 글씨체인지 나 역시도 알지 못하며, 보는 사람들이 비웃건 꾸지람하건 그들에게 달린 것이다. 조롱을 면할 수도 없거니와 괴이하지 않으면 또한 글씨가 되지 않으니 어찌하겠는가. 구양순歐陽詢의 글씨도 역시 괴이함을 면치 못했으니 그와 더불어 함께 돌아간다면 다시 사람들의 말을 두려워할 필요가 있겠는가. 절차고折釵股나 탁벽흔坼壁痕과 같은 것은 모두가 괴이함에 이른 것이며, 안진경顔眞卿의 글씨 역시 괴이하니 어찌 옛날의 괴이함은 이와 같이 많기도 한가. 다만 그 괴이한 곳이 굴원과 같이 온 세상이 다 취한 가운데 홀로 깨어 있는 격이어서 깨고 취한 분별에 따라 괴한 바를 비웃고 괴한 바를 꾸짖는 것이니 마땅히 올바른 정평이 있을 것이다. 아! 일부러 괴이함을 꾸미고자 한다면 그것이야말로 참으로 괴이한 일이다.[134)]

134) 위의 책, 卷5, 「與人」, "書體, 是初無定則, 筆隨腕變, 怪奇雜出, 是今是古, 吾亦不自知, 人之笑罵從他. 不可解嘲, 不怪, 亦無以爲書耳. 歐書, 亦未免怪目, 與歐同歸, 復何恤於人耶. 如折釵股·坼壁痕, 皆怪之至, 顔書亦怪, 何古之怪, 如是多乎哉. 但其怪處, 如屈子獨醒於擧世皆醉之中, 醒醉之分, 笑所怪呋所怪者, 當有定評. 吁是欲飾怪耶, 眞可怪也."

초월적 조화의 측면이란 일부러 괴이함을 꾸미는 것이 아니라 흥취에 따라 자신의 개성이 발현되면서 자연스럽게 창조적 괴가 나타나는 것을 말한다. 즉 괴 자체가 원래의 목적은 아니지만, 그럼에도 그 목적을 달성하기 위한 중요한 표현 형식으로 드러나게 되는 것이다. 이 때의 괴는 기존의 법식을 완전히 체화한 후에 오히려 법식의 제약으로부터 자유로워지는 것이며, 진정한 창신의 묘경이라고 할 수 있다. 또한 이러한 괴는 방경고졸方勁古拙의 미의식을 추구하면서 자연스럽게 나타나는 현상이기도 하다.

> 명대明代 말기의 문인화가인 진홍수陳洪綬는 전주篆籀의 법식으로 그림을 그렸는데, 그 예스럽고 졸박한 품격이 마치 위진魏晉시대의 수필手筆과 같아서 마치 고대의 신선을 만난 것 같은 느낌을 준다.135)

> 예서는 모든 서법의 근원이 되는 것이다. 그러므로 만약 서도書道에 마음을 두고 있다면 예서를 제대로 알지 않으면 안 된다. 예서를 쓰는 법식은 반드시 방경方勁과 고졸古拙을 최고의 가치로 삼아야 하는데, 그 고졸함은 쉽게 체득할 수 있는 것이 아니다. 한漢나라 예서의 오묘함은 오로지 고졸함에 달려 있다.136)

모가 나고 굳건한 힘이 느껴지며(方勁), 예스럽고 졸박함을(古拙) 추구하는 미의식은 김정희가 예서를 서도의 본령으로 인식함으로써 필연적으로 주어진 것이다. 즉 예서의 신묘함은 다름 아닌 졸박한

---

135) 위의 책, 卷8, 「雜識」, "老遲以篆籀法作畵, 古拙, 似魏晋時手筆, 如遇古仙人."
136) 위의 책, 卷7, 「書示佑兒」, "隷書, 是書法祖家. 若欲留心書道, 不可不知隷矣. 隷法, 必以方勁古拙爲上, 其拙處, 又未可易得. 漢隷之妙, 專在拙處."

미감에서 나오는 것이며, 졸박함을 취하지 않으면 속된 것으로 빠지기 쉽다. 한예漢隸를 기반으로 하여 각 서체의 장점을 취합함으로써 여러 서체를 회통시키고자 한 것이 김정희의 의도였으며, 이것은 기존의 서법과는 큰 차이를 보일 수밖에 없으므로 괴의 특징은 그에게서 이미 예정된 것이기도 하였다.

기존의 법식에 충실하면서도 자유로운 예술정신의 발현으로서 고도의 인품과 개성을 발휘하고자 하는 것은 문인예술의 기본이념이라고 할 수 있는데, 이는 김정희의 예술세계에 큰 영향을 끼친 동기창董其昌(思白, 1555~1636)의 주장에서도 나타나고 있다.

> 선비가 그림을 그릴 때는 마땅히 초서와 예서, 기이한 글자를 쓰는 법으로 그려야 한다. 나무는 마치 쇠를 구부린 듯 하고, 산은 마치 모래에 획을 그은 것처럼 함으로써 달콤하고 속된 지름길을 완전히 제거해야만 사기士氣가 발현되어 나온다.[137)]

동기창은 세속적인 가치와 미의식을 부정하고 문자향·서권기가 충만한 문인의 예술정신을 발현하기 위해서는 외형이 아름답고 형사에 충실한 필선이 아니라 함축적이면서도 내면적 본질을 파악하는 것이 중요하다고 본 것이다. 김정희 역시 이런 의식을 적극 수용하고 있으며 이에 따라 〈불이선란不二禪蘭〉의 화제에도 동기창의 표현을 빌어 "초서와 예서, 기이한 글자를 쓰는 법으로 그렸으니, 세상 사람들이 어찌 알아볼 수 있겠으며, 어찌 좋아할 수 있겠는가."[138)]라

---

137) 董其昌, 『畵旨』, "士人作畵, 當以草隸奇字之法爲之. 樹如屈鐵, 山如畵沙, 絶世甛俗蹊徑, 乃爲士氣."

138) 김정희, 〈不二禪蘭〉 畵題: "以草隸奇字之法爲之, 世人那得知, 那得好之也."

고 하였다.

괴이함을 의도하지 않으면서 괴이함으로 나아가는 괴의 미학이란 고졸미가 지극하게 발현되었을 때 나타나는 것이며, 따라서 감각적인 미추美醜의 경계를 초월한 가장 원숙한 경지의 미의식이다. 이것은 법에 충실하면서도 법의 제약으로부터 벗어난 경지, 곧 공자가 말한 '종심소욕불유구從心所欲不踰矩' 의 예술적 이상향이며, 문자향·서권기가 충만한 정신성이 오랜 수련으로 체화된 전통 법식과 합일을 이루게 될 때 비로소 실현되어 나타날 수 있다.

3. 법고창신론法古創新論

위에서 살펴보았던 것처럼 김정희의 궁극적 예술정신을 한 마디로 표현한다면 '철저한 학습과 오랜 수련을 통하여 전통적인 법식을 체득한 후 자신의 인격적 성취가 내화된 문자향·서권기의 정신성을 발현하여 새로운 형태의 예술성을 획득하는 것' 이며, 이것은 바로 그의 법고창신론이 주장하는 핵심내용이라고 할 수 있다. 이 법고창신론은 예술작품에만 해당하는 것이 아니라 사실상 그의 철학사상에 있어서도 동일하게 적용되는 것으로 고증학의 기본정신이다.

고증학적 태도는 기본적으로 방법론의 측면에서 전통법식에 대한 철저한 학습을 강조하게 된다. 그러나 전통의 학습 자체가 목적인 것은 아니다. 학습과 수련은 어디까지나 궁극적인 목적을 달성하기 위한 중요한 수단일 뿐이다. 궁극적인 목적이란 곧 학문에 있어서는 성현의 도를 체득하여 현실에 적용하는 것이고, 예술에 있어서는 본원의 예술성을 체득하고 자신의 인품을 내화하여 이상적인 작품을 창작하는 것이다. 이를 위해서 학습과 오랜 수련이 반드시 필요한 것이다. 그러므로 법고나 창신은 어느 하나라도 소홀이 할 수 없는 것이며, 법고만 잘 한다고 해서 훌륭한 작품이 되는 것도 아니고 창신만을 내세워 독창성이 뛰어난 작품이라고 해서 탁월한 예술성을 지닐 수 있는 것도 아니다.

중국 예술사에 있어서 시대적 요구를 함축적으로 표현하면 "진나라 사람은 운韻을 숭상하고, 당나라 사람은 법法을 숭상하였으며, 송나라 사람은 의意를 숭상하고, 원나라와 명나라 사람은 태態를 숭상했다"[139]는 말로 정의할 수 있다. 이는 왕희지 시대의 예술작품에는 무엇보다 신운神韻이 강조되었고, 구양순 시대의 예술에는 법도가 중요한 요소였으며, 소식蘇軾(東坡, 1036~1101)과 황정견黃庭堅(山谷, 1045~1105)의 시대에는 작가의 필의筆意가 가장 핵심적인 요소로 인식되었고, 조맹부趙孟頫,(松雪, 1254~1322)와 동기창董其昌(思白, 1555~1636)의 시대에는 작품의 운치와 형태미를 추구했다는 것이다.

그에 비해 청대에 이르면 고증학의 영향으로 인해 예술에 있어서도 '학學'이 강조되면서 고졸미古拙美를 추구하는 경향이 대두된다. 다만 여기서의 학이란 근원적인 법식에 대한 단순한 모방이나 답습이 아니라 작가의 개성이 살아 있는 학이다. 그러므로 고졸미란 예스러우면서도 자신의 개성을 잃지 않는 것이며, 이것은 곧 법고창신, 혹은 입고출신入古出新의 예술적 이상을 뜻한다.

그러나 청대의 이러한 요구는 실질적으로 만족할만한 성과를 거

---

139) 梁巘, 『評書訣』, "晉尙韻, 唐尙法, 宋尙意, 元明尙態." 유홍준, 『완당평전』, 270-271쪽에서 재인용.

두지는 못했다. 초기의 경우 형식화된 문인화풍에 대한 반발로 양주팔괴와 같은 사람들이 나타나 자신의 개성을 적극적으로 발휘한 작품을 창작하였으나 이들은 각자의 개성에 빠져 보편성을 획득하는 데는 실패하였다. 이것은 창신에만 치우쳐 기존의 법식을 등한시함으로써 나타난 한계이기도 했다. 이에 비해 금석학金石學의 성과에 힘입어 비문에만 사용되던 전서篆書와 예서隷書를 본격적인 예술장르로 끌어 올린 등석여鄧石如(頑伯, 1743~1804)와 같은 사람은 법고를 강조하여 고전적인 미감을 표현하였으나 자신의 개성을 표현하여 새로운 예술성에로 나아가는 데는 실패하였다.

법고창신法古創新, 즉 고전에 입각한 근대정신의 감성적 표현은 청나라 예술계의 핵심 주제였으며, 김정희는 옹방강을 비롯한 여러 학자·예술가들을 통하여 이런 상황을 누구보다 정확하게 파악하고 있었다. 그의 법고창신론 역시 이런 고민의 연장선 위에 놓여있으며, 또한 법고창신이라는 시대적 요구를 실제의 예술작품으로 가장 완성도 높게 표현해 내었던 것이다. 여기에 이르기까지는 탁월한 예술적 재능 외에도 끊임없는 연구와 학습, 그리고 "열 개의 벼루를 밑창내고 천 자루의 붓을 몽당붓으로 만들었으며,"[140] "팔뚝 아래 삼백 아홉 개의 비석을 갖추는"[141] 부단한 노력이 필요했음은 두말할 필요가 없다.

김정희에 있어서 법고창신의 이상은 평생의 숙원이었으며, 이러

140) 김정희, 앞의 책, 卷3, 「與權彛齋」, "吾書雖不足言, 七十年磨穿十研, 禿盡千毫."

141) 위의 책, 卷2, 「答趙怡堂」, "不有腕底, 有三百九碑, 亦難一朝之間, 出之易易耳."

한 지속적인 노력을 통하여 만년에 이르러서야 스스로 만족스러운 경지에 이를 수 있었다. 그는 오랜 지기인 권돈인에게 편지를 보내 "이제야 스스로 속됨을 면할 수 있게 되었다"142)고 하면서 만년에 이르러 "일부러 공교함과 졸박함을 의도하지 않아도 되는"143) 경지에 이르렀음을 말하고 있다. 이런 경지는 의식적으로 고졸함이나 기괴함을 의도하지 않아도 자연스럽게 고졸미와 기괴미가 드러나는 경지이며, 괴가 부정적인 미감이 아니라 자연스러운 개성의 발현으로 나타나는 경지이다. 김정희는 이러한 상태를 '허화虛和'라고 표현하기도 했다.

> 요즘 사람들이 써낸 글씨를 보니 모두가 다 허화虛和하지 못하고 번번이 악착같이 이루려는 의도만 지나쳐서 별로 나아간 경지가 없으니 한탄스러운 일이다. 서도書道에서 가장 귀하게 여기는 것은 바로 허화虛和에 있으니 이는 인력만으로 이를 수 있는 것이 아니며 반드시 일종의 천품을 갖추어야만 가능한 것이다. 법식이 갖추어지고 기氣가 어떤 경지에 이르게 되면 비록 조금 부족한 부분이 있더라도 점차로 정진하게 되니 스스로 나아가고자 하지 않아도 곧장 핵심을 꿰뚫고 그 근원에 통하는 바가 있게 될 것이다.144)

억지로 어떤 목적을 가지고 그것을 표현하는 데 집착하는 태도로는 궁극적인 경지에 이를 수 없다. 올바른 법식을 충분히 익히고 자

---

142) 위의 책, 卷3, 「與權彛齋」, "拙字甚陋, 今以後知免耳."

143) 위의 책, 같은 곳, "工拙又不計也."

144) 위의 책, 卷4, 「與金君」, "近見作書者, 皆不能虛和, 輒多齷齪之意, 殊無進境, 可歎. 此書之最可襀者, 卽在虛和處, 此非人力可到, 必具一種天品. 乃能, 至如法備氣到一境, 差欠而漸次精進, 自有不欲行, 而直詣透骨徹底處耳."

신의 정신적인 경지를 다듬어 나가다 보면 어느 순간 자연스럽게 예술의 근원적인 핵심을 찾을 수 있다는 것이다. 이러한 허화의 경지란 앞 절에서 언급했던 법식法式과 흥취興趣가 어우러지고 격조格調와 성령性靈이 조화를 이루어 자기도 의식하지 못하는 사이에 궁극적인 예도藝道에 이르는 것이니, 더 이상 어떤 것에도 구애받지 않고 자유로운 상태를 의미하며, 이는 법고창신을 통하여 이를 수 있는 최종의 경지라고 할 수 있다.

제4장 김정희의 작품과 예술세계藝術世界

1. 추사체秋史體의 예술세계

1) 김정희 이전의 서예

(1) 중국의 서예

서예는 상형문자로서 한자漢字가 가지는 기본적인 회화성과 중국문화, 그 중에서도 특히 유교문화가 가지는 문자숭상의 기질이 결합하여, 문자의 표현에 있어서 단순히 해정楷正한 글씨의 묘사 이상의 예술성을 요구하면서 발전하게 되었다.

중국 서예의 발전을 시기별로 나누어 보면 첫째, 고대 문자의 형성기로부터 춘추전국시대까지. 둘째, 진시황의 통일이후 하나의 문자로 정형화 된 시기, 셋째, 양한兩漢시기, 넷째, 위진魏晉부터 초당初唐이전시기, 다섯째, 초당初唐이후부터 명대明代까지. 여섯째, 청대淸代 이후시기 등 크게 여섯 단계로 구분할 수 있다.[145)]

---

145) 서예사를 구분하는 일반적인 방법은 서체 발전에 따른 구분과 왕조를 중심으로 한 시대별 구분의 두 가지이다. 예를 들어 伏見冲敬·任昌淳, 『중국과 한국의 서예사』, 趙慶哲 編譯 (서울: 이화문화출판사, 2001)와 祝敏申 編著, 『대학서법』, 丹靑圖書 35, (台北: 丹靑圖書有限公司, 1976) 등에서는 서체(篆書, 隸書, 楷書, 行書, 草書)를 중심으로 서예발전을 구분하고 있으며, 鍾明善,

문자가 정형화되기 이전 시기는 은대殷代 이후 갑골문甲骨文, 금문金文, 죽간竹簡, 목간木簡, 석고문石鼓文 등 여러 형태의 문자가 난립하던 시기를 말하며, 문자가 정형화된 시기는 진秦의 통일이후 각 나라마다 다른 문자를 종합 정리하여 하나의 새로운 서체로 만든 시기이며, 이른바 전서篆書의 시기이다. 한대漢代에는 좀더 실용적인 필요성을 충족하기 위해 새로이 예서隸書가 만들어졌다. 이 시기는 유교문화의 발전과 더불어 서예에 있어서도 문자적 기능을 초월하여 예술성의 요구가 제기되었으며, 이런 점에서 서예사에 있어서 매우 중요한 시기라고 할 수 있다. 300년경부터 초당初唐까지의 시기는 서예사의 중요한 표준이 된 왕희지체의 등장과 아울러 오체五體가 완성된 시기이다. 초당 이후부터 명대까지는 왕희지체를 조종祖宗으로 하여 이를 더욱 발전시킨 첩학帖學의 융성기라고 할 수 있으며, 이후 청대淸代의 서예는 왕희지 절대론을 비판하면서 한대漢代예서의 원초적 예술정신으로 다시 되돌아가고자 한 비학碑學시기였다고 할 수 있다.

이런 맥락에서 본다면, 서예가 문자적 기능에서부터 본격적인 예술의 영역으로 발전한 것은 사상의 통일을 위하여 유학을 정책적으로 장려하여 태학을 설립한 한대漢代부터이다. 이 시대의 문예는 유가사상을 기초로 하여 급속한 발전을 가져온다. 즉 오경五經의 광범위한 유행과 독서 인구의 증가, 그리고 사서령사史書令史[146]에 의한

『중국서예사』(河北: 河北美術出版社, 1991)에서는 서예발전을 시대별로(先秦, 秦, 漢,, 魏晉, 南北朝, 隋, 唐, 五代, 宋, 元, 明, 淸) 나누고 있다. 그러나 이러한 방식의 단편적이고 평면적인 구분은 서예 발전의 내면적 흐름와 특징을 파악하지 못하며, 따라서 여기에서는 예술적 특성에 따른 새로운 구분방식을 채용하였다.

관리의 임용은 서예가 급속하게 발전할 수 있는 기초가 되었다. 아울러 경전에 대한 위작의 가능성을 막기 위해 비석에 기본 경전을 새기는 대대적인 비각작업을 시행함으로써 서체의 시각적인 기능이 강조되었다.

또한 효렴孝廉을 중시하는 유교적 윤리관이 팽배해진 사회적 분위기는 조상에 대한 효孝나 사장師長에 대한 염치廉恥를 과시하고자 하는 욕구로 나타났으며, 이를 충족하기 위하여 지배계층을 중심으로 비문碑文치레를 경쟁적으로 해 나갔다. 이러한 비문치레를 위해서는 명필과 명문장이 요구되었는데, 명필을 요구하다보니 결국 해정楷正한 표현 이상의 예술성까지 희망하게 된 것이었다. 이처럼 비문글씨의 주문이 늘어나게 되자, 명필능서가名筆能書家들이 우후죽순처럼 늘어나게 되어, 서예를 예술의 경지로 끌어올려 놓게 되었다. 따라서 격조 높은 귀족적인 특징을 보이는 필체도 있고, 격식이나 교졸에 구애되지 않는 자유분방함을 보이는 것도 있으며, 유연하고 정취가 있는 필의를 보이는 글씨체도 있게 되었다. 이런 서체를 팔분서八分書 곧 예서체隸書體라고 부르게 된다.

예서체는 서예사에서 중요하게 취급하고 있는 필세에 대해서는 물론이고, 글자의 구조 그 자체가 이전의 전서와는 너무도 달랐다. 지금까지 글자의 구조를 규제하여 온 조자造字의 원리는 무시되었으며, 중봉中鋒을 통하여 애써 완성된 둥그스름한 획의 형태는, 붓을 꺾어서 각角이 진 모난 형태로 바뀌었다. 이 서체는 도구나 소재의

146) '史書令史' 는 문자를 관리하는 벼슬이름으로, 후에 이는 隸書를 잘 쓰는 사람에게 주는 호칭이 되었다. 따라서 예서가 더욱 성행하여 예서로써 높은 관직을 얻으려는 사람들이 많아지게 되었으며, 이로 말미암아 한나라 시대 예서를 '史書' 라 부르기도 한다.

변천에 관계없이, 그 쓰임에 따라서 전서 가운데 장중한 용도에 해당하는 것도 있고, 일상 통용 서체에 해당되는 것도 있으며, 그 중간에 해당하는 여러 가지 단계에 적응하는 것으로 분화·발전했다.[147] 그래서 예서는 문자적 기능을 넘어서서 서예를 예술의 경지에까지 끌어올린 서체로 행·초와 해서의 원시형태라고 할 수 있다.

그러나 문자는 예술작품이기 이전에 언어적 기능이 더 중요하게 작용하므로 점차 속기速記나 정서正書의 필요성이 대두되고, 종이의 보급에 따라 비석에 새기기 위한 서체가 아니라, 종이 위에 직접 쓰는데 유용한 서체가 요구되었다. 또한 사상적으로는 현학玄學이 등장하여 집단의 엄격성과 획일성을 부정하고 개인의 자유분방한 개성을 강조하는 분위기가 고조되었다. 이에 따라 서체 역시 이러한 분위기 속에서 자유분방하고 부드러운 개성이 자연스럽게 발현되는 초서와 행서, 해서로의 발전이 불가피하게 되었다. 결국 이러한 발전은 위진남북조 시기 동진東晉의 왕희지에 이르러서는 완전한 형태의 모습을 갖추게 되었다. 이후부터 현대에 이르기까지 서체 자체의 변화는 거의 없게 되었고, 다만 각 개인의 개성 있는 글씨체인 필체의 변화만이 나타나게 되었다.

특히 당나라가 들어서면서 당태종이 초당初唐 3대가들 즉 우세남虞世南·구양순歐陽詢·저수량褚遂良과 함께 왕희지의 글씨체를 모든 필법의 기준으로 삼고, 이를 적극 계승함으로써 왕희지는 서성書聖으로까지 존숭되어 누구도 넘볼 수 없는 확고한 위치를 차지하였다. 이후 모든 왕조에서 왕희지체는 가장 정통적인 서예로 인식되었다.

---

147) 伏見冲敬, 『書藝의 歷史』, 석지현 譯(서울: 열화당, 1989), 18쪽 참조.

따라서 이후 서첩의 제작은 왕희지 서예를 중심으로 이루어졌으며, 왕희지의 서풍은 곧 첩학의 심미적 표준이 되었다.

이런 상황에 따라 왕희지 이전에 크게 유행하였던 전서나 예서체는 더 이상 발전하지 못하였고, 대신에 해서나 행서·초서는 급속하게 발전하여 왕희지체를 표준으로 하는 서예의 예술미를 완성시키는 계기가 된다. 또한 이러한 첩학의 발전은 많은 도서의 편찬과 여러 서첩의 제작 사업을 가져왔고, 이는 다시 서예의 학습과 창작, 감상의 심미적 표준에 직접적인 영향을 끼쳐 행·초서의 서체를 더욱 다양한 심미적 경지로 끌어 올려놓게 되었다. 그 대표적인 법첩은 왕희지의 〈난정서蘭亭序〉(그림 5)이다. 이 〈난정서〉의 결구법結句

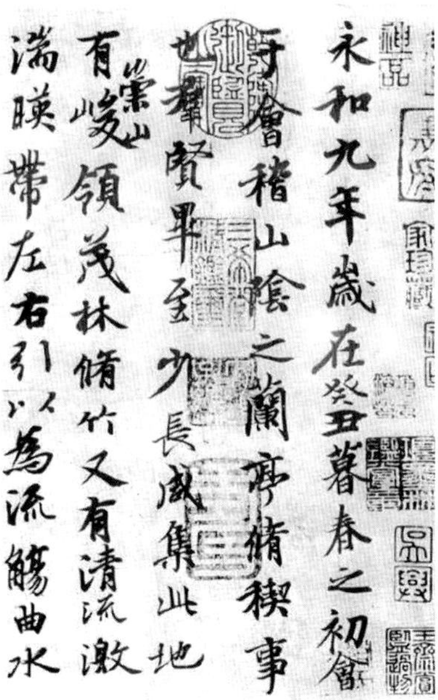

<그림 5> 王羲之, <蘭亭序>(부분)

法과 장법은 지금도 서예를 배우는 사람들에게 필사본筆寫本으로 애용되고 있다.

이처럼 왕희지가 서예의 절대적 위치를 차지하면서 글씨를 쓰는 사람들은 모두 왕희지의 글씨를 탑영搨影하여 법첩을 만들어 글씨교본으로 삼고자 하였다. 그러나 이런 것들은 재모再摹, 삼모三摹되어 가는 동안에 점차 원형을 상실해 버리게 된다. 그래서 원첩을 보고 글씨를 배운 사람과 모본을 보고 배운 사람은 서로 다른 글씨를 배운 것만큼이나 차이를 보이게 되었다. 이런 까닭에 서풍書風이 달라지면 항상 다시 올바른 왕희지에로의 복귀를 주장하면서 새로운 글씨체를 내놓게 된다. 원대 조맹부趙孟頫(1254~1322)의 송설체가 그렇고, 명대 동기창董其昌(思白, 1555~1636)의 글씨체도 그러하다.[148]

만주에서 일어난 청나라는 이질적인 문화양식을 지니고 있었으나, 중국을 통일한 후 오히려 중국 문화를 적극 수용하였다. 따라서 정치·군사적 권력은 완전히 바뀌었으나 문화적으로는 앞 시대와 단절되지 않고 보존과 계승이 진행되었으며, 이는 청나라 정권이 일반 백성들의 큰 저항에 부딪치지 않고, 조속하게 안정될 수 있는 중요한 계기가 되었다.

이러한 상황 하에서 청나라 초기에는 동기창의 풍이 유행하기도 하였으나 고종高宗 건륭제乾隆帝가 순화각첩淳化閣帖의 복각復刻등 진晉·당唐에 대해 존중하는 태도를 보이면서 고법에 기반을 둔 조맹부의 풍이 점차 중요시되었다. 이러한 고법에 대한 연구는 자연적으로 당비唐碑, 한비漢碑에의 관심을 불러일으켰으며, 종래 행서와 초서를

148) 최완수, 「추사실기-그 파란의 생애와 예술」, 『추사 김정희』(서울: 중앙일보사, 1985), 201쪽 참조.

중심으로 한 서법은 해서, 예서, 더 나아가 전서의 비중을 높이게 되었다.

그 대표적인 인물이 양주지방에서 활동하던 양주팔괴揚州八怪라고 할 수 있다. 이들은 아직 비학이 탄생하지 않은 첩학의 시기에 한예漢隷를 위주로 창작하여 뒤에 비학이 탄생하는데 실질적 기초를 쌓았다. 특히 금농金農(冬心, 1687~1763)과 정섭鄭燮(板橋, 1693~1765)이 이러한 특징의 가장 전형적인 인물이라고 할 수 있다.

이들의 특징은 정섭이 좌우명으로 삼았다는 〈난득호도難得糊塗〉(그림 6)의 현판을 보면 쉽게 알 수 있다. 이 작품은 전통적인 서체를 벗어난 활달하고 세련된 느낌을 주면서도, 다른 한편으로 자형에 나타난 고졸한 결구법은 보는 사람으로 하여금 편안함을 느끼게 하여 생명력을 한층 더 긴장시키는 작품이다. 그 아래에 작은 글씨로 "총명하기도 어렵고, 멍청하기도 어렵다. 총명한 것에서부터 멍청해지기란 더욱 어렵다. 한 가지를 펼치고 한 발 물러서면, 맞이하는 일이 반드시 편할 것이니, 도모하지 않아도 뒷날 복된 응보가 올 것이다."[149]라고 쓰여 있는데 이 결구와 장법은 예술성을 더욱 고조

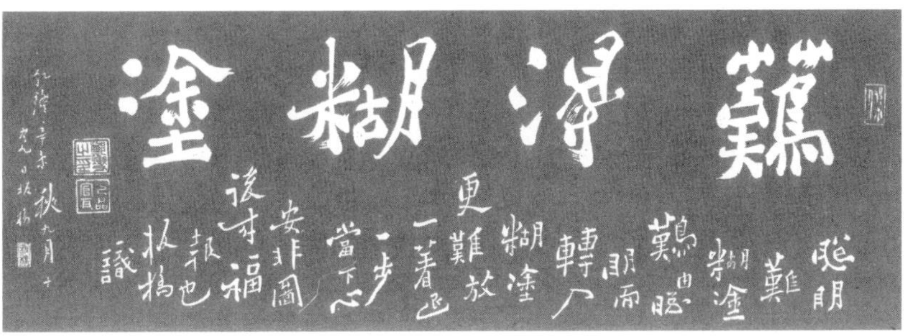

<그림 6> 鄭燮, <難得糊塗>

시키고 있다. 정섭의 이러한 서체는 장엄한 미와 양강의 미를 지니고 있을 뿐만 아니라, 대립을 강조하면서 사람들에게 두려움을 느낄 정도로 숭고한 색채를 안겨준다.

청나라 초기 고염무顧炎武에 의해 시작된 고증학은 하나의 학문영역으로 뿌리내리게 되어, 경사經史의 교감과 연구에 가장 중요한 역할을 하였을 뿐 아니라, 금석학, 문자학, 서예학 등 주변학문을 크게 발전시켰다. 옹정雍正과 건륭乾隆시대 첩학의 주도 아래에서 지역적 특성을 띤 양주팔괴揚州八怪와 서령사가西泠四家에 의해 창작된 금석문자의 서풍은 가경嘉慶시대에 이르러 전국적으로 확산되어 당시의 서예가들은 첩학을 중심으로 학습하는 전통을 거부하고, 선진先秦 시대의 금석金石 문자는 물론 한위漢魏와 진당晉唐의 각석刻石 문자를 중심으로 새로운 비학碑學이 탄생하게 된다.

비학파는 첩학의 한계를 자각하고 고대 금석과 훈고에서 고박함과 굳센 예술의 원초적인 미를 발견하였다. 또한 그들의 선조들이 남겨 준 흔적에는 장엄하고 강한 생명력이 함축되어 있어서 압박을 받고 있는 민족의 자존심을 가장 잘 지켜 주는 정신적인 지주가 되기도 하였다. 따라서 비학파에 속하는 서예가들은 전서와 예서를 해서에 이입시켜 일상적인 글자체를 추하고 굽게 하고, 고졸화古拙化하면서 정상적으로 쓰는 규범을 타파하여 생명력을 한층 더 긴장시키고 응결시켰다.150)

청나라는 고대 문화의 전적을 정리하고 편찬하여 사람들에게 아

149) 鄭燮, 〈難得糊塗〉, "聰明難, 糊塗難, 有聰明而轉入糊塗更難, 放一着, 退一步, 當下必安, 非圖後來福報也."

150) 宋民, 『中國書藝美學』, 郭魯鳳 譯(서울: 동문선, 1998), 157-196쪽 참조.

주 상세한 문화적인 자료를 제공하였다. 그러므로 청나라의 서예 미학은 전체적으로 귀납적인 양상을 띠고 있으며, 옛사람들의 사상을 종합하면서 앞에 나타났던 여러 가지의 심미 요소를 통일하려고 노력했다. 이런 점에서 청대는 위로는 주대周代와 진대秦代로부터 아래로는 원元·명대明代에 이르기까지 모든 시대의 서법을 모은 시기라고 말해도 좋을 것이다. 그리고 각 방면에서 걸출한 작가가 나오고 뛰어난 학자가 나타났다.[151] 그 중에서도 특히 경사經史와 문학 그리고 금석학과 서예학에 해박한 지식을 갖춘 대표적인 학자가 옹방강翁方綱[152]과 완원阮元[153]이다.

옹방강은 청대 금석학과 서예학의 영수로서 당대의 우러름을 받고 있었던 사람이며, 또 한편으로는 경학 연구에 있어 특별한 식견을 가지고 있었다. 그는 한학漢學을 위주로 하고 실사구시實事求是의 학을 중히 여겼으며, 동시에 송학宋學을 존중하고 정자程子와 주자朱子를 받들어 한송漢宋 양학을 절충하는 태도를 취했다.[154] 그래서 옹방강은 양한시대부터 송대까지의 금석과 각첩閣帖에 대해 심도 있는 연구를 하여 『한팔분고漢八分考』, 『화도사비고化度寺碑考』, 『공자

---

151) 伏見冲敬, 앞의 책, 92쪽 참조.

152) 翁方綱(1733~1818): 字는 正三 또는 敍彝, 號는 覃溪 또는 彝齊이다. 1752년 20세의 나이로 進士에 급제하여 翰林院編修가 되어 四庫全書 편찬에 참여, 文淵閣校理官들으로 당시 학계의 耆宿으로 金石學의 大家이며, 김정희의 스승으로 그에게 가장 큰 영향을 끼친 인물이다.

153) 阮元(1764~1849): 江蘇 儀微人 字는 伯元. 號는 良伯, 芸台, 頤性老人. 諡號는 文達公이다. 청대의 經學者 書論家이며, 저서로는 「兩浙金石志」「積古齋鐘鼎彝器款識」「山左金石志」 대표적 서론으로 「南北書派論」「北碑南帖論」이 있다. 김정희의 실사구시설에 직접 영향을 끼쳤다.

154) 藤塚鄰, 앞의 책, 116쪽 참조.

묘당비고孔子廟堂碑考』, 『천제오운첩고天際烏雲帖考』 등 수많은 문장을 남겼다. 그리하여 명말 청초의 고염무顧炎武을 비조鼻祖로 하는 금석학이 옹방강에 이르러 그 꽃을 피웠다고 평가받고 있다. 이러한 금석기가 넘치는 글씨는 완당이 연경에 머물고 있을 때 받은 부친의 당호堂號인 〈유당酉堂〉(그림 7)이란 글씨를 보면 알 수 있다. 이 글씨는 전서篆書의 운필법에 바탕하여 예서체隸書體로 쓴 작품이다. 즉 전서와 예서가 동시에 느껴지는 작품으로서, 웅장하면서 당당한 기운이 넘치는 작품이다.

<그림 7> 翁方綱, <酉堂>

또한 완원은 서예학에 있어서 선조들이 남겨준 민족의 자존심을 잘 지켜주는 정신적인 지주가 된 비학의 이론적 근거를 제시한 사람이다. 그는 가경嘉慶과 도광道光 시대에 『북비남첩론北碑南帖論』과 『남북서파론南北書派論』을 저술하여 북위를 중심으로 한 북조의 각석刻石서예가 총첩叢帖의 수준에 뒤지지 않는다는 이론을 세상에 발표하였다. 이후 그의 뒤를 이어 비학을 연구하는 서예가들이 우후죽순처럼 늘어나게 되었다.

비학碑學이 탄생한 후 서예는 완전한 예술로서의 창작 영역으로 인식되었다. 그리하여 서체의 제약이 없이 진한시대의 각석刻石, 전篆·예隸와 남북조南北朝와 수당隋唐시대의 각석, 해서楷書를 비롯하여 선진시대의 석고문石古文과 금문金文 등 존재하는 모든 문자 자료와 서체는 창작의 대상이 되었다. 즉 비학의 성행은 위진시대 이후 창작의 대상에서 소외되었던 전서와 예서가 행서·초서와 동등한 대접을 받게 하였으며, 창작 소재의 전면에 나타나 북위서체도 창작의 대상으로 자리잡게 하였다.

완당 김정희는 부친 김노경을 따라 연경에 가서 금석학의 대가인 옹방강과 완원을 만나 사제지의를 맺고, 그들의 비학碑學 사상체계와 수많은 금석학 자료를 접하였으며, 금석학에서 얻은 고박함과 굳센 기상을 통해 예술의 원초적인 미를 발견하였고, 또 학문과 수양이 서예에 있어서 중요한 요소가 된다는 '서권기書卷氣' 정신과, 유법有法과 무법無法의 통일에 주력하였다. 이른바 옛것을 스승으로 하되, 옛것에 얽매이지 않는다는 '법고창신法古創新'의 예술정신이 김정희의 서예관에도 직접 반영된 것이다.

(2) 조선의 서예

우리나라의 서예는 삼국시대부터 중국의 직·간접적인 영향을 받으면서 발전하였다. 각 시대에 따라 왕희지王羲之, 구양순歐陽詢, 우세남虞世南, 인진경顔眞卿을 비롯하여 송宋·원元·명대明代의 소식蘇軾, 조맹부趙孟頫, 동기창董其昌 등이 우리나라 서예사에 큰 영향을 끼친 서예가들이다.

삼국시대 우리나라 서예를 살펴보면 나름대로의 특징을 지니고 있다. 고구려는 주로 중국 북방의 문화와 교류하였는데, 서예에 있어서도 북비北碑의 웅장하고 힘찬 기세를 수용하고 있다. 이러한 서예의 대표적 유물로는 〈광개토대왕비문〉이 있다. 그 외에도 〈모두루묘지牟頭婁墓誌〉와 〈평양각석광개토왕호간명平壤刻石廣開土王壺杆銘〉이 당시 고구려 서예의 진수를 보여주고 있다. 백제의 유물도 근년 발굴되어 무녕왕릉武寧王陵의 〈매지권買地券〉과 부여지방에서 나온 〈사택지적비砂宅智積碑〉등이 백제 서예의 모습을 보여주고 있다. 특히 〈매지권買地券〉은 사료로서도 중요한 가치가 있는 것으로 평가되고 있다.

신라가 본격적으로 중국과 왕래를 시작한 것은 6세기초엽으로 추정된다. 이 당시 신라의 서예는 대체로 중국 남북조시대의 특징을 갖고 있으며, 자유분방하게 운필한 가운데에도 장중하면서 우아한 품격을 지닌 것이 특색이다. 이후 통일 신라 시대에 이르러서는 모든 분야에서 당의 문물을 받아들임으로써 서예도 직접적인 발전을 이룩하였고, 유물도 비교적 많이 남아있다. 이 시기의 서체는 왕희지체가 주류를 이루고 있는데, 승려 영업靈業이 쓴 〈신행선사비神行禪師碑〉나 〈미륵아미타여래조상기彌勒阿彌陀如來造像記〉, 〈성덕대왕신종명聖德大王神鍾銘〉등이 왕희지체로 쓴 대표적인 작품들이다. 또한 당시의 명필가로서 최치원, 김언경, 김생 등이 있다.

고려시대 서예는 서업書業이라는 서사전문직書寫專門職이 있어서 과거에 합격하기 위해서는 불가불 서예를 공부하지 않으면 안 되었다. 과거의 시험과목으로는 설문說文·오경자양五經字樣의 기본과목 외에 진서眞書·행서行書·전서篆書의 각 실기를 대상으로 하였는데, 이 제도는 서예의 보급 발전에도 많은 영향을 끼치게 되었다. 이 시대의 서법은 초당初唐 삼대가三代家의 필법을 주로 따랐으며, 그 중에 특히 구양순체를 많이 따랐다. 고려중엽 서예의 대가인 탄연坦然의 등장은 이런 과정의 소산이다. 고려말기에 이르러 중국의 원元과 밀접한 관계가 형성되면서 서예에 있어서도 활발한 교류가 전개되었다. 특히 충선왕忠宣王이 원의 우집虞集, 조맹부趙孟頫,, 구양현歐陽玄 등과 깊은 유대를 갖게 됨에 따라, 조맹부의 서법을 따르는 이가 많이 생겼다.155)

<그림 8> 趙孟頫, <歸去來辭>(부분)

통일신라 문화의 극성기와 고려문화의 전성기에 귀족적 취향과 함께 유행하던 왕희지체는 원元의 지배 이후 만권당萬卷堂에서 조맹부의 영향아래 중국문화를 직수입하면서부터 송설체松雪體로 점차 바뀌게 되는데, 만권당에서 길러진 신진 성리학자계열들이 장차

155) 丁聖煥 編著, 『書藝全科』(서울: 미술문화원, 1985), 190-200쪽 참조.

조선을 건국하게 되자, 조선은 처음부터 송설체 일색으로 출발하게 된다.

조맹부는 왕희지 서풍을 집대성한 서예가로 평가받으며 원대 이후 청대까지 중국서단을 주도해왔다. 그는 주로 행서와 초서를 많이 썼는데 이는 그의 〈귀거래사歸去來辭〉(그림 8)를 보면 알 수 있다. 이 작품은 가지런하고 산뜻하면서도 속되지 않고 초탈한 심미적 특징을 가지고 있으며, 왕희지체의 특징을 잘 살리고 있는 작품이다. 이러한 송설체는 이후 조선 중기까지 막강한 영향력을 발휘하면서 안평대군 같은 탁월한 서예가를 배출하기도 한다. 그러나 정묘호란과 병자호란의 양난 이후 청나라에 대한 반감과 해이해진 시대정신의 극복을 목적으로 한국적인 서예가 등장하게 되는데 이를 기존 서풍과 구별하여 '동국진체東國眞體' 라 불렀다.

동국진체는 이익李瀷(星湖, 1681~1763)의 이복형異腹兄인 이서李漵(玉洞, 1662~1723)가 당시 조선에 유행하던 「악의론樂毅論」·「유교경遺敎經」·「황정경黃庭經」등 왕희지 서체를 조첩祖帖으로 하여 창안한 서체인데, 이것은 윤순尹淳(白下, 1680~1740)을 거쳐 이광사李匡師(圓嶠, 1705~1777)에 이르러 완성을 보게 된다. 당시 선각자들의 민족적 자주의식은 문화 전반에 파급되었고, 그 예로 회화에서는 민족적 자아의식을 바탕으로 한국적인 회화를 형성하게 되었다.

이서李漵의 『필결筆訣』과 그 서체는 이 같은 문화적 변화를 상징적으로 반영한 것이며, 동국진체는 이러한 변화의 모색과 창조적 시도의 결정으로 출현한 것이다. 이서는 『필결』「논맹부論孟頫」에서 이렇게 말한다.

> (조맹부는) 심술이 부정하여 정법에 어긋났기 때문에 그의 획법은 화사하고, 자법은 간교하니 여우처럼 세상을 홀린 것이다. 마땅히 아첨하는 사람과 같이 생각하고 단절해야 하며, 마땅히 음성과 난색으로 여겨서 멀리해야만 한다. 맹부의 서법은 참된 서법을 대단히 어지럽히는데다가 용렬하며 속되기 때문에 고명한 사람은 본받아서는 안 된다.[156]

이처럼 이서는 『필결』의 저술 동기를 조맹부체의 폐단과 정법이 무너진 시대의 위기를 극복하기 위함이었다고 밝혔다. 즉 '동국진체'는 이서가 조맹부체의 폐단과 정법이 무너진 시대의 위기를 극복하기 위하여 이를 비판하면서 자기의 독특한 한국적인 개성을 전개시킨 것으로 평가할 수 있다.[157] 또한 이서의 서예 연원과 서체의 독창성 및 서풍의 경지와 후대에의 영향력 등을 입증하는 내용이 『홍도선생유고부록弘道先生遺稿附錄』에 다음과 같이 나타나 있다.

> 선생(이서)은 필법에서 깊이 오묘한 경지에 들어갔다. 이것은 매산공梅山公 연행시燕行時에 왕희지의 친필인 「악의론樂毅論」을 구득해 온 이후에 이를 연마하여 득력하게 된 것이다. 대자와 해서, 행서 및 과초(窠草)는 모두 정체이며, 글자가 클수록 획은 더욱 웅걸하여, 마치 은구銀鉤와 철삭鐵索이 종횡으로 움직여도 엉키지 않는 듯하고, 태산과 교악이 하늘 높이 솟아올라 우뚝한 모습 같아 기세가 웅장하고 체상體像이 엄정하였다. 사람들이 얻고는 글자마다 보배로 여기고, 옥동체玉洞體라고 불렀다.

156) 李溆, 『筆訣』, 「論孟頫」, "心術不正, 悖於正法, 故畫法回邪. 字法奸巧, 所以狐媚於世, 當如佞人而絶之, 當如淫聲亂色而遠之可也. 孟頫之法亂眞極矣, 庸俗敎高明者有所不取."

157) 金基昇, 『한국서예사』(서울: 博英社, 1966), 203쪽 참조.

동국진체東國眞體는 옥동으로부터 시작하였고 윤두서尹斗緖(恭齋), 윤순尹淳(白下), 이광사李匡師(圓嶠) 등은 그의 영향을 받은 사람들이다.[158]

이 글을 통하여 이서가 왕희지의 「악의론」을 독실하게 연마한 후 해서와 행서, 초서에서 자기의 서체를 확립하였으며, 이 서체를 '옥동체' 또는 '동국진체'로 명명하였음을 확인할 수 있다. 서예의 특징 또한 종횡으로 분방한 풍격을 연출하면서도 엄정함을 잃지 않았고, 웅장하고 쾌건한 기상을 지닌 독창적인 경지를 이루었다는 평이다.[159] 이러한 특징은 초서로 쓰여진 그의 〈서간書簡〉(그림 9)에서

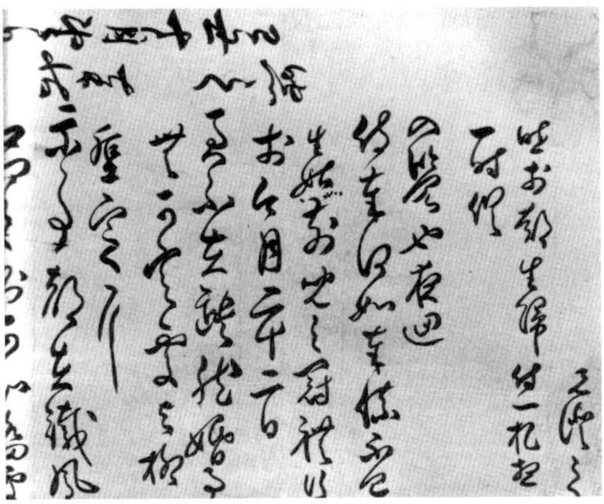

<그림 9> 李漵, <書簡>

---

158) 李漵, 『弘道先生遺稿附錄』, 「行狀」. "先生於筆法, 亦深造其妙. 盖梅山公使燕時, 購王右軍親筆樂毅論以來, 故先生實得力於此. 大字與楷體與行書與窠草, 皆眞正正體, 而字愈大而畫愈雄傑, 如銀鉤鐵索縱橫而不錯, 泰山喬嶽峻天而特立, 氣勢雄壯, 體像嚴正, 國人得之, 字字寶重, 號爲玉洞體. 東國眞體, 自玉洞始, 而尹恭齋·白下·圓嶠皆其餘體也."

159) 문정자, 「이서와 이광사의 예술론 연구」(박사학위논문, 단국대학교, 1999), 14- 21쪽 참조.

잘 드러나고 있다.

이서는 글씨(書)의 정신성을 단순히 그저 사람의 마음에만 둔 것이 아니고, 천지자연과 우주의 변함없는 질서에 계합하는 성인의 마음을 요구하는 것으로 보았다. 이는 천인합일의 경지를 이루는 지고한 마음상태, 이른 바 중정中正의 마음상태를 지향하는 마음인 것이다. 그러한 마음의 기반 위에서 글씨가 이루어질 때, 이 글씨 또한 하나의 도道로 존재하게 되는 것이다. 또 이서는 모방과 창신이라는 주제에 대해서도 이렇게 언급하고 있다.

> 반드시 그 심법을 연구해야 하고 일체 자획을 모방하려고 하지 말아야 한다. (모방만 하면) 산가지를 늘어놓은 것과 같고 죽은 획이 되어 서노書奴가 될 우려가 있기 때문이다. 옛말에 "가장 높은 경지는 신神을 전하는 것이고, 다음은 의意를 전하는 것이고, 그 다음이 형태를 전하는 것이다" 라고 하였다. 형태를 전한다고 하는 것이 의양依樣이 아니겠는가.160)

그는 서예의 조형에서 가장 높은 경지를 전신傳神으로 설정하였고, 가장 낮은 경지는 형태를 전하는 의양에 두었다. 전신을 중시하는 전통은 매우 오래 되었는데, 전한前漢시기의 『회남자淮南子』에서도 이미 회화에서 신사神似를 강조하였고, 이후 송대宋代에 와서는 구양수歐陽脩·소식蘇軾·황정견黃庭堅을 중심으로 하여 신사를 최고로 중시하는 문인심미관을 확고하게 형성하였다.161) 이와 같이 이서의 『필결』은 천문天文과 인문人文의 일치라는 동양 철학적 인식을 바탕

160) 李溆, 앞의 책, 「論作字法」. "必須繹其心法, 切勿依樣字畫. 恐爲算字, 恐爲死畫, 恐爲書奴. 古語曰, 太上傳神, 其次傳意 其次傳形, 傳形非依樣乎."

161) 葛路, 앞의 책, 11-17쪽 참조.

으로 그만의 독창적인 예술 미학을 전개해 나간 것으로써 가치를 지닌다.

이서로부터 시작된 동국진체의 서체를 완성시킨 사람은 이광사李匡師이다. 이광사는 명필 집안의 후예로서 윤순尹淳에게 사사하고, 30세 이후에는 왕희지와 위진魏晉시기의 고법을 학습하여 40세 이후 필명을 날린 사람으로서 그의 서예미학을 대표하는 것은 서예이론서인 『서결書訣』이다. 『서결』의 주요 내용은, 〈필진도筆陳圖〉의 위작 여부와, 각종의 비석에 대한 견해, 왕희지에 대한 인식, 당唐이나 송대宋代 사람들의 서평書評, 조선인들에 대한 논평論評 등이다. 그는 〈필진도〉에 대해 이렇게 말하고 있다.

> 〈필진도筆陳圖〉는 위부인衛夫人의 작품이다. 세상에 유행하는 〈희지필진도羲之筆陳圖〉라는 첩帖은 바로 왕희지(右軍)의 제후題後로 말을 요약한 것일 뿐이며, 진짜 〈필진도〉가 아니다. 어찌 왕희지 자신이 스스로 쓰고 나서 그 제목을 〈희지필진도〉라고 칭하였겠는가?[162]

나아가 이광사는 '이러한 사실을 미처 모르고, 왕희지가 합작한 것으로 믿고 이것을 임모臨摹하여 글씨를 배우는 사람들을 얽매이게 하니 슬픈 일'이라고 한탄하고 있다. 여러 비석에 관한 견해로는 〈석고문石古文〉과 이사李斯의 전서篆書를 높게 평가하였고, 우리나라에는 예서가 전해진 적이 없는데, 〈예기비禮器碑〉와 〈수선비受禪碑〉를 선호하면서도 한 번도 임모해 보지 못했다고 한다. 왕희지의 서체에 대해서는 특히 〈난정서〉의 운필을 선호하였음을 알 수 있다.

---

162) 李匡師, 『書訣』, "筆陳圖卽上衛夫人所作. 世行羲之筆陳圖帖, 卽此右軍題後, 吾之撮略者, 非筆陳圖也. 豈有右軍, 自作書之, 而首稱曰, 羲之筆陳圖也."

그리고 이광사는 당·송 사람들의 서품평書品評에 대해서는 다음과 같이 말한다.

> 요즘 사람이 어찌 구양순歐陽詢의 높은 재주를 논하겠는가만 그는 시세時世에 얽매여 '조균점획調均點畫'·'상하균평上下均平' 등의 말에 따라 방판일률方板一律한 글씨를 썼다. 왕희지의 어느 글씨를 보아도 이러한 식의 글씨는 아니며, 안진경顔眞卿·유공권柳公權 등 여러 사람들도 모두 이러한 투套를 따랐다. 그러나 당인唐人의 화의는 경건함을 잃지 않았으나, 송·원 이후에 이르면, 화의가 천속淺俗하며 오로지 유려함을 따르니, 서도書道의 그릇됨이 극에 달하였다. (이는) 내가 당 이후의 글씨를 언급하지 않으려는 이유이다.163)

당나라 사람들의 글씨는 적어도 그 경건함을 잃지는 않았으나, 송·원대 이후에 이르게 되면 글씨가 천속하고 연미함을 따르게 되니 이에 대한 비판을 하며, 따라서 자신의 글씨는 왕희지체를 조종으로 한 '동국진체'와 같이 분방하면서도 엄정함을 잃지 않고, 경건한 획법을 구사함을 강조한 내용이다. 이러한 특징이 잘 드러나는 작품은 행서로 쓴 그의 〈서간書簡〉(그림 10)에서 찾을 수 있다.

---

163) 위의 책, 같은 곳, "今人, 豈足論以歐陽詢之高才, 猶局於時世, 內有調均點畫, 上下均平等語, 而作方板一律之畫. 悉踏右軍, 不是書之科, 顔柳諸公, 皆承此套. 然唐人畫意, 猶不失勁健, 逮宋元以來, 竝畫意淺俗, 專事柔媚, 書道之僞極矣. 吾所以自唐以後, 不欲稱載者也."

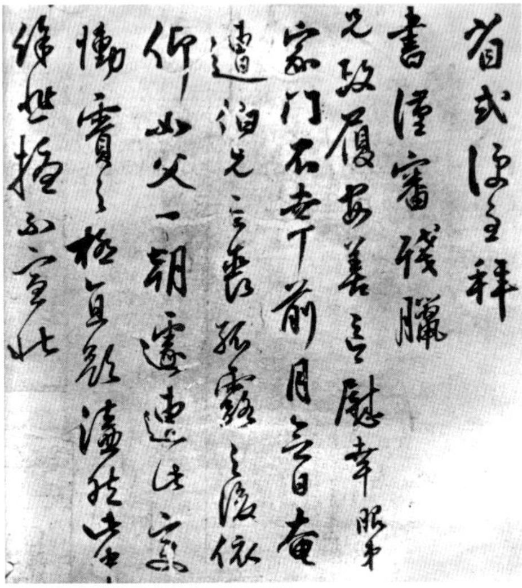

<그림 10> 李匡師, <書簡>

이 서체에서 나타나는 특징은 위에서 제시한 옥동 이서의 초서 〈서간書簡〉의 특징과 유사함을 알 수 있다. 곧 '동국진체'의 특징이라고 할 수 있는 분방한 풍격을 연출하면서도 엄정함을 잃지 않고 있다. 또 작품에서 나타나는 성정이 귀족적이고 사대부적인 세련됨과 아울러 당나라 서체의 특징이라고 할 수 있는 웅장하고 경건한 획법을 구사하고 있음을 확인할 수 있는 작품이다.

또한 이광사는 우리나라 서예에 대해 신라의 김생金生을 동국필법의 종宗으로 보고, 영업靈業, 탄연坦然과 한호韓濩(石峯, 1543~1605)을 상찬한 반면, 송설체를 추종했던 안평대군의 글씨는 폄하하고 있다. 이러한 이광사의 『서결』의 내용은 훗날 김정희에 의해 강력한 비판을 받게 된다. 그 요지는 이광사의 동국진체 역시 「악의론樂毅論」·「유교경遺教經」·「황정경黃庭經」 등 왕희지 서체를 조첩祖帖으로 하여 창안한 서체인데, 사실 왕희지의 글씨는 오래 전에 없어졌고, 우리가 알고 있는 왕희지 법첩은 판각에 판각을 거듭하면서 변질되어, 사실상 왕희지의 원적과는 매우 거리가 먼 것이라는 것이다.[164] 즉 이 역시 당나라 이후 지금까지 수없이 주장해 왔던 '다시 올바른 왕희지로 돌아가자'는 첩학의 주장과 다를 바 없으며, 더 나아가 올바른 식견도 없이 변질된 왕희지 서체를 조첩으로 삼았기 때문에 강력한 비판을 하게 된 것이다.

그러나 초기에는 김정희 역시 이러한 시대적 조류 속에서 자유로울 수 없었다. 그의 유년기 서체에 나타난 단정한 결구와 전아한 운필법은 동국진체의 특징이 잘 드러난 것이며, 따라서 김정희의 초기 글씨체는 가업으로부터 배운 동국진체였다고 할 수 있다. 청나라에 다녀온 후에야 김정희의 서체는 일대 변혁을 겪게 된다.

당시 청나라에서는 고증학이 발전하여 전기 고증학이 정리되고, 또 비문의 서체연구를 통하여 서체의 예술성을 재발견하려는 비학운동이 활발하게 일어났으며, 그 대표자가 바로 옹방강과 완원이다. 김정희는 옹방강과 완원의 서학이론에 감명을 받고, 금석학에 바탕을 둔 서예수련만이 자신이 가야 할 길이라는 것을 깨닫는다. 그래서 그 동안 자신만만했던 자신의 서예에 자괴감을 느끼고, 이와 같이 조선 서예계를 망친 것은 원교 이광사의 잘못된 가르침인 「원교서결」 때문이라고 생각하여 「원교서결후圓嶠書訣後」에서 그 잘못을 지적하여 논박하였던 것이다.[165]

164) 유홍준, 『완당평전』, 320-324쪽 참조.
165) 최완수, 「추사실기-그 파란의 생애와 예술」, 201쪽 참조.

2) 〈추사체〉의 예술사적 의미

완당 김정희의 서예를 〈추사체〉라고 한다. 이 〈추사체〉는 지금도 많은 사람들에게 칭송되고 있으며 중요한 학습 대상으로 사용되고 있다. 그러나 〈추사체〉가 왜 위대하고 또 많은 사람들에게 칭송되고 어떤 미학적 특징을 가지고 있는지에 대한 구체적인 분석은 찾아보기 어렵다.

어떤 작품이 위대하고 훌륭하다는 평가를 얻는 것은 당시 역사적 배경을 극복하고 자신의 독특한 예술세계를 열었을 때 가능한 것이다. 더 나아가 많은 사람들에게 영향을 끼쳐 한 시대를 풍미하고 그러한 풍이 예술사적 가치가 높을 때 가능한 것이다. 이런 점에서 김정희의 〈추사체〉는 당시의 한계를 극복하고 새로운 예술적 미학을 서예를 통해 구현해 내었기 때문에 위대하다고 할 수 있다.

그러나 다른 한편으로 서예는 예로부터 미학적 특징보다도 도덕과 인품을 중요시 여겼다. 서예미학은 서예를 통하여 그 사람의 식견을 알 수 있다는 것을 강조한다. 이러한 강조는 '서여기인書如其人' 이라는 말로 표현된다. 유희재劉熙載는 "글씨라는 것은 같은 것이다. 바로 그 사람의 학문과 같고, 재주와 같고, 뜻과 같은 것이니, 이것을 종합하여 말하면, 바로 그 사람과 같은 것일 따름이다."[166] 라 하여 학문과 수양이 서예에 있어서 중요한 요소가 된다는 것을 말하고 있다.

이러한 인식은 서예의 예술적 가치를 평가하는 중요한 기준으로 작용하여 왔으며, 아무리 훌륭하고 좋은 글씨라도 그 사람이 살아온

166) 劉熙載, 『藝概』, "書, 如也. 如其學, 如其才, 如其志, 總之曰, 如其人而已."

처세에 따라서 달리 평가될 수 있는 근거를 제공하였다. 중국의 조맹부가 그러하고 우리나라의 이완용이 그러하다. 이들의 작품은 한때 크게 유행하고 훌륭한 작품으로 칭송되기도 했지만 결국 후대에 좋은 평을 받지 못하였다. 조맹부의 경우 송나라 왕실의 한사람으로서 원나라에 귀의했다는 사실이 유학의 '불사이군不師二君'의 정신에 어긋난다고 인식되었기 때문인데, 이는 이완용 역시 마찬가지이다.

김정희의 예술사적 의의도 이러한 측면에서 찾아 볼 수도 있다. 완당은 10년이란 귀양살이에도 불구하고 그의 의지를 굽히지 않는 선비정신이 작품으로 구현되고, 이러한 작품을 통해서 그를 추종하는 사람들이 '추사파'를 형성하여 한 시대의 화풍을 만들어 갔던 것이다. 그러나 다른 한편으로 이러한 칭송에 가려서 〈추사체〉의 진짜 면모를 보지 못한다면 이 역시 잘못된 것이다. 이를 분석하기 위해서는 당시 중국과 우리나라 서예를 살펴보고 완당의 〈추사체〉는 무엇을 극복하고 무엇을 계승하였는지를 살펴보아야 할 것이다.

앞에서 살펴보았듯이 〈추사체〉는 중국과 우리나라 서예의 발전과정에 있어서 그 연관선상에 서 있다. 중국의 서예는 왕희지를 조종으로 한 첩학帖學의 시대에서 청나라 이후 서예의 본래의 원초적인 미를 강조한 비학碑學의 시대로 이행되었으며, 김정희는 입연入燕 후 옹방강과 완원을 통해 이 비학파의 영향을 직접적으로 받고 있다. 그는 실증을 강조하는 고증학적 태도와 학예일치의 예술정신을 수용하고, 이런 관점에서 당시 조선의 서단을 신랄하게 비판하였으며, 자신이 연경에서 직접 눈으로 보고 체험하였던 자료들을 바탕으로 하여 서체의 원초적인 미를 추구하는 새로운 서체를 창조해 내고자 하였다.

완당이 이러한 비판적 안목을 가지고 독특한 〈추사체〉를 만들어 낸 것은 절차탁마의 노력도 있었지만, 당시 중국의 석학자인 옹방강의 영향이 컸다고 할 수 있다. 그렇다고 단순히 옹방강의 서체를 그대로 답습한 것이 아니라, 옹방강의 한송불분론을 적극 수용하여 이를 서체에 적용시킴으로써 자신만의 독특한 서체를 개발한 것이 〈추사체〉의 위대함이라고 할 수 있다.

그는 연경에 다녀온 이후부터 주로 옹방강의 서론에 입각하여 꾸준히 수련을 하면서 몇 단계의 변화를 거치게 된다. 그는 "나의 글씨는 비록 자랑할 만한 것은 못 되지만 70평생에 열 개의 벼루를 닳아 없앴고, 천 자루의 붓을 몽당붓으로 만들었다"[167]라고 자평할 정도로 절차탁마의 길을 걸어왔으며, 서예의 조종이라고 할 수 있는 왕희지체를 넘어서, 왕희지체의 바탕이 되는 예서를 깊이 연구하여, 자신의 독특한 서체인 '추사체'를 창안하였다.

이러한 〈추사체〉의 형성과정을 시기별로 나누어보면 첫째, 연경에 가기 전까지. 둘째, 연경에 다녀온 후 제주도에 유배를 가기까지. 셋째, 제주도 유배시절. 넷째, 해배이후 71세의 나이로 사망할 때까지의 네 시기로 구분할 수 있다. 먼저 유년기에 나타나는 글씨체를 보면, 자형의 단정한 결구와 전아한 운필법은 오히려 가업을 통하여 배운 조선 특유의 '동국진체'에 가깝다. 그것은 여덟 살 무렵에 쓴 〈부친에게 보낸 편지〉(그림 11)를 보면 알 수 있다.이 글씨는 해서체로 또박또박 정성들여 쓴 글씨로, 방정하고 엄정함을 잃지 않으려고 애쓴 흔적이 역력히 보이는 작품이다. 임창순 선생의 증언에 의

167) 김정희, 앞의 책, 卷3, 「與權彝齋」, "吾書雖不足言, 七十年, 磨穿十硯, 禿盡千毫."

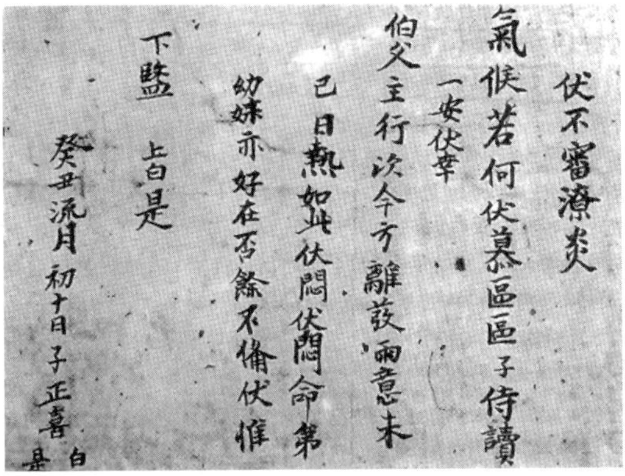

伏不審潦炎
氣候若何伏慕區區子侍讀
一安伏幸
伯父主行次今方離發而意未
已日熱如此伏悶伏悶命弟
幼妹亦好在否餘不備伏惟
下監 上白是
癸丑流月初十日子正喜白是

<그림 11> 金正喜, <부친에게 보내는 편지>

하면 추사의 가전家傳 유품을 살피다보니, 초년엔 안진경체를 많이 쓴 흔적이 있다고 했는데, 이 글씨에서는 그런 안진경체를 직접 느낄 수 없어 초년에도 각 서체를 아울러 연습한 것이 아니었나 하고 추정해 볼 수 있다.168)

김정희는 24세 때 직접 연경에 가서 고명한 학자에게 학론學論을 말할 수 있었고, 이를 통하여 보다 깊고 정확한 견해를 갖게 되었을 뿐 아니라 보다 많은 문물과 고적을 접함으로써 넓은 견문을 갖게 되었다. 따라서 연경에 다녀온 후부터 조선의 서체를 적극 비판하면서 새로운 변화를 모색하였다고 할 수 있겠으나 31세 때 쓴 〈이위정기以威亭記〉(그림 12)를 보면, 아직까지 완당 자신의 서체에는 큰 변화가 없고, 이전의 글씨와 비슷함을 알 수 있다.

168) 유홍준, 『완당평전』, 44쪽 참조.

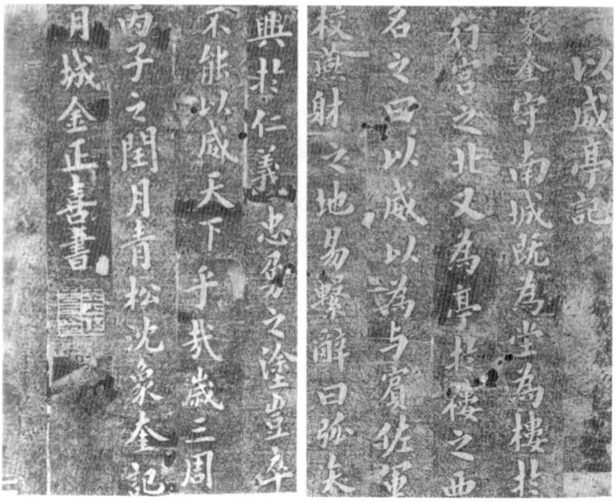

<그림 12> 金正喜, <以威亭記>

이 서체는 옹방강의 해서를 옮겨놓은 듯하지만, 그럼에도 서체에서 느껴지는 단정한 풍미는 여전히 가업으로부터 물려받은 특징을 드러내고 있다. 그러나 37세 때 쓴 〈직성유궐하直聲留闕下〉(그림 13)에는 예서를 바탕으로 한 추사체의 면목이 비로소 조금씩 나타나기 시작한다. 곧이어 38세 때 쓴 〈허천기적시권발문虛川記蹟詩卷跋文〉(그림14)의 필체 역시 이와 같으니, 30대 후반에 이르러서 추사체의 기틀이 마련되었다고 보는 것이 합당할 것이다.

<그림 13> 金正喜, <直聲留闕下>

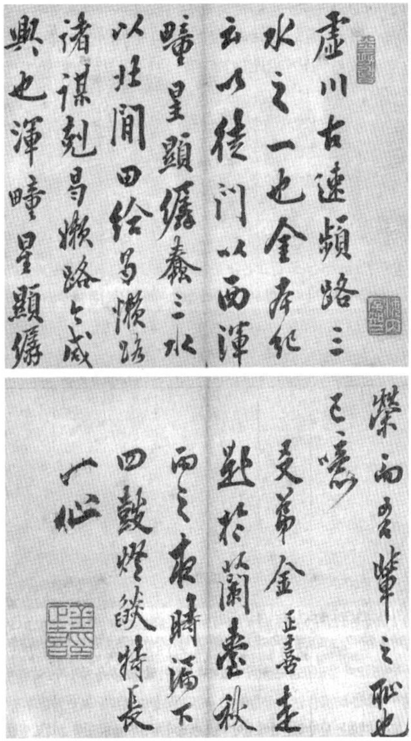

<그림 14> 金正喜, <虛川記蹟詩卷跋文>

김정희는 나이 55세에 동지부사로 임명을 받았으나 사행을 떠나기도 전에 윤상도 옥사에 휩쓸려 제주도로 위리안치 되고, 9년에 걸친 유배생활을 하게 된다. 이때 귀양가던 중에 남원에서 그린 〈모질도耄耋圖〉(그림 15)와 〈무량수각无量壽閣〉(그림 16), 그리고 제주도에서 창작한 〈세한도歲寒圖〉와 〈일로향실一爐香室〉(그림 17) 등의 작품이 이 시기 그의 대표작으로 꼽힌다.

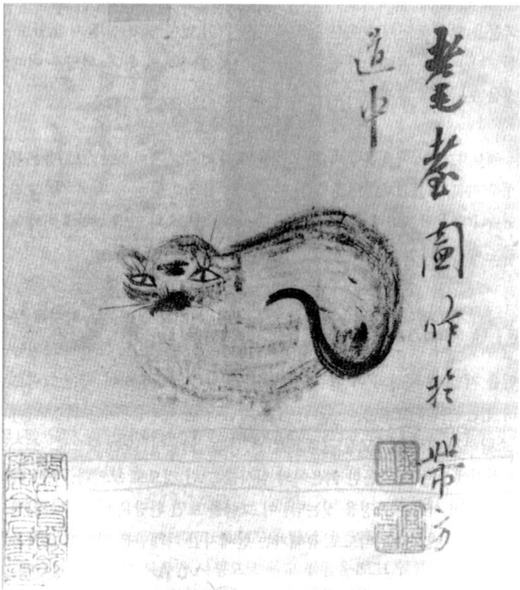

<그림 15> 金正喜, <耄耋圖>

〈무량수각无量壽閣〉은 대둔사 대웅보전 오른쪽에 있는 선방 건물로, 김정희가 제주도로 유배가면서 현판글씨를 써 준 것이다. 예서체에 멋을 한껏 넣었는데 획이 대단히 기름지고 윤기가 나는 작품으로 획이 굵고 여백을 아주 적게 하여 량量자와 수壽자 그리고 각閣자의 문門자 부분의 여백을 거의 두지 않고 있다. 이는 전각에서 주로 보이는 백문인의 결구방법과 비슷하며, 이러한 방법은 등석여의 작품에서도 많이 나타나는 현상이다. 획이 굵고 기름진 것은 전서의 필의에 예서의 고졸함을 동시에 표현하고자 한 것이며, 또한 파임 부분은 짧게 함으로써 무거우면서도 강한 느낌을 주는 작품이라고 할 수 있다.

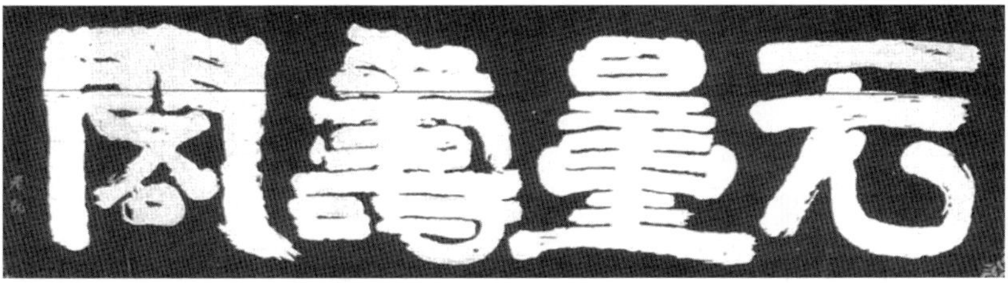

<그림 16> 金正喜, <无量壽閣>

제주도 유배 중에 썼다는 〈일로향실一爐香室〉은 김정희가 대둔사 일지암 초의선사에게 써 준 현판이다. 유홍준은 이 글씨에 대해 "예서체 중에서도 전한 시대의 고졸하면서도 힘있는 글씨체를 기본으로 하면서 글자의 구성을 현대적인 감각으로 디자인해 추사체의 참 맛을 느끼게 한다" 라고 평가하였다. 이 글씨의 결구를 보면, 위쪽 부분은 높낮이를 가지런하게 맞추고 아래 부분은 이를 고려하지 않고 있는데, 김정희의 현판 글씨는 대개 이와 같은 스타일을 취하고 있다.

<그림 17> 金正喜, <一爐香室>

이 글의 배자를 살펴보면, 일자一字를 중앙에 배치하지 않고 상단에 배치시킴으로써 공간을 크게 활용하여 시원한 느낌을 주었다. 또

노자爐字의 좌측 변에 있는 화火변을 적게 하고 우측의 노盧변를 크게 배치한 것은 노자爐字와 향자香字 사이가 복잡하고 답답한 것을 해소한 것이라고 할 수 있다. 그리고 향자香字 위의 화禾변을 강하고 크게 하고 아래 일日변를 적게 하는 대신에 획을 밖으로 확장시켜 아래 부분의 허전함을 보완하고 있다. 여기에 맞추어 실자室字의 갓머리 부분을 약하게 하고, 아래 부분을 강하게 함으로써 자형의 안정감을 높여준다. 이와 같이 〈일로향실〉은 자형의 공간 포치를 통하여 안정감을 확보하고, 전서와 예서의 필의를 동시에 활용한 독특한 서체임을 확인할 수 있다. 또다른 대표작인 〈세한도〉에 대해서는 다음 장에서 보다 자세히 분석해 보도록 하겠다.

김정희는 64세의 나이로 해배解配되어 제주도에서 귀경할 수 있었으나 얼마 지나지 않아 다시 북청으로 유배되었고, 68세가 되어서야 비로소 풀려나 자유의 몸이 되었다. 15년에 걸친 정치적 핍박에 따른 고난의 세월을 보낸 다음에는 아예 관직에 뜻을 두지 않고, 서울 근교의 과천에 칩거하면서 많은 작품을 남겼는데, 이 때에 이르면 그야말로 완숙한 경지에 오른 예술미를 보여주고 있다. 특히 그 서법이 탁월한 서론에 근거하고 있고, 각 서체에 걸쳐져 있어 당시는 물론이고 시대를 지날수록 더욱 빛나게 된다. 이 당시의 대표작품으로는 〈잔서완석루殘書頑石樓〉, 〈불이선란不二禪蘭〉, 〈판전板殿〉등이 있는데, 작품에 대한 평가는 뒤에서 자세히 다루기로 하겠다. 이상에서 살펴본 것과 같이 김정희는 전 생애에 걸쳐 자신의 필체를 완성해 나가는 데 심혈을 쏟았으며, 전형적인 〈추사체〉는 제주도 유배 이후 과천에 칩거하면서 완성되었다고 할 수 있다.

그동안 학계나 서계에서 추사체의 특징에 대한 많은 연구와 분석이 있어 왔는데, 이 가운데 중요한 것을 정리해 보면 추사체는 대체로 다음과 같은 몇 가지 특징을 지니고 있는 것으로 이해된다.

첫째, 추사체는 하나의 서체가 아니라, 여러 서체의 장점을 취합한 종합된 서체이다.

이러한 특징에 대해 최완수는 "추사체는 단계적인 탁마수련의 결과로 이루어진 것이며, 일조일석에 갑자기 이룩된 것이 아니다. 그래서 글씨 속에는 여러 체의 특징이 자재로이 구사되나 조금의 위화감도 없이 혼연일체의 빛을 발하게 되는데, 흉중에 만 권의 책을 담고 팔뚝 아래 309비碑를 갖추었기 때문에 이와 같은 단계적인 수련을 거쳐 독자일문의 지고한 예술경지를 이룩할 수 있었던 것이다."[169]라고 하였고, 차광진은 "추사체는 금석고증학을 바탕으로 법고창신의 서체미, 서예의 도가 하나되는 일체미, 그리고 문자향·서권기의 정신이 일관되고 줄기찬 절차탁마의 인고를 통해 이론과 실제가 겸수됨으로서 독창적으로 창출된 미의 세계라고 할 수 있고, 하나의 체에 국한하지 않고 오체五體의 필의를 회통시키는 독창적인 개성미의 표출을 통해 참다운 괴怪의 미를 발현시켰다."[170]라고 평가하고 있다.

둘째, 필획이 강하고 특히 공간포치에 대한 조형성이 탁월하다.

이러한 특징에 대해 임창순은 "그의 작품은 점과 획의 운용이 강

169) 최완수, 「김추사와 금석학」, 『간송문화』 제19호(서울: 한국민족미술연구소, 1981), 84쪽.

170) 차광진, 「秋史 金正喜의 書藝美學 硏究」(박사학위논문, 성균관대학교, 2000), 133쪽.

철과 같은 힘을 가졌고, 공간 포치에 대한 구상은 모두 다 평범을 초월한 창의력이 넘친다. 그대로 현대회화와 공통되는 조형미를 갖추었으니, 이는 과거의 어느 작가도 시도해보지 못한 새로운 경지이다. 그러므로 당시에도 전통만 지키는 사람들에게는 비난을 받기도 하였으나 반면에 그의 글씨를 구하는 사람이 점점 늘어났고 세월이 흐를수록 심미안을 가진 많은 사람들의 열렬한 공감을 얻어 그의 진가는 더욱 높아지고 있다."[171]라고 하였다.

셋째, 자신의 감정을 억제하지 않고, 적극적으로 표현함으로써 작가의 독창적인 개성을 강조하였다.

이런 특징에 대해 이동주는 "자기 자신만을 위하여 썼다는 것, 울적한 심사를 달래려고 썼건 그걸 쏟아내려고 썼건, 원래 예술로서 글씨란 남을 위하여 혹은 남에게 보여주기 위해서 쓰는 것인데 이제는 그런 제3의 계기를 차단해버린 셈이죠. 즉 자기 멋대로, 맘대로 해도 누가 뭐랄 사람도 없고, 부끄러울 것도 없었던 것이죠. 그러니까 그런 괴이한 개성이 나온 거 아니겠어요."[172]라고 했고, 임창순은 "청고고아한 서품이 일변하여 기굴 분방한 자태를 보이기 시작하여 세인을 놀라게 하였다. 전통적인 글씨가 의관을 단정히 차린 도학군자와 같다면 완당의 글씨는 예절과 형식을 무시한 장난꾼처럼 보였을 것이다. 곧 그의 희노애락의 감정이 그대로 붓을 통하여 표현된 것이다. 여기에서 비로소 작자의 개성이 살아 있고 붓을 잡았을 때의 작자의 감정이 그대로 살아 있는 것이다."[173]라고 표현

---

171) 임창순, 「한국서예사에 있어서 추사의 위치」, 『추사 김정희』, 한국의 미 17(서울: 중앙일보사, 1985), 181쪽.

172) 유홍준, 『완당평전』, 467쪽에서 재인용.

했다.

넷째, 이러한 독창적인 개성은 기괴奇怪함으로 나타난다.

이런 특징에 대해 유홍준은 "완당은 정통적인 순미純美·우미優美가 아니라 반대로 추醜, 미학용어로 말해서 미적 범주로서의 추미醜美를 추구했다. 즉 파격의 아름다움, 개성으로서 怪를 나타낸 것이 추사체의 본질이자 매력인 것이다."[174]라고 했고, 이동주는 "오직 자기 자신을 위해서 쓸 수 있었다는 계기가 추사체의 비밀이겠죠. 자기 자신만을 위하여 썼다는 것, 울적한 심사를 달래려고 썼건 그걸 쏟아내려고 썼건, 원래 예술로서 글씨란 남을 위하여 혹은 남에게 보여주기 위해서 쓰는 것인데 이제는 그런 제3의 계기를 차단해 버린 셈이죠. 즉 자기 멋대로, 맘대로 해도 누가 뭐랄 사람도 없고, 부끄러울 것도 없었던 것이죠. 그러니까 그런 괴이한 개성이 나온 거 아니겠어요."[175]라고 하였으며, 차광진은 "추사체는 괴기한 것이 가장 큰 특징인데 괴기함은 양주팔괴의 영향과 비학파의 영향이다. 추사는 문집 곳곳에 기굴과 괴라는 용어로 서법이론을 평하기도 한다. 추사의 이 같은 심미의식은 당시 청대 비학파들이 추구했던 준경하고 고졸한 심미의식과 그리고 자기 개성을 중시하는 양주팔괴의 심미안이 서로 조응하여 어우러져 나온 독창적인 추사만의 심미관이었다. 또한 비학파에 속한 서예가들이 전서와 예서를 해서에 이입시켜 일상적인 글자체를 추하고 굽게 만들고 고졸화하여 생명력을 한층 더 긴장시키고 응결시키는 변화의 미를 추사 역시 추구하

173) 임창순, 「한국서예사에 있어서 추사의 위치」, 181쪽.
174) 유홍준, 『완당평전』, 12쪽.
175) 유홍준, 『완당평전』, 466-7쪽에서 재인용.

였던 것이다."[176]라고 하였다.

다섯째, 또한 기괴함만으로 끝나지 않고 법도의 지극함을 담고 있다. 즉 법도를 떠나지 않으면서 법도에 구속받지도 않는 경지를 나타내고 있다.

이런 특징에 대해 유최진은 "추사의 예서나 해서에 대하여 잘 알지 못하는 자들은 괴기한 글씨라 할 것이요, 알긴 알아도 대충 아는 자들은 황홀하여 그 실마리를 종잡을 수 없는 것이다. 원래 글씨의 묘를 진실로 깨달은 서예가란 법도를 떠나지 않으면서 또한 법도에 구속받지 않는 법이다. 글자의 획이 혹은 살지고 혹은 가늘며, 혹은 메마르고 혹은 기름지면서 험악하고 괴이하여 얼핏보면 옆으로 삐쳐나가고 종횡으로 비비고 바른 것 같지만, 그것에 아무런 잘못이 없는 것이다. ……마음을 격동시키고 눈을 놀라게 하여 이치를 따져본다는 게 불가하다. 마치 머리를 산발하고 의복을 함부로 걸쳐서 예법으로는 구속할 수 없는 것과 같았다. 감히 비유해서 말하자면 불가, 도가에서 세속을 바로 잡고자 훌쩍 세속을 벗어남과 같다할 것이다."[177]라고 하였고, 박규수는 "추사체는 옛 법에 얽매이는 태도를 다 벗어버리고 여러 대가의 장법을 모아서 스스로 일법을 이루게 되니 신이 오는 듯, 기가 오는 듯, 드넓은 바다이듯, 출렁이는 바다의 조류이듯 하였다. 다만 문장가들만이 그렇게 생각한 것이 아니었다. 이것을 알지 못하는 자들은 혹 호방하다고 생각하니, 그것이 오히려 근엄의 극치임을 모르더라. 그래서 나는 후생 소년들에게 완당의 글씨를 가볍고 쉽게 배워서는 안 된다고 한 것이다."[178]라

176) 차광진, 앞의 논문, 128쪽.

177) 유최진, 『樵山雜著』, 차광진, 위의 논문, 129쪽에서 재인용.

고 평가하였다.

위에서 언급한 다섯 가지 특징을 정리해 보면 추사체는 여러 서체의 장점을 단순히 종합하기만 한 것이 아니라 자신의 예술적 통찰력과 개성을 발휘하여 새로운 서체를 창조한 것이며, 그 형식의 새로운 측면으로 인하여 결국 기괴함으로 드러나게 된다. 그러나 이 기괴함 속에는 이미 전통적인 법식이 깊이 뿌리내려 있다. 이것은 곧 공자가 『논어』에서 말한 '마음이 가는대로 하더라도 법도에 어긋나지 않는(從心所欲不踰矩)' 경지와도 통하는 것으로 전형적인 '법고창신法古創新'의 예술적 발현이라는 것이다. 그리고 이러한 특성이 가장 잘 표현되어 있는 대표적인 작품이 봉은사 경판전을 위해 쓴 〈판전板殿〉(그림 18)이라고 할 수 있다.

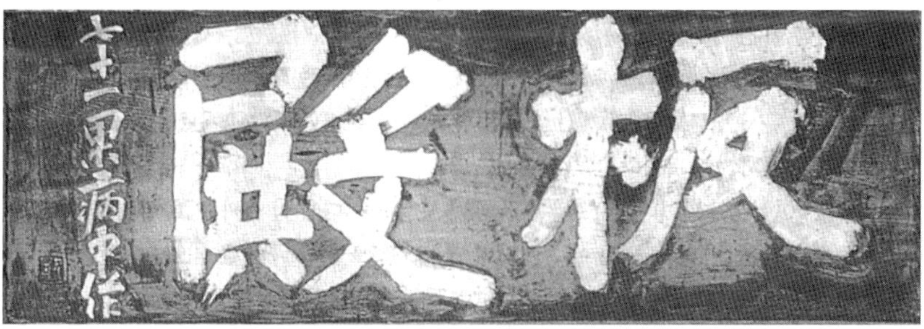

<그림 18> 金正喜, <板殿>

이 글씨는 속도를 천천히 하여 쓴 글씨이다. 잘 쓰려고 하지도 않았고, 힘 있게 쓰고자 애쓰지도 않으며, 억지로 꾸민 흔적이 없는

178) 유홍준, 『완당평전』, 462쪽에서 재인용.

글씨이다. 먹물을 적게 하여 기필과 수필부분에 붓을 오래 머물러 둠으로써 엄숙한 느낌을 주면서도 무뚝뚝한 느낌을 준다. 좌측 변과 우측 변의 크기를 달리하고 억지로 강약을 꾸미지 않았지만 저절로 강약이 나온 글씨라고 할 수 있다. 마치 글씨에서 느껴지는 표정은 어린아이의 표정 같은데, 그렇다고 천진난만한 그런 모습은 아니다. 완숙한 단계의 필획은 한 편으로는 못쓴 것 같아 보이고, 다른 한 편으로는 흉내낼 수 없는 경지에 들어선 글씨 같다. 이 글씨에 대해 유홍준은 이렇게 평가한다.

> 〈판전板殿〉의 글씨를 보면, 추사체의 졸拙함이 극치에 달해 있다. 어린아이 글씨 같기도 하고, 지팡이로 땅바닥에 쓴 것 같기도 한데, 졸拙한 것의 힘과 멋이 천연스럽게 살아 있다. 이쯤 되면 불계공졸도 뛰어넘은 경지라고나 할까. 아니면 극과 극은 만나는 것이라고나 할까. 아무튼 나로서는 감히 비평의 대상으로 삼을 수조차 없는 신령스런 작품이라고 할 수밖에 없다.[179]

여기에서 감히 비평의 대상으로 삼을 수 없는 신령스런 작품이라는 말은 다른 어떤 말보다도 극진한 것이며, 한 사람의 예술 작품에 대한 최고의 찬사이다.

그렇다면 추사체에 대한 이러한 평가는 과연 정당한 것인가? 우선 위의 평가들은 두 번째의 평가를 제외하고는 예술작품을 평가함에 있어서 구체성을 상실하고 있다. 즉 추사체에 대해 지나치게 관념적이며, 추상적인 평가만을 함으로써 탁월한 예술미를 구현하고 있다고 말할 뿐이지, 어떠한 구체적 예술미를 지니고 있는지, 또한

179) 유홍준, 『완당평전』, 761쪽.

이러한 예술미가 어디에 근거한 것인지를 설명해 내지 못하고 있는 것이다. 그리고 더 나아가 위의 평가는 원인과 결과를 뒤집어 놓는 오류를 범하고 있다고 판단된다. 추사체의 가장 큰 특징으로 평가받고 있는 '기괴함' 이란 어떤 목적을 달성하기 위한 과정에서 필연적으로 나타나게 되는 결과일 뿐이다. 그러므로 기괴함 자체가 중요한 것이 아니라, 그 결과를 낳게 한 원인, 즉 궁극적인 목적이 무엇이었는지를 분석하는 것이 더욱 중요할 것이며, 추사체의 미적 특징을 분석하는 데 있어서도 더욱 유용할 수 있을 것이다. 그것은 다음과 같은 김정희 자신의 언급을 통해 보더라도 분명해진다.

> 대개 예서를 쓰는 법은 차라리 졸박할지라도 기이함이 없어야 하고 예스럽기는 해도 괴이하지는 않아야 한다. 비록 척백戚伯·양두羊竇의 험險이라 할지라도 역시 기이하거나 괴이하지 않으니 기이함과 괴이함의 두 가지에 뜻을 두는 것은 특별히 서법에서만이 아니라 모든 것에 있어서 경계하는 것이 좋을 것이다. '방춘번맹方春番萌' 이라는 이 네 글자는 역시 기이함으로 나아갔으니, 사람이 예서에 대해 옛날의 법식을 보지 못하면 흔히 괴이함으로 나아가게 된다. 이것은 예서의 글씨체에 대해 미처 널리 보거나 많이 듣지 못하고 자기의 뜻으로 하기 때문이다. 아무리 천변만화를 한다 해도 괴이함이란 이 한 글자는 깊이 삼가고 금지하는 것이 옳을 것이다.[180)]

위의 인용문에서 확인할 수 있는 것처럼 김정희 자신은 '기괴

---

180) 김정희, 앞의 책, 卷4, 「與沈桐庵」, "大槩隷法, 寧拙無奇, 古而不怪. 雖戚伯羊竇之險, 亦不奇不怪, 奇怪二意, 不特書法, 一截戒之爲佳. 方春番萌四字, 亦犯奇調, 人隷字, 不見古法, 多犯怪. 此於隷體, 未及廣見多聞, 以意爲之. 雖千變萬化, 怪之一字, 深加禁絶可也."

함'에 대해 대단히 경계하는 태도를 견지하고 있으며, 기본적으로 부정적인 입장을 지니고 있었다고 해야 할 것이다. 그럼에도 불구하고 자기 자신의 글씨가 다른 사람들에게 '기괴함'으로 보여질 수밖에 없다는 사실에 대해서는 안타까워하면서 다음과 같이 언급한다.

> 서체는 본시 처음부터 일정한 법칙이 없고, 붓이 팔목을 따라 변하여 괴怪와 기奇가 섞여 나와서 이것이 지금의 글씨체인지 옛날의 글씨체인지 나 역시도 알지 못하며, 보는 사람들이 비웃건 꾸지람하건 그들에게 달린 것이다. 조롱을 면할 수도 없거니와 괴이하지 않으면 또한 글씨가 되지 않으니 어찌하겠는가. 구양순歐陽詢의 글씨도 역시 괴이함을 면치 못했으니 그와 더불어 함께 돌아간다면 다시 사람들의 말을 두려워할 필요가 있겠는가. 절차고折釵股나 탁벽흔坼壁痕[181]과 같은 것은 모두가 괴이함에 이른 것이며, 안진경顔眞卿의 글씨 역시 괴이하니 어찌 옛날의 괴이함은 이와 같이 많기도 한가. 다만 그 괴이한 곳이 굴원과 같이 온 세상이 다 취한 가운데 홀로 깨어 있는 격이어서 깨고 취한 분별에 따라 괴한 바를 비웃고 괴한 바를 꾸짖는 것이니 마땅히 올바른 정평이 있을 것이다. 아! 일부러 괴이함을 꾸미고자 한다면 그것이야말로 참으로 괴이한 일이다.[182]

---

181) 折釵股·坼壁痕는 서예의 용필을 말한다. 姜夔는 『續書譜』에서 "절차고란 굽는 획을 말하는데 둥글면서도 힘이 있어야 한다."라고 하였으며, 朱履貞은 『書學捷要』에서 "절차고란 비녀의 다리를 분지른 것과 같이 둥글면서도 힘이 균등하여야 한다."라고 하였다. 坼壁痕은 벽이 갈라진 흔적을 말하는 것으로 用筆의 자연스러움을 귀중하게 여긴다는 뜻이다.

182) 김정희, 앞의 책, 卷5, 「與人」, "書體, 是初無定則, 筆隨腕變, 怪奇雜出, 是今是古, 吾亦不自知, 人之笑罵從他. 不可解嘲, 不怪, 亦無以爲書耳. 歐書, 亦未免怪目, 與歐同歸, 復何恤於人耶. 如折釵股·坼壁痕, 皆怪之至, 顔書亦怪, 何古之怪, 如是多乎哉. 但其怪處, 如屈子獨醒於擧世皆醉之中, 醒醉之分, 笑所怪吠所怪者, 當有定評. 吁是欲飾怪耶, 眞可怪也."

한 편으로 '기괴함' 을 좋지 않은 것으로 보고 피하고자 하면서도 다른 한 편으로 자신의 글씨 역시 '기괴함' 으로 나타날 수밖에 없는 이러한 상황은 곧 '기괴함' 이 원래의 목적은 아니었지만, 그럼에도 그 목적을 달성하기 위한 중요한 표현 형식으로 드러날 수밖에 없음을 말하고 있는 것이다. 그렇다면 완당이 추구한 궁극적인 목적은 무엇이었는가? 그것은 바로 추사체의 첫 번째 특징으로 제시한 '모든 서체의 종합' 이라고 할 수 있다.

이러한 특징을 나타내고 있는 대표적인 글씨는 강상시절에 쓴 말년의 작품으로 〈잔서완석루殘書頑石樓〉(그림 19)를 들 수 있다. 이 글씨는 오체가 하나의 글씨 속에 동시에 표현된 작품이다. 잔殘과 서書는 전서篆書의 자형을 쓰고 있으며, 운필방법도 소전小篆의 필의를 살리고 있다. 가로획은 대체로 해서의 운필법을 사용하고 세로획은 전서의 운필법을 사용하고 있다. 또 루樓의 계집녀(女)변은 행서의 운필법으로 쓰고 있다. 특정한 획을 도출시켜 힘과 세를 취하였으며, 변의 축소에 따른 상양相讓 결구법을 사용하고 있다.

<그림 19> 金正喜, <殘書頑石樓>

잔殘은 우측 변을 적고 복잡하게 쓰고 좌측 변은 강하고 크게 썼다. 이는 주객을 전도시켜 긴장감을 더욱 고조시키기 위함이라고 할

수 있다. 서書의 자형은 전서의 자형을 사용하여 기필起筆 부분은 예서隸書의 운필과 해서楷書의 운필을 동시에 사용하였으며 위의 변을 크게 하고 아래쪽의 변을 작게 하여 변화를 줌으로써 자형이 불안한 느낌을 주는 것도 긴장감을 고조시키기 위한 방법이다. 대신에 완頑자는 우측 변과 좌측 변을 비슷한 크기로 배치함으로써 느긋함과 안정감을 주었다. 석石자는 세로획의 기필 부분을 안진경체의 운필법으로 사용하였고, 입구(口)변을 아주 작게 배치함으로써 복잡한 다른 글자와 균형을 맞추고 있다. 루樓자는 잔殘자와 반대로 우측의 변을 양보하여 작고 간략하게 쓰고, 우측의 변을 크게 썼다. 또 우측 변 아래 계집녀(女) 변은 행서行書의 필의를 사용하였다.

그러므로 처음과 끝은 강하고 안정감이 있게 쓰고, 그 사이 서書자와 석石자는 흐트러뜨려서 감상자로 하여금 긴장감을 고조시키고 있다. 전체적인 구도에 있어 윗부분을 가지런하게 하고, 아래 부분은 들쭉날쭉하게 한 것은 예서의 결구법을 적용한 구도이니, 이는 팔분八分 예서의 특징을 잘 살린 작품이라고 할 수 있다. 임창순 선생은 이 글씨를 다음과 같이 평하고 있다.

> 이 글씨에는 전서·예서·해서·행서의 필법이 다 갖추어 있음을 볼 수 있다. 경쾌한 운필이 아니라, 오히려 중후한 맛을 풍긴다. 글씨 전체의 구도를 보면, 위쪽은 가로획을 살려 가지런함을 나타냈고, 하부는 여러 가지 형태의 세로획을 들쭉날쭉하게 써서, 고르지 않지만 전체의 조화는 잘 이루어져 있다. 이런 구도는 일찍이 다른 서예가들이 상상조차 할 수 없었던 새로운 형태이다." 183)

183) 임창순, 「한국 서예사에 있어서 추사의 위치」. 유홍준, 『완당평전』, 576쪽에서 재인용.

이러한 평가는 또한 추사체에 대한 가장 기본적이고 일반적인 평가이기도 하다. 즉 '여러 서체의 장점을 취합한 종합적 서체' 라는 평가는 그의 학문관의 핵심인 '한송절충론' 의 연장이라고 할 수 있는데, 한송절충론이란 한학漢學(經學, 實學)과 송학宋學(朱子學, 義理學)의 장점을 취합해서 유학의 궁극적 목표인 성인의 경지에 이르고자 하는 것이다. 김정희는 이러한 학문적 입장을 서예에 적용하여 각 서체의 장점을 취합함으로써 여러 서체를 회통시키고자 한 것이다.

그러므로 추사체를 통해 김정희가 궁극적으로 지향한 목적은 한송절충론적 사유에 의해 오체를 종합하고자 한 것이지, 자유분방한 개성의 발현으로서 기괴함을 목적으로 하지는 않았다. 이런 관점에서 보았을 때 '추사체는 한대漢代 팔분서八分書의 예술성이 가장 탁월한 것을 알고, 예서에 바탕해서 모든 글씨에 예서가 상호 침투되어 있다' 는 평가를 진정으로 이해할 수 있게 된다. 이것은 곧 한송절충론에서 주장하는 것처럼 한학과 송학이 단절된 것이 아니라, 송학 속에서 한학을 찾아내는 것과 같은 것이다. 따라서 이는 예서에 바탕해서 그 속에 오체五體가 모두 구현되는 '서체절충론書體折衷論' 이라고 할 수 있다.

그렇다면 왜 그 결과가 '기괴함' 으로 나타나게 되는가? 그 원인은 다음과 같다. 서예의 일반적 특징은 두 가지 성질을 가지고 있는데, 하나는 기록성記錄性이고, 하나는 예술성藝術性이다. 기록성을 초월하여 예술적 가치로 발전하려면 먼저 서예의 문자의 한계를 극복하고 새로운 창작을 모색하지 않으면 안 된다. 즉 서체를 변형하여 서로 절충하거나, 크기에 변화를 주어 다양한 결구를 한다거나, 장법章法[184]을 다양하게 하여 조형성을 새롭게 한다거나, 용지의 선택이나 먹물의 농도와 표현 방법이나 재료를 다양하게 이용한다면 문자의 한계를 극복하여 새로운 창작을 모색할 수 있다.

추사체의 예술적 특징도 이러한 측면에서 검토해야 할 것이다. 추사체에서 확인할 수 있는 특징을 보면, 먼저 구도에 있어서는 한 글자 내에서도 어떤 획은 극도로 가늘게 하고, 다른 획은 굵게 표현함으로써 한 글자 속에 획의 굵기 차이를 심하게 하였다. 이것은 안진경체를 더욱 극단적으로 해석한 것으로 자간字間의 긴장감을 한층 고조시키는 효과를 얻고 있다.

둘째, 운필에 있어서 붓을 빠르게 움직여 획이 경쾌하고 강한 느낌을 준다. 이것은 행서와 초서의 장점을 적극적으로 수용한 결과이며, 정체되지 않고 끊임없이 역동하는 생명력을 표현하기 위한 것이라고 할 수 있다. 또 기필起筆과 수필收筆 부분에 일반적으로 사용하게 되는 역입逆入과 도출을 의도적으로 생략해 버림으로써 결과적으로 대부분의 획이 방필方筆로 나타나게 하여 전체적으로 모가 나고 굳건한 느낌을 주는데, 이것은 예서와 행서의 필의를 결합한 결과이다.

셋째, 표현기법에 있어서는 글자마다 중심선 이동을 심하게 하여

184) 章法은 문자의 大小布置, 行間의 疏密, 餘白의 상태, 그리고 墨의 濃淡, 潤渴 같은 것이 가장 적절하게 조화된 것이라고 할 수 있다. 古人들은 장법에 대하여 두 가지의 큰 법칙을 내 세우고 있다. 즉, 첫째는 '相依顧하여 情이 깃들어 있어야 할 것' 즉 작품의 上下左右나 주위의 양상을 고려하여 大小, 肥瘦를 정하고 혹 동일문자가 중복될 경우에는 변화를 주는 것 등이 그것이다. 둘째는 '一氣貫通' 이다. 전체에 布置된 문자가 맥락이 관통하여 통일성을 지니고 있어야 한다는 것이다. 다시 말하자면 결구에 의하여 이루어진 문자를 조화롭게 배열 또는 배자를 하여 하나의 완성된 문장을 꾸며 작품을 완성하는 단계를 말하며 여기에는 낙관까지도 포함된다.

획을 불규칙적으로 배치함으로써 획 사이의 변화를 많이 주었다. 이것은 왕희지체와 안진경체의 특징으로 나타나는 배세背勢와 향세向勢를 활용한 결과이다.

이와 같이 김정희는 행서와 초서의 장점을 수용한 빠른 운필법과 극단적인 획의 변화를 추구한 결구법結構法, 그리고 불규칙적으로 획을 배치하여 긴장감을 고조시키고 자형의 중심선을 의도적으로 이동시킨 장법을 적극적으로 활용함으로써 자신만의 독특한 예술적 조형성을 획득하고 있다.

기존의 서체에서 볼 수 없었던 이와 같은 독창성은 감상자로 하여금 충격적인 느낌을 주게 되었으며, 이로 인해 결과적으로 보는 사람으로 하여금 '기괴함'으로 느껴질 수밖에 없었던 것이다. 이것은 김정희 자신의 표현에 따르자면 '가식하고자 한 괴怪가 아니라 자연스럽게 발현된 괴'이며, 처음부터 기괴함을 그 목적으로 한 것은 아니다. 그러므로 '보는 사람들이 비웃건 꾸지람하건 그들에게 달린 것'이니 이를 통하여 우리는 '세상이 다 취한 속에 홀로 깨어 있는' 한 선각자의 고민과 안타까움을 이해하게 된다.

결론적으로 〈추사체〉를 종합적으로 평가해 보면, 역사적으로는 당시에 조선 서단에서 유행한 '동국진체'를 극복하고 서도의 원래적인 미의식을 발현할 수 있는 새로운 서체를 창조한 것이라고 할 수 있겠다. 즉 그는 첩학帖學의 한계를 극복하고 고증학과 금석학의 발달로 인해 출현한 비학碑學을 계승하였다. 그러나 단순히 청나라의 비학적 학풍을 그대로 수용한 것이 아니라, 개방적인 태도로 실사구시의 한송불분론적 철학 체계를 서체에 적용시킴으로써 오체五體의 장점을 취해 이를 서로 회통시켜 내었으며, 결과적으로 〈추사체〉라는 독특한 서체가 탄생하게 된 것이다.

특히 실학사상의 영향으로 현실사회에 관심이 높았던 당시 시대적 상황 속에서 김정희는 너무 지나치게 기교적이고 형식적인 방향으로 흘러가 버린 서체를 극복하기 위해 유학의 근본정신인 '문자향·서권기'를 강조하였다. 당시에는 모든 예술이 그러하듯이 실제 사실에 근거한 기교적인 표현방법이 성행하였다. 그러나 이러한 변화도 시간이 지나면서 너무 지나치게 형식화되어 본래의 정신에 어긋나게 되었다. 김정희는 이를 경계하고 극복하기 위하여 무엇보다 인격과 인품이 작품을 통해서 구현되어야 함을 강조한 것이다. 또한 미학적으로는 순수하고 고박한 원초적인 미에 바탕을 두고 예서의 고졸한 미를 드러내고자 한 것이다. 따라서 일부러 가식하고자 한 괴怪가 아니라, 자연스럽게 발현된 괴의 미학이 〈추사체〉를 통하여 드러나게 되었다.

2. <세한도歲寒圖>의 예술세계

1) 김정희 이전의 산수화山水畵

(1) 중국의 산수화

산수화는 동양에서 흔히 자연을 표현하는 대표적인 방식인 동시에 인간이 자연에 대해 지니고 있는 기본 인식, 이른바 자연관의 직접적인 반영이기도 하다. 자연은 산과 언덕, 바위와 돌, 바다와 강, 나무와 풀, 구름과 안개 등으로 복잡하게 구성되어 있고, 끊임없이 변화하면서 인간과 동물, 새와 곤충, 그리고 그 밖의 수없이 많은 생명체들에게 서식처를 제공하여 준다. 이 때문에 인간은 예로부터 자연을 경외하고 사랑하면서 그 변화에 순응하여 왔다. 특히 농사를 주로 했던 중국인들에 있어서 자연이란 더욱 소중하고 절대적인 것이었다. 그들에게는 산이 우주의 근본으로, 바위는 뼈로, 물은 피로, 나무와 풀은 머리털로, 그리고 안개는 자연의 입김으로 여겨졌다. 즉 자연은 생명이 없는 정체적인 존재가 아니라, 인체처럼 살아서 생동하는 존재로 인식되었던 것이다.[185)]

자연을 그림으로 표현하는 산수화 역시 다른 회화장르와 마찬가지로 처음에는 사실적인 묘사가 강조되었다. 주대周代의 주관周官에서는 육서六書를 교육하였는데, 이 육서에는 서법뿐만 아니라, 회화법도 포함되었다. 즉 육서를 가르치고 익히는 것은 학생들로 하여금 글씨를 모방하게 함으로써 물체의 형상을 그리게 하는 연습이었다. 이것은 그림이 그림 되게 하는 원인이며, 회화의 기본적인 초보단계라고 할 수 있다. 따라서 당시의 회화는 사실적인 객관 사물의 형태와 그 묘사를 중요하게 여겼음을 알 수 있다. 이러한 예는『한비자韓非子』에서 제齊나라 왕과 방문객인 어떤 화가가 문답하는 것에서도 찾을 수 있다.

> 제齊나라 왕이 "무엇을 그리는 것이 가장 어렵습니까?" 라고 묻자 대답하기를 "개와 말이 어렵습니다" 라고 하였다. 그렇다면 "그리기 쉬운 것은 무엇입니까?" 라고 물으니 "귀신과 도깨비가 가장 쉽습니다" 라고 대답했다. 무릇 개나 말과 같은 대상은 사람들이 모두 알고 있는 것으로 아침저녁으로 매어 놓고 기르고 있는 유類가 아닐 수 없다. (그렇기 때문에 그리기가 어렵다.) 귀신과 도깨비는 형체가 없는 것으로서 눈앞에서 기르

185) 안휘준,『韓國繪畫의 傳統』(서울: 문예출판사, 1989), 94쪽 참조.

지 않는다. 그래서 이것을 쉽다고 하는 것이다.[186)]

개와 말처럼 주변에서 쉽게 확인할 수 있는 대상을 그리는 것이 가장 어렵고, 눈에 보이지 않는 귀신을 상상하여 그리는 것이 가장 쉽다는 말은 곧 사실적인 그림이 어렵고, 반대로 추상적인 그림은 쉽다고 한 것이다. 이는 회화의 시작은 형태의 묘사에 있음을 말하는 것이며, 따라서 중국 회화의 사실적인 표현이 이때부터 시작되었고, 또 형사로부터 중국 회화론의 시초가 형성되었음을 알 수 있다.

표현이 사실적이라는 것은 대상을 있는 그대로 묘사하는 것을 말한다. 이러한 사실적 묘사는 인간의 미의식에 있어서 현실적인 사고가 증가해야만 가능한 것이다. 만약 의식이 현실을 도외시하여 깊은 영적인 세계에 머물러 있게 되면, 주변 사물의 현실적인 중요성이나 의미보다는 우주를 지배한다고 믿는 영혼세계 그 자체가 무엇보다도 중요시된다. 따라서 이러한 시기에는 대상을 객관적 눈으로 보고 묘사한 사실화다운 실제적 표현이 나타나지 않게 된다. 그러나 실제적으로 눈에 보이는 그 자체를 중요시하여 대상이 바로 눈앞에 보이듯이 표현하게 될 경우에는, 실제적 현상을 중요시하는 현실적 의식으로의 전환이 먼저 이루어져야만 비로소 가능하다.[187)]

산수를 그림으로 표현하는 것 또한 처음에는 인간과 신령이 몸담고 있는 거처로서 실용적인 기능과 목적을 지닌 그림들 속에서 도

---

186) 『韓非子』, 「外儲說·左上」, "齊王問曰, 畫孰最難者. 曰, 犬馬最難. 孰易者, 曰, 鬼魅最易. 夫犬馬人所知也, 旦暮罄於前, 不可類之. 鬼魅無形者, 不罄於前, 故易之也."

187) 이중희, 「산수화의 발생과 배경」, 『미술문화』제11집(대구: 계명문화연구소, 1999), 100-105쪽 참조.

안적이고, 상징적인 모습의 배경으로 그려지기 시작하였다. 즉 인물이나 동물을 중심으로 그리고, 그 배경으로 산수가 등장하는 것이다. 그러나 위진남북조魏晉南北朝 시기에 이르면 산수화는 점차 순수한 자연미의 감상을 위한 그림으로 독립하여 발전하게 된다.[188] 그러므로 진정한 의미의 산수화는 이때부터 시작되었으며, 무엇보다도 대상의 사실성을 강조하였다.

당시 산수화가로서, 그리고 이론가로서 활동했던 대표적인 사람이 종병宗炳(375~443)과 왕미王微(415~443)이다. 이들은 동시대 사람으로 모두 산수화에 뛰어났다. 이들은 산수화를 그리기 위해서는 직접 산천을 유람하고 진기한 봉우리들을 다 찾아본 후에 화고화畫稿化할 것을 주장한다. 종병은 일찍이 산천을 유람하고, 한 동안 형산荊山에 살다가 후에 병으로 고향 강릉江陵으로 돌아온 후 다음과 같이 탄식한다.

> 아! 늙음과 병이 함께 이르러 아마도 명산을 두루 유람하기 어려울 듯하구나. 오직 마땅히 마음을 맑게 하여 도를 보며 누워서 이를 유람해야겠구나.[189]

병이 생겨서 명산을 몸소 유람할 수 없고, 단지 산수화를 보며 '누워서 이를 유람' 할 수 있을 뿐이라는 것은 곧 산수화의 예술미를 감상하는 것으로 이로써 실제 산수의 자연미를 감상하는 것을 대체하는 것이다. 그러므로 누워서 명산을 감상하기 위해서는 실재적인 사실에 근거하여 작품을 제작해야 하며, 그렇지 않으면 마음으

---

188) 안휘준, 『韓國繪畫의 傳統』, 94쪽 참조.
189) 宗炳, 「畵山水序」, "噫! 老病俱至, 名山恐難遍遊. 唯當澄懷觀道, 臥以遊之!"

로부터 자연미를 느낄 수 있는 감흥이 일어나지 않는다. 또 형사形似를 중시하는 예로 왕미의 『서화敍畫』에 나오는 다음의 구절을 들 수 있다.

> 가을의 구름을 보면 정신이 자유롭게 날아 오르고, 봄의 상쾌한 바람을 맞으면 생각이 호탕해지니, 비록 금석金石의 음악이 있고, 홀(珪璋)과 같은 보배가 있다 하더라도 어찌 여기에 비길 수 있겠는가?[190)]

왕미가 보기에 봄이나 가을의 아름다운 경치를 표현한 산수화를 감상하는 데서 얻을 수 있는 정신적인 향수는 음악이나 보옥寶玉과도 비길 수 없다는 것이다. 이상에서와 같이 당시 산수화에서도 일반적인 회화와 마찬가지로 관념적인 이념미보다는 실재적인 사실에 근거한 형사를 더욱 중요하게 여기고 있었음을 알 수 있다.[191)]

이러한 산수화는 당대唐代의 오도자吳道子(?~?)에 이르러 전대의 세밀한 기교법을 초탈하여 산수화의 체제가 확립되며, 뒤이어 금벽산수파金碧山水(靑綠山水)派인 이사훈李思訓(651~716)이 나타나고, 수묵산수파인 왕유王維(字, 摩詰. 699~759)가 나타나는 등 산수화의 종파가 생기게 되었다. 즉 당대의 산수화에 있어서 오도자의 산수화는 위진시대의 산수화를 해방시킨 것이라고 할 수 있고, 이사훈의 산수화는 위진시대의 산수화를 발전시킨 것이며, 왕유의 산수화는 오도자의 산수화를 발전시킨 것이라 할 수 있다. 따라서 후에 명대의 동

---

190) 王微, 「敍畫」, "望秋雲神飛揚, 臨春風思浩蕩, 雖有金石之樂, 珪璋之琛, 豈能髣髴之哉?"

191) 葛路, 앞의 책, 105-108쪽 참조.

기창董其昌(思白, 1555~1636)이 이사훈을 북종北宗의 시조라 칭하였고, 왕유를 남종南宗의 시조라 칭하였다.

당나라 중기 이후로는 정치가 점점 쇠약해짐에 따라 호화롭던 궁실의 생활도 궁핍해졌다. 또 이때부터 불교의 선종이 흥성해져서 사대부들은 자연히 그 영향을 받아 출세사상이 흥기 하였다. 예술 역시 가장 민감하게 시대적 추세에 부응하여 그 시대상을 반영하는 것이므로 당나라 초·중기에 흥성하였던 금벽산수는 이제 청담한 수묵산수화에 주류의 자리를 내어주게 된다.

처음 수묵산수화는 눈에 보이는 실경實景을 직접 보고 그렸는데, 이것이 오대五代·북송北宋 시대로 넘어 오면서 실경을 그림화 한다는 수준에서 더 나아가 작가의 주관적인 심미의식을 통하여 이념적인 의식을 담아냄으로써 산수화를 통하여 작가의 깊은 심회를 토로하게 되었다. 따라서 이러한 산수의 심오한 정형은 새로운 미의 형식을 설정하게 되었고, 사실적인 모습을 그대로 표현하는 것이 아니라, 사실적인 모습을 통하여 작가의 주관적 심미의식을 표현하고자 하였다. 그러므로 실제의 산수가 아니라 마음속에서 산수를 그린다는 '흉중구학胸中丘壑'의 표현양식으로 발전하게 되었다. 형사形似보다는 신사神似를 중요시하는 사의寫意의 표현 방법에는 당시 수묵산수화가 가장 적합하였던 것이며, 이후부터 중국회화의 양식은 신사를 중시하는 사의의 새로운 경지를 개척하였다.

이처럼 형사를 경시하고 신사를 더욱 중시하는 분위기는 북송北宋 시기의 회화평론가인 심괄沈括(夢溪翁1031~1093)의 글에서도 찾을 수 있다.

> 글씨와 그림의 묘는 마땅히 정신으로 깨달아야지 형상으로 구하기는 어렵다. 세상의 그림을 보는 사람들은 대개 그 사이의 형상의 위치와 채색의 하자를 지적하는 것을 능사로 여길 뿐이다. 오묘한 이치와 그윽한 재주에 이르러서는 이를 아는 사람을 보기 드물다.[192)]

이는 그림의 예술성은 형태에 있는 것이 아니라, 정신에 있음을 강조하는 내용으로서 형을 잊고 뜻을 얻은 작품을 감상할 줄 하는 사람이 적음을 탄식한 것이다. 또한 "형사로 그림을 논한다면 식견이 아이들과 다름없다"[193)]는 소식蘇軾(東坡, 1036~1101)의 시에서도 신사神似를 중시하는 의식을 찾아볼 수 있다. 그러므로 이 때에 이르면 산수화는 사실적인 사물을 충실히 묘사하는 형사보다는 그 내면에 담겨진 정신인 신사를 중시하는 경향이 두드러지게 나타난다.[194)] 이러한 경향의 대표적인 작품으로 미불米芾(1051~1107)의 〈춘산서송도春山瑞松圖〉(그림 20)를 들 수 있다.

이 작품은 무수한 점點의 조합으로 나타낸 산봉우리와 소나무, 그리고 부유하는 듯한 운무雲霧등이 천변만화千變萬化의 진경眞景을 상징적으로 표현하여 옛사람의 화풍에 구속됨이 없이 자연 현상의 본질 정신을 추구한 작품이라고 할 수 있다. 주관적 의경의 표현을 중요시하므로 실재 자연의 색상을 포기하고, 신운神韻을 중시하였다.

---

192) 沈括, 「夢溪筆談」, "書畵之妙, 當以神會, 難可以形器求也. 世之觀畫者, 多能指摘其間形象位置, 彩色瑕疵而已. 至於奧理冥造者, 罕見其人."

193) 蘇軾, 『蘇東坡全集』, 卷16, 「書鄢陵王主簿所畫折枝二首」, "論畫以形似, 見與兒童鄰."

194) 葛路, 앞의 책, 199-201쪽 참조.

즉 작가의 정신적 바탕에 근거하여 멀리 보이는 구름에 덮인 산과 연기에 쌓인 소나무, 그 밑에 한가로이 그려진 정자는 작가의 의식 속에서 저절로 분출된 노련성을 갖고 있다.

또한 필법이 정갈하고 그 색이 신묘하며 속기俗氣를 벗어난 의경미의 표상체는 법이 있으면서도 없는 것 같은 경지에서 오는 것이라 하겠다. 또 무심하게 찍은 것 같은 붓 터치는 먼 산봉우리를 만들고, 크고 작은 점으로 이루어진 먹의 강약은 감상자로 하여금 우거진 숲을 연상하도록 하기에 충분하다. 이와 같이 당시의 산수화는 사실적으로 충실하게 묘사하기 보다는 진경眞景을 상징적으로 표현하였음을 알 수 있다.

<그림 20> 米芾, <春山瑞松圖>

남송을 멸하고 새로이 등장한 몽고족의 원元나라는 전문적인 직

업화가인 화원이 존재하지 않았으며, 일반 화가들의 사회적 지위와 대우는 형편없이 떨어지게 되었다. 대부분의 궁정화가들은 자신의 자리를 잃은 후 불화佛畵의 화장畵匠으로 전락하였다. 그러나 상대적으로 당시에는 문인사대부들이 중심이 되어 나름대로 작품 활동을 하였다. 당시 원대 화가들은 사물의 사실적인 형상을 무시하고, 그 속에 담겨진 정신적인 내면세계를 표현하고자 하였으며, 이런 경향에 따라 작품은 점점 이념화되어 사의성寫意性을 강조하게 되었다. 특히 원사대가元四大家[195]에 이르게 되면, 회화는 극도로 간략화·단순화 되어간다. 이것은 당시 중국회화에 여백이 차지하는 비중이 크게 된 원인이기도 하다.

이후 명대 초기에 이르러 오히려 문인화는 쇠퇴한 감이 있었으나, 명 중엽부터 점점 부흥하기 시작하여 명조의 전체화단을 형성하게 되었다. 반면에 사실적인 형사를 중시하는 전문적인 직업화가인 원체화院體畵는 점차 쇠퇴하기 시작하였다. 특히 명대의 문인화는 동기창董其昌(思白, 1555~1636)에 의해 신사를 강조하는 관념성이 그 극에 달하게 된다. 그는 『상남폄북론尙南貶北論』을 제기하여 남종화의 전통성을 강조하였고[196], 남종화의 전형에 대하여 많은 저서를 집필하여 일반 화가들에게 모범을 보였다. 그의 회화는 원대의 황공

---

195) 원래 元四大家는 趙孟頫,(1254~1322), 黃公望(1269~1354), 吳鎭(1280~1354), 王蒙(1308~1385) 등 네 사람을 가리켰는데, 明代의 董其昌이 조맹부를 품격을 더 높이기 위해 그를 제외하고 대신 倪瓚(1301~1374)을 포함시켰으며, 이후 이 네 명을 원사대가로 칭하게 되었다,

196) 동기창은 董源, 巨然, 米芾, 元末四大家로 이어지는 강남산수가 문인산수의 정통 주맥임을 주장하여 남종을 높이고, 북종을 배격함으로써 명말 이후 청대 화단을 비롯하여 주변의 각국 藝苑에 큰 영향을 미쳤다.

<그림 21> 董其昌, <秋景山水圖>

망黃公望(1269~1354)을 추숭하였고, 청대 정통파의 기초를 확정하였으니, 그의 대표작인 〈추경산수도秋景山水圖〉(그림 21)가 그의 산수화풍을 대표하기도 한다.

이 그림은 구도상 예찬의 전형적인 구도를 따르고 있다. 즉 전경 토파 위의 몇 그루의 나무, 중경의 강, 그리고 그 너머 보이는 산과 언덕들이 전부인 간단한 구도이다. 또한 동기창 산수화의 대부분이 그렇듯이 이 그림도 기본적으로는 황공망의 피마준법披麻皴法[197)]을 따르고 있는데, 원경에 군데군데 보이는 위가 편편한 석파石坡의 모습은 명말 황공망 그림의 양식적 요소로 이해되었던 특징이다. 크고 작은 원추형의 바위와 흙덩어리들이 서로 어슷비슷 기대어 커다란 산을 이루면서도 질서와 통일감, 그리고 활기를 표현한 이 그림은 동기창의 분석적, 그리고 종합적 사고방식을 단적으로 보여주는 예가 된다고 할 수 있다.

그러나 동기창은 오파吳派 남종화가들의 화풍을 배우고 지나치게 신사를 강조한 나머지 형식적인 사의성에 매여서 개성미를 표현하는 강인한 필력이 결핍되었다. 그러므로 결과적으로 그의 작품은 온화하며 기백이 없는 예술이 되고 말았다. 그러나 그의 예술은 남종화의 전통을 완성했다는 점에 있어서 그 공로가 크다고 할 수 있다.[198]

명말 청초의 유민화가들은 신사를 강조한 전형적인 남종화풍을 부정하였다. 그들은 가슴속에 있는 일기逸氣의 사상을 자유로이 추구하고자 노력하였고, 따라서 각 방면에 있어서 각자 행동으로 주체를 표현하였기 때문에 표현에 있어서도 서로 통일된 것이 없었고, 각처에 흩어져 각자 개성이 두드러진 작품 활동을 하였다. 즉 그들의 관심은 현실적인 사실에 바탕하여 자신만의 개성을 표현하는 것이었다.

특히 그 대표적인 인물들이 팔대산인八大山人(1624경~1703경)과 석도石濤(1641~?), 석계石溪(1612~1674) 등이다. 이들은 어떤 특정한

---

197) 披麻皴이란 麻의 올을 풀어서 늘어놓은 듯 실같은 모습의 皴을 말한다. 가장 많이 사용되는 준 가운데 하나로 특히 남종화와 관계가 깊다. 원말 四大家중의 한 사람인 黃公望이 즐겨 사용하였다.

198) 葛路, 앞의 책, 203-235쪽 참조.

화가의 화법을 모방하지 않고, 자신의 회화적 재능을 독창적으로 표현하고자 하였다. 즉 그들이 나타내고자 하는 가장 중요한 핵심을 붓끝에 두고 있기 때문에 그들의 산수화는 세간의 산수화와는 다른 격조를 지니고 있었다. 곧 이들의 작품은 자신들의 주체적인 개성을 표현하고자 하였다.

이러한 주체적인 개성을 통하여 자신의 독특한 예술세계를 열어간 것은 주로 양주지방에서 활동하던 양주팔괴揚州八怪[199]에 의해 크게 유행하게 된다. 양주팔괴에서 괴怪자의 의미는 청초의 의고주의자擬古主義者들과 서로 대항한 채 그 당시 유행했던 예술조류로부터 벗어나 자신들의 길을 개척한 것이 괴이하다는 의미이다. 그러므로 이들은 과감하게 앞 시대 사람들의 규범을 혁파하여 예술에 있어서 자기 자신의 사상과 감정을 표현할 것을 요구했다. 또한 이러한 정신은 청나라 중기의 개성해방을 요구하는 사상과 결합된 것으로 금농金農(冬心, 1687~1763)과 정섭鄭燮(1693~1765)이 그 대표적인 인물이다.

금농의 〈연당도蓮塘圖〉(그림 22)는 실재적인 사실에 근거하여 자신의 독특한 기법으로 표현된 작품이다. 그러나 당시 전통을 줄기차게 이어온 어용御用 화가들과 달리 전통 화법에 구속되지 않고 자유로운 필치를 통하여 실제 생활의 모습을 그림으로 표현한 작품이다. 또한 이들은 따로 전문적인 이론을 저술하지는 않았는데, 그들의 예술사상은 그림의 제발題跋 속에만 남아 있다.

이들은 자연물을 그릴 때 언제나 실재적인 사실에 근거하여 사물

---

199) 揚州八怪는 金農, 羅聘, 鄭燮, 李鱓, 汪士愼, 李方膺, 黃愼, 高鳳翰 등 여덟 사람을 말한다.

을 표현하고, 제발을 빌어 이를 더욱 분명하게 밝혔다. 그러나 이들은 예술법칙이라는 것이 단지 하나의 예술적인 도리에 불과한 것으로 생각했기 때문에 표현법칙의 운용에 대해 매우 융통성 있는 입장을 취하였으며, 도리에 합당하다는 전제 아래에서는 자유롭게 창조할 수 있다고 생각하였다.

정섭은 "석도는 대나무를 그릴 때 야전野戰을 좋아했는데, 대략 기율紀律이 없는 듯 하면서도 기율이 스스로 그 가운데 있었다."[200]라고 하였는데, 이는 곧 법이 있으면서도 법이 없는 상태이다. 즉 그의 성취는 고인의 전통을 계승하고, 나아가 당시 사람들의 좋은 점을 배워 자신의 작품세계를 이룩한 점에 있다는 것이다. 또한 그는 화가는 마땅히 자기 자신의 창작의 길에 따라 자신의 예술적인 표현형식을 탐색해야 한다고 하여 형식적인 사의성에 매여서 작가의

<그림 22> 金農, <蓮塘圖>

200) 鄭燮, 「板橋題畫蘭竹」, "石濤畫竹好野戰, 略無紀律而紀律."

개성이 드러나지 않는 전통적 표현기법을 사실상 부정하고 있다.[201] 그리하여 그는 자신의 독창적인 표현기법을 통하여 실재적인 생활 모습을 표현할 것을 강조하였다.

(2) 조선의 산수화

우리나라에서 산수화가 나타나기 시작한 것은 삼국시대부터라고 할 수 있다. 그러나 이 때의 산수화는 자연의 표현체로서 그 자체가 감상의 대상이 되었던 것은 아니며, 단지 인물이나 동물그림의 배경이나 공예품 속에 표현된 도안적이고 도식화된 그림이었다. 이러한 예는 5세기경 고구려시대에 나타난 덕흥리 고분벽화의 〈수렵도〉(그림 23)를 보면 알 수 있다. 여기에 표현된 산수는 동물과 인물의 배경으로 묘사되고 있는데, 산의 모습은 마치 넓은 판자를 굴곡지게 오려서 세워 놓은 것 같은 모습이며, 산의 표현에 있어서도 윤곽선을 먼저 그리고 그 안에 채색을 칠해 넣어 마치 연극무대를 위해 만들어 놓은 세트와 같은 느낌을 준다. 또 굴곡진 능선을 따라 늘어선

<그림 23> 덕흥리 고분벽화(부분1)

<그림 23-1> 덕흥리 고분벽화(부분2)

201) 葛路, 앞의 책, 456-462쪽 참조.

나무들도 반원의 초록색 버섯을 연상하게 한다. 즉 이 작품에서 나타나는 산과 나무는 사실적인 실제의 모습을 제대로 갖추고 있지 않으며, 지극히 단순하고 간략하게 표현된 상징적이고 도안적인 형태를 보이는 것이다.

백제의 산수화 작품은 현재 한 점도 남아 있지 않다. 따라서 당시 산수화의 구체적인 파악이 불가능하며, 다만 7세기 전반의 것으로 추정되는 〈산수문전山水文塼〉(그림 24)에 나타난 산수문양을 통하여 당시 산수화가 어떠했는가를 간접적으로 짐작할 수 있을 뿐이다. 그런데 중앙부에 소나무가 늘어선 산과 하부의 근경에 표현한 수면水面, 그리고 좌우 변에 풀이 나 있는 암산과 상부에 구름이 떠 있는 하늘의 표현 등을 살펴보면 고구려의 〈수렵도〉에서 표현된 산수화보다는 조금 더 발달된 것으로 추정할 수 있다.

특히 이 문양의 특징은 좌우가 서로 대칭을 이루어 균형 잡힌 구도로 표현되고 있으며, 산과 산 사이에는 거리와 공간이 시사되어 무엇보다도 이전에 나타난 도안적인 산의 모습과는 다르게 실제 산의 분위기가 충만하게 표현되어 있다는 점이다. 이처럼 〈산수문전〉에 표현된 문양은 매우 사실적이면서도 산수문을 표현한 사람이 매우 예리한 관찰력과 능숙한 묘사력을 지니고 있었음을 말해 준다. 다만 토산을 삼산형三山型으로 도식화한 것에서 이 문양이 순수회화보다는 공예품을 장식하기 위한 도식화된 표현이었음을 짐작할 수 있다.[202)]

202) 安輝濬, 『韓國繪畫의 傳統』, 96-106쪽 참조.

<그림 24> 백제시대 <山水文塼>

신라의 산수화는 1985년에 발견된 순흥읍내리順興邑內里 벽화고분에 그려져 있는 〈산악도山岳圖〉 등을 통하여 살펴볼 수 있다. 이 고분벽화에는 산의 표현이 같은 수평선상에 있으면서도 어떤 것은 크고 또 어떤 것은 작게 표현되어 있다. 그러나 이 작품에서도 산의 형태가 너무 도식화되어 있어서 마치 고정된 무대장치의 세트처럼 보이는데, 이는 고구려의 덕흥리 고분벽화의 〈수렵도〉와 매우 유사하다. 이러한 점으로 미루어보면 당시 신라는 고구려 회화의 영향을 많이 받았음을 알 수 있다. 이와 같이 삼국시대의 산수화는 아직 자연의 표현체로서의 그려진 것이 아니고, 동물이나 인물의 배경으로 표현되었거나, 아니면 공예품의 도안적인 문양으로 표현된 것에 불과하다.

통일신라시대의 산수화 역시 현재 남아 있는 진적은 없지만 당시 당唐과의 문화교섭이 활발했던 점을 감안하면, 그리고 산수화와 관련하여 당시의 벽돌(塼)에 나타난 〈누각산수문양樓閣山水文樣〉에 표현된 그림을 보면 공예품의 문양으로 자주 등장할 정도로 산수화가 비교적 활발하게 그려졌음을 짐작할 수 있다. 다만 여기에 표현된 산수화의 기법 역시 지극히 도식적인 방법으로 표현되었음을 볼 때, 아직 완전히 독립적인 영역으로 발전하지는 못하였을 것으로 추정된다.

고려시대의 산수화는 주로 화공들에 의해 실용적인 목적으로 그려졌던 통일신라시대와는 달리 화공뿐만 아니라 사대부나 승려들에 의해 자주 그려지게 되었고, 또 삼국시대에 나타난 도안적이고 도식화된 산수의 문양과는 달리 순수한 감상을 위한 산수화가 그려지기 시작하였다.

고려 전반기에 산수화의 양상을 드러내 주는 작품은 전혀 남아 있지 않지만, 일본의 남선사南禪寺에 소장되어 있는 〈어제비장전御製秘藏詮〉의 목판본들에 나타난 일례를 보면, 고려전기 산수화는 북송의 영향을 많이 받은 것으로 추측된다. 여러 가지 모양의 산과 종류가 다른 나무들의 모습이 다양하게 표현되어 있어서 이 당시 이미 산수화가 고도로 발달되어 있었다는 일면을 보여준다. 비록 판화이기는 하지만 삼국시대 초보적인 단계에서 상징적으로 표현된 산수화와는 달리 매우 사실적이며 서사적인 성격을 지니고 있다.

그리고 당시 기록에 전해지고 있는 〈금강산도金剛山圖〉, 〈진양산수도晋陽山水圖〉, 〈송도팔경도松都八景圖〉등을 보더라도 12세기 전반에는 한국적인 실경산수화가 발달하였음을 짐작할 수 있다. 그러나 이 시대의 실경산수화는 조선후기 겸재謙齋 정선鄭敾(1676~1759)이 발전시킨 진경산수화풍과 어떤 연관이 있다고는 보기 어렵다. 다만 우리나라에 실재하는 실경을 소재로 그렸다는 점에서만 일맥상통할 뿐 구체적인 화풍이나 양식적인 측면에서의 연관성은 확인하기가 불가능하다. 왜냐하면 고려시대의 실경산수화들은 기록상에만 보일 뿐 실제로 남아 전해지는 작품이 없어 자세한 양식상의 특징을 밝힐 수가 없기 때문이다.

고려시대에 어떠한 화풍이 유행하였는지는 확실하게 단정할 수 없지만, 중국과의 문화적 교류나 기록 및 작품들에 의거해서 보면 이곽파화풍李郭派畫風[203]과 미불米芾, 그리고 원대의 원체화풍院體畫風[204] 등이 수용되었던 것으로 생각된다. 곽희의 화풍은 고려 후반기에 원대 화단과의 교섭을 통해서 알려졌다. 즉 고려의 이제현李齊賢은 당시 만권당에 드나들던 조맹부趙孟頫와 주덕윤朱德潤 등과 가깝게 지냈으며, 그들과 회사繪事를 논하였다고 하며, 또 고려후기 및 조선 초기에 미친 조맹부趙孟頫,(1254~1322)의 영향이 매우 컸음을 고려하면 원대의 곽희파 화풍과 남종화풍이 고려에 수용되었음을 짐작할 수 있다.[205]

조선초기의 회화는 송의 원체화院體畫에서 명의 원체院體나 절파浙派라고 불리우는 화파畫派에 이르기까지 북종화 계통의 중국화풍을 수용하였다. 그러나 조선은 중국의 화풍을 그대로 수용한 것이 아니

---

203) 李郭派畫風이란, 북송대의 李成과 郭熙에 의해 이룩된 화풍으로 金과 元代에도 이 화풍을 많이 따라 그렸다. 이 화풍은 뭉게구름처럼 보이는 침식된 황토산을 즐겨 그리되 그 표면 처리에 있어서 필선이 하나하나 구분되지 않도록 붓을 서로 잇대어 쓰며, 곽희때부터는 산의 밑동을 밝게 표현하여 조광 효과를 내었다. 산수는 대개 근경·중경·원경이 점차 상승하면서 유기적으로 연결되는 경향을 띠며, 고원산수의 경우 巨碑派的인 모습을 강하게 지니고 있다.

204) 院體畫風이란, 궁정 취향에 따라 畫院을 중심으로 이룩된 직업화가들의 화풍을 말한다. 그러나 이 화풍은 궁정의 유행이 때에 따라 바뀌기 때문에 일정한 양식을 말하는 것은 아니다.

205) 安輝濬, 『韓國繪畫의 傳統』, 110-124쪽 참조.

라, 나름대로 독창적인 화풍을 형성하였다. 그 대표적인 사람이 당시 화원이었던 안견安堅이라고 할 수 있다. 그는 안평대군(1418~1453)의 비호를 받으면서 자신의 독특한 화풍을 형성하여 조선 중기까지 크게 영향을 미친 사람이다.

그의 화풍은 중국의 곽희파 화풍을 토대로 하였지만, 그대로 모방한 것이 아니라, 나름대로의 독자적인 화풍을 성취하여 이상좌李上佐, 양팽손梁彭孫, 정세광鄭世光, 신사임당申師任堂 등의 '안견파'를 형성하였다. 이들은 실제의 사실에 근거한 산수를 그림으로 표현한 것이 아니라, 중국의 산수화 기법을 공부하여 그것을 토대로 하여 상상으로 그림을 그렸다. 이러한 산수화를 '관념산수'라고 한다. 관념산수는 조선중기 남종화의 수용과 더불어 크게 유행하게 되었다. 이러한 대표적인 작품이 안견의 〈몽유도원도夢遊桃源圖〉(그림 25)라고 할 수 있다.

<그림 25> 安堅, <夢遊桃源圖>

<그림 25-1> 安堅, <夢遊桃源圖>(부분)

이 〈몽유도원도〉는 정묘년 즉 1447년 4월 20일에 안평대군이 사육신의 한 사람인 박팽년朴彭年(1417~1456)과 함께 도원을 몽유하고, 그 내용을 안견에게 설명한 후 그림으로 그리게 한 것이다. 특히 이 작품은 왼편 첫머리에 이어져 있는 안평대군의 발문과 1450년 정월에 쓴 시 한 수 이외에, 20명의 당대 고사들과 한 명의 고승高僧이 쓴 제찬題贊을 포함하여 모두 23편의 찬문讚文이 곁들여 있어 미술사적 가치를 한층 더 높여주는 작품이다.

표현방법에 있어서도 전통적인 방법과는 달리 이야기가 왼편 하단부에서부터 오른편 상단부 쪽으로 전개되는 것이 이색적이다. 또한 이 작품에 나타나는 큰 특징은 자연스러운 현실세계와 환상적인 도원의 세계가 한 작품 속에 동시에 표현되고 있다는 점이다. 현실 세계의 장면은 왼편의 토산土山인 야산野山으로 표시되어 있는 반면, 화면의 대부분을 차지하고 있는 도원은 기괴한 암산岩山으로 점유되어 있어서 꿈속의 풍경을 잘 드러내는 작품이다. 이러한 화풍은 이후 많은 화가들에게 영향을 주어 실재 존재하는 산수를 그림으로 표현한 것이 아니라, 상상 속의 산수를 그림으로 표현하는 유행을 불러오게 되었다.

바로 이런 점 때문에 김원용金元龍은 『한국미술소사韓國美術小史』에서 "조선 초기 산수화는 화법도 그러하거니와 화제도 중국의 교본 그대로여서 중국산수에 중국인물이 들어가 있는, 문자 그대로 중국화로서 주체성 없는 또는 국적 없는 회화들이었다"206) 라고 평가하고 있다. 그러나 중기 이후에 들어오면 중국 남종화를 수용하면서 곽희파의 영향을 받은 안견풍의 산수화는 정신적인 면의 이탈이 느껴지기 시작하여 본격적으로 관념산수가 유행하게 된다. 따라서 산수화는 사의적인 측면에서나 양식적인 측면에서 수준 높은 발전을 이룩하였다.

당시 조선에 들어온 남종산수는 가슴속에 들어 있는 전통적 교양을 전제로 하여 이를 예술적 경지로 표현하고자 하는 것으로 상당히 높은 화론을 배경으로 하고 있었지만, 한편으로는 사물의 형태는 무시되고 그 정신만을 강조함으로써 형식적이고 관념적인 화풍으로 흐르는 그림이 되기 쉬웠다. 이것을 극복하기 위해서는 실제적인 사실에서 출발하여 형사形似를 중시하는 실경산수의 신경지를 개척하

---

206) 金元龍,『韓國美術小史』(서울: 삼성문화재단, 1973), 212쪽 참조.

는 수밖에 없었는데, 이는 한국회화의 쇠운을 때로는 촉진하는 역할을 하게 되었다. 이러한 경향은 당시 조선사회의 유학사상이 쇠퇴의 길로 접어들고, 새로이 등장한 실학사상에 의해 나타난 현상이라고 할 수 있다.

1696년에서 1737년에 흉작이 전국을 휩쓸었고, 당쟁은 더욱 심각해져 갔던 시기에 당시 지식인들 가운데에서 현실 정치를 비판하고 민생개선의 길을 연구하고자 하는 학풍이 일어나게 되었다. 이른바 실학의 학풍이 불어 한동안 냉담하였던 고유문화에 대하여 개화의 정신이 일게 되니, 이것이 그 뒤에 일어난 영조英祖·정조正祖시대 문예부흥 운동의 전 단계가 되었던 것이다. 이러한 역사적 움직임 속에서 지나친 중국문화의 의존을 탈피하려는 새로운 기운이 일기 시작하여 예술분야에도 많은 영향을 미쳤다.

이것은 조선 건국 이후 지나치게 신분 질서에 대한 아집으로 정치권력과 문화 예술을 독점을 해 왔던 양반 사대부들에 대한 반기이기도 하고, 또한 너무 형식화되고 단순화된 관념산수에 대한 극복이기도 하였으며, 우리 고유의 문화 예술을 발견하고 정착시킴으로써 민족적 우월성을 확보하고자 하는 시도이기도 했다.

이러한 시대적 배경을 바탕으로 문화 전반에 걸친 새로운 기풍이 활발하게 일어났으며, 새로운 의미를 가지고 출현한 여러 예술 영역 중에서 특별히 회화에서는 정선鄭敾(謙齋, 1676~1759)의 진경산수화 등으로 나타났다.[207] 정선의 〈인왕제색도仁王霽色圖〉(그림 26)는 비구름이 개어가는 인왕산의 여름 모습을 멀리 동편 쪽 언덕에서 사

207) 김종태, 『韓國畵論』(서울: 일지사, 1989), 177쪽 참조.

<그림 26> 鄭敾, <仁王霽色圖>

생한 작품으로 거대한 암벽을 늠름하게 표현하고, 골짜기에서 피어오르는 안개와 솔밭 묘사는 먹 빛깔의 농담을 묘하게 가려서 쓰고 있는 작품으로 실재하는 한국의 풍경을 대상으로 표현하였다.

정선은 남종화의 표현기법을 수용하기는 하였지만, 맹목적으로 중국을 추종함으로써 지나친 형식주의에 빠져버린 당시 관념산수의 한계를 극복하고 동시에 당시 사상적 흐름이라고 할 수 있는 실학정신에 부응하고자 하였다. 따라서 정선의 진경산수화가 이전의 관념산수와 다른 가장 큰 차이는 당시 유행한 관념적인 산수표현에서 벗어나 실재하는 한국의 풍경을 대상으로 표현하였다는 점이다.[208]

이처럼 조선 후기의 회화관은 앞 시대와는 상당히 달라지는 양상

208) 위의 책, 256쪽 참조.

을 보이기 시작한다. 그동안 사의를 중시하던 풍토에서 사대부를 포함한 지식인들에 의해 상대적으로 경시되고 외면되었던 사실적 그림이 기존의 사회체계를 비판적 시각으로 바라보던 실학자들에 의해 재인식되었던 것이다. 실학이 형성되는 시기의 대표적 학자로서 이익李瀷(星湖, 1681~1763)을 들 수 있는데, 그의 회화관을 보면 이런 의식을 바탕으로 하고 있음을 확인할 수 있다.

> 정신이란 형체 속에 있는 것인데, 그 형체가 이미 같지 않다면 어떻게 정신을 전할 수 있겠는가. ……내가 생각하기로는 비록 정신이 정밀하더라도 형체가 같지 않으면 어찌 같다고 할 수 있겠으며, 광채가 있다 하더라도 다른 물건처럼 되어 버린다면 어찌 이 물건이라고 할 수 있겠는가.[209)]

여기에서는 정신을 드러내기 위하여 형사形似가 무시되거나 경시되는 것이 아니라 형사 또한 없어서는 안 될 중요한 필수요건으로 강조되어 있다. 즉 신사神似를 올바르게 드러내기 위해서는 더더욱 형사를 무시해서는 안 된다. 이것은 정신이란 형상을 통해서만 비로소 드러날 수 있는 것이며, 형사를 무시하고 그 정신만을 드러내는 것이 불가능함을 강조한 것이다.

조선후기의 사실주의적 화풍은 지나치게 신사를 강조함으로 너무 형식화되어 버린 관념산수의 사의적인 조형관보다는 그리고자 하는 대상물의 형태를 직접 눈으로 보고, 사실적으로 묘사하는 표현방법에 보다 큰 관심을 나타냈다.[210)] 즉 지나친 신사의 강조로 인해 그

---

209) 李瀷, 『星湖僿說』, 「萬物門·論畵形似」, "神在形中, 形已不似, 神可得以傳耶. ……余則曰, 精神而形不似, 寧似. 光彩而他物, 寧此物."

리고자 하는 대상의 형체가 너무 소홀하게 다루어져 본래의 형에 어긋나 버리는 것을 비판했다. 이들의 조형태도는 실물에 의하지 않고, 중국화에 대한 답습적 모방과 관념에 의해 이루어지는 당시 관념산수화에 대한 반성의 계기를 이루었던 것이다.

이와 같이 조선후기에 성행하였던 진경산수화풍의 그림들은 허구나 허황된 양반의식에서 탈피하여, 실용적이고 실질적인 내용을 중시하는 사상이 작용하였기에 가능한 것이었으며, 또 실사구시를 토대로 하는 실학운동의 영향이라고 할 수 있다. 따라서 진경산수화는 당시의 학식 있는 지식인들이 사회적 자극을 주어 출현한 것이지만, 한 세대의 회화의 특성을 정형화하는 한국회화사에 있어서 한 장르를 설정하였다.[211]

그러나 지나친 사의성의 강조로 인하여 너무 형식화되어 버린 관념산수를 비판하면서 새롭게 등장한 진경산수도 시간이 지나면서 그 본래의 의도와는 달리 또 다른 형식화된 경향이 나타나기 시작한다. 즉 진경산수 이전에 나타났던 관념산수와는 반대로 실재적인 사실성의 지나친 강조로 인해 사의성寫意性 자체는 없어지고 형태의 유사성에만 치우치는 경향이 나타났으며, 이런 영향으로 '풍속화' 나 '회계도' 그리고 '평생도' 가 유행하게 된다. 이는 실재생활의 모습들을 그림으로 표현한다는 사회적 변화에 따른 자연스런 현상이라고 할 수 있다.

특히 '평생도' 는 사회적 신분질서의 변동에 따라 새로 양반계층

---

210) 이종석, 「山水畵下」, '朝鮮後期의 繪畵觀', 『韓國의 美』, 卷12(서울: 중앙일보사, 「季刊美術」, 1983), 221-222참조.

211) 김종태, 『韓國畵論』, 191쪽 참조.

에 편입된 사람들 사이에서 크게 유행하였는데, 이들은 화가들로 하여금 '평생도'를 그리게 하여 자신이 양반이 된 것을 후세에게 그림으로 남기고자 하는 목적을 지니고 있었다. 이와 같은 화풍은 자신이 살아온 생활의 모습을 그림으로 표현하기 때문에 사의적인 표현보다는 실재적인 사실에 근거한 형사를 중시하지 않으면 안 되었다. 따라서 이전의 산수화에서처럼 감상의 대상으로서의 산수화가 아니라, 인물의 배경으로 산수화가 그려졌다.

이처럼 작품의 중심에 인물이 부각됨으로써 인물묘사에 중심을 둔 '풍속화'가 등장하게 된다. 인물의 묘사를 통하여 사회를 비판하는 풍자성을 띤 풍속화는 한 때 조선의 회화사를 독점하다시피 하였다. 그러나 사회 풍자적 명목아래 퇴폐적인 '춘화도'류의 그림들이 양반들 사회에서 유행하게 되자 나중에는 이런 병폐를 막기 인해 국가에서 금화령禁畵令을 내리게까지 되었다.

이와 같이 지나치게 형사를 강조한 인물 중심의 대표적인 작품이 신윤복申潤福(蕙園, 1758~?)의 〈연소답청年少踏靑〉(그림 27)라고 할 수 있다. 이 작품은 진달래꽃 피는 봄날에 양반가의 자제들이 장안의 기녀들을 대동하고 봄나들이를 가는 장면을 묘사한 것인데, 장안 명기들의 미태美態에 빠진 양반자제들은 체면 불구하고 말 탄 기생에게 시중드느라 담뱃불을 붙여 대령하며, 구종되기를 자원하여 갓을 벗어 마부에게 주고, 마부의 벙거지를 제가 쓰고서 검은 띠를 허벅대님으로 매고 말고삐를 잡고 있는 모습을 풍자적으로 표현한 작품이다.

섬세하고 세부적인 묘사는 실재적인 사실성에 근거하여 일상생활 모습들을 표현한다는 측면에서는 자연스러운 일이었지만, 회화사에 있어서는 고도의 정신세계를 그림으로 표현한다는 문인화의 사의성은 사라지고, 지나치게 형태묘사에만 그쳐버리는 결과를 초래하였다. 즉 이러한 작품은 풍자적 의미는 가지고 있을지라도 회화사의 측면에서 보면, 문인정신을 강조하는 남종 문인화의 사의성은 찾아보기 어렵고, 표현기법에 의존하여 인물의 세밀한 부분까지 묘사의 대상으로 삼아 너무 형사에 치우친 작품이라고 할 수 있다.

<그림 27> 申潤福, <年少踏靑>

이러한 시대적 상황에서 김정희는 회화 본연의 사의성을 회복하고 지나치게 형사 위주로 빠져버린 풍속화를 극복하기 위하여 고도의 정신세계를 요구하는 즉 '문자향·서권기'를 강조하게 된다. 이를 통하여 실재적인 사실에 근거한 형사의 장점을 취하면서 동시에 자신의 고도의 예술적 정신성을 작품 속에 표현하고자 하였던 것이다. 이것이 회화, 특히 산수화에 대한 김정희의 기본 정신이며, 구체

적으로 이 정신을 구현한 것이 바로 〈세한도歲寒圖〉라고 할 수 있다.

2) 〈세한도〉의 미에 대한 철학의식

위에서 밝힌 바와 같이 중국의 경우에는 사실적인 형태묘사에서 출발하였다. 그러나 단순히 사물과 닮게 그리는 형태묘사로는 자신의 정신을 표현하기 어렵다는 것을 인식하게 되어 당대唐代 이후 작가의 고도의 정신세계를 작품을 통해 표현하기 위해서 형태를 단순화하는 표현기법을 사용하게 된다. 이러한 분위기는 송대宋代를 거쳐 명대明代에 와서 절정에 이르게 된다.

당시 수묵화는 오색五色의 단일화라는 의미에서 성리학적 사상과 일치하여 급속하게 발달하게 되고, 그림의 표현기법에 있어서도 형태묘사 보다는 작품 속에 고도의 정신세계를 표현하고자 하였다. 이러한 화풍은 신사를 강조한 나머지 형식적인 사의성에 얽매여서 개성미를 표현하는 강인한 필력이 결핍되는 문제를 야기하였다. 그리하여 명말·청대의 개성파 화가들은 지나치게 사의성에 빠져버린 전통화풍을 비판하고 자신들의 독특한 개성을 드러내기 위해 실재적인 사실에 근거한 독특한 그림을 그리기 시작하였다.

그러나 이들은 전통화법 그 자체를 비판한 것이 아니라, 지나치게 형식화되고 단순화된 사의적인 화풍을 비판한 것이다. 이들은 당시 고증학의 영향으로 회화의 원초적인 미를 강조하였으며, 또한 현실생활의 모습을 그림으로 표현하고 자신들의 개성을 드러내기 위해서라도 전통적인 화법과는 달리 사물의 형태를 중시하지 않으면 안되었다. 이러한 때 김정희는 연경에 가서 그들의 화풍을 접하게 되었으며, 이들의 학문적 정신을 수용하고 이러한 관점에서 당시 진경산수화 이후 지나치게 형사에 빠져버린 풍속화류를 비판하면서 고도의 정신세계를 표현할 수 있는 예술을 추구하였던 것이다.

〈세한도〉(그림 28)는 김정희가 제주에 유배 중이던 1844년에 제자인 이상적李尙迪(藕船, 1803~1865)이 중국에 다녀오면서 새로운 자료들을 구하여 보내주자, 그에 대한 감사의 답례로서 그려준 것인데, 그림과 함께 단정한 필치로 다음과 같은 장문의 제문을 적어 자신의 심사를 표현하고 있다.

> 그대가 지난해 「만학집晩學集」과 『대운산방문집大雲山房文集』을 보내 주었는데, 금년에 또 하우경賀藕畊의 『황조경세문편皇朝經世文編』을 보내주니 이것은 세상에 흔히 있는 일이 아닐세. 더구나 천만리 먼 곳에서 구입하여, 그것도 몇 년에 걸쳐서 얻었으니 일시의 일이 아닐세. 또 세상 사람들은 도도하게 오직 권세와 이익만 쫓아가는데 이같이 마음과 힘을 다하여 권세와 이익 있는 자에게 보내지 않고, 도리어 머나먼 데 있는 초췌하고 마른 나에게 보내니, 세간의 권세와 이익만을 추종하는 이들에 대해서 태사공太史公은 "권세와 이익으로 합한 자는 권세와 이익이 다하면 사귐이 멀어진다"고 했다네. 그대 또한 세상의 도도한 사람 중에 한 사람인데, 권세와 이익을 초연하게 벗어나서 권세와 이익의 대상으로 나를 보지 않음인가? 아니면 태사공의 말이 틀렸는가? 공자께서 "추운 겨울을 당한 후에야 송백松柏이 다른 나무보다 뒤에 시드는 것을 안다"고 하셨으니 송백은 사계절 내내 시들지 않는다네. 추운 겨울 이전에도 한 송백이요, 추운 겨울 이후에도 한 송백이거늘 성인이 특히 추운 겨울 이후의 송백을 칭찬하였다네. 이제 그대와 나의 관계는 전이라고 더함이 없었고 후에도 변함이 없음을 알았네. 그러나 전날의 그대는 칭찬 받을 만한 것이 없었고 이제 와서 그대는 또한 성인에게 칭찬 받을 만한 일이 아니겠는가? 성인이 특별

> 히 겨울 송백을 칭찬한 것은 다만 다른 나무보다 그 뒤에 시든다는 정조와 굳은 절개뿐만 아니라 또한 추운 겨울에 당해야 홀로 청청한데 감발되기 때문일세. 아아, 서경(前漢)의 인심이 순박하고 두터울 때, 급암汲黯이나 정당시鄭當時와 같은 어진 사람에게도 권세에 따라 손님들이 많이 모이기도 하고 사라지기도 하였네. 저 하규下邽 사람 적공翟公이 대문에 방을 붙인 것과 같은 상황은 세상 인심의 박절함이 극에 달한 것이 아니겠는가? 아아 슬프다! 완당 노인 쓰노라.[212]

위의 내용으로 보아 권세를 따르는 세속과는 달리 옥사에 연루되어 제주도에 위리안치圍離安置되어 있는 스승을 잊지 않고 정의情誼를 다하는데 대한 보답으로 그려준 작품임을 알 수 있다. 스승으로부터 이 작품을 받은 이상적은 그 해 10월 〈세한도〉를 가지고 동지사 이정응李晸應 일행을 수행하여 연경에 갔다. 그리고 이듬해(1845)에 그의 벗인 오찬吳贊의 장원莊園에서 벌어진 잔치에 초대받아 그 자리에서 스승에게 받은 〈세한도〉를 펴놓고 좌객들에게 내보이니, 모두 격찬을 아끼지 않으며, 다투어 제題와 찬贊을 혹은 시詩로, 혹은 문文으로 붙였다. 이것이 〈청유십육가淸儒十六家의 제찬題贊〉[213]

212) 김정희 〈歲寒圖〉 題文: "去年以晚學, 大雲二書寄來, 今年又以藕畊文編寄來, 此皆非世之常有, 購之千萬里之遠, 積有年而得之, 非一時之事也. 且世之滔滔, 惟權利之是趨, 爲之費心費力如此, 而不以歸之權利, 乃歸之海外蕉萃枯槁之人, 如世之趨權利者. 太史公云, '以權利合者, 權利盡而交疎', 君亦世之滔滔中一人, 其有超然自拔於滔滔權利之外, 不以權利視我耶. 太史公之言非耶. 孔子曰, '歲寒然後, 知松柏之後凋', 松柏是貫四時而不凋者, 歲寒以前一松柏也, 歲寒以後一松柏也. 聖人特稱之於歲寒之後. 今君之於我, 由前而無加焉, 由後而無損焉. 然由前之君, 無可稱, 由後之君 亦可見稱於聖人也耶. 聖人之特稱, 非徒爲後凋之貞操勁節而已. 亦有所感發於歲寒之時者也. 烏乎! 西京淳厚之世, 以汲·鄭之賢, 賓客與之盛衰, 如下邽榜門, 迫切之極矣. 悲夫, 阮堂老人書."

213) 〈淸儒十六家의 題贊〉은 이상적이 김정희에게 선물로 받은 〈세한도〉를 연경

이다. 그 내용은 모두 제주도에 유배된 완당 김정희의 높은 절개를 우러러보며, 추운 겨울에도 변하지 않는 소나무의 본성을 말한 것인데, 이 제찬은 또한 〈세한도〉를 불후의 작품이라고 평가하게 하는 계기를 마련해 주기도 했다.

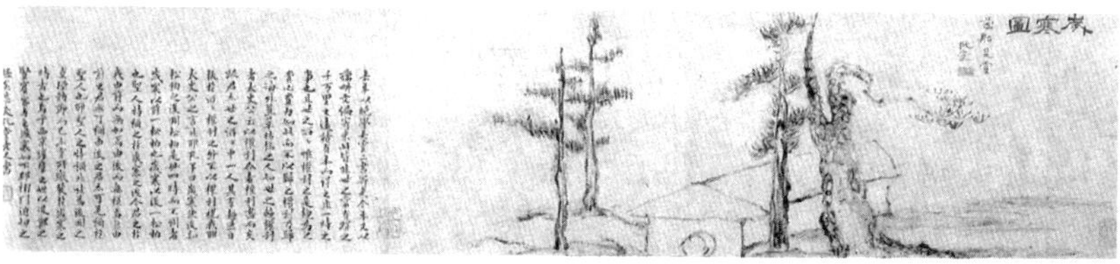

<그림 28> 金正喜, <歲寒圖>

<그림 28-1> 金正喜, <歲寒圖>(부분)

에 가지고 가서 16명의 학자들에게 제화시를 받아 이를 그림 뒤에 붙여 표구한 것을 말한다.

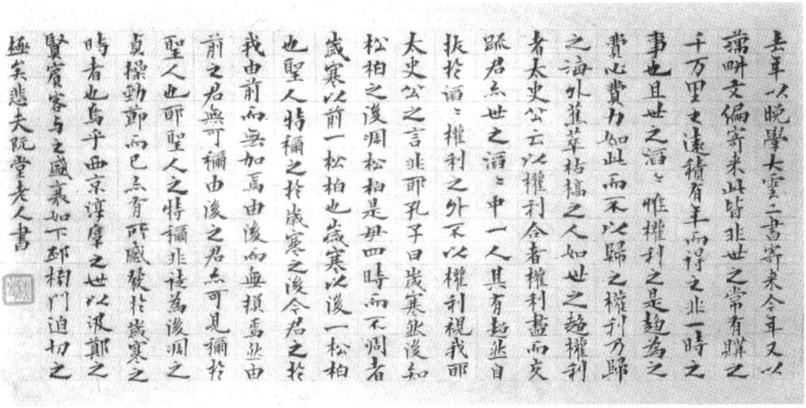

<그림 28-2> 金正喜, <歲寒圖>(부분)

〈세한도〉는 김정희의 회화세계에서 산수화의 대표작으로 격조와 품격을 가장 잘 보여주는 작품으로 알려져 있으며, 지금까지 〈세한도〉에 관한 평가와 연구들을 검토해보면 다음과 같은 몇 가지 특징을 지니고 있다고 정리할 수 있다.

첫째, 필선이 고담하고 간결하여 고도의 인격미를 표현하고 있다. 이동주李東洲는 "세한도는 그 필선의 고담하고 간결한 아름다움이 마치 고사의 인격을 대하듯 하여 심의의 그림으로 과연 신품이라고 할 만하다."[214]라고 평가하고 있는데, 이는 〈세한도〉에 대한 가당 일반적인 평가라고 할 수 있다.

둘째, 제문이 그림의 격을 높여주고 있으며, 지조의 상징만을 요약하여 나타냄으로써 웅변과 같은 강한 호소력을 지닌다.

안휘준은 "제문이 적혀 있어 그림의 격을 한층 높여주고, 가로 긴

214) 李東洲, 「우리나라의 옛 그림」(서울: 博英社, 1975), 259쪽.

지면에 가로놓인 초가와 지조의 상징인 송백松柏을 그린 매우 간일한 작품이지만, 그 그림 속에는 김정희의 농축된 문기가 넘치듯 배어나고 있다. 배경은 대담하게 생략하고 표현하고자 한 지조의 상징만을 간추려 요점적으로 나타냄으로써 보는 이로 하여금 과묵한 열변을 듣고 있는 듯한 느낌을 준다."[215]라고 평하고 있다.

셋째, 그림의 예술적 가치는 실경實景에 있지 않으며, 높은 격조와 문기文氣가 생명이다.

유홍준은 "이 그림의 예술적 가치는 실경에 있지 않다. 실경산수로 치자면 이 그림은 0점짜리 그림이다. 세한도는 완당의 마음속의 이미지를 그린 것으로 그림에 서려 있는 격조와 문기가 생명이다."[216]라고 하였다.

넷째, 갈필渴筆과 건묵乾墨의 능숙한 구사로 원대元代 문인화의 기풍을 따르고 있다.

유홍준은 "세한도는 완당의 마음속의 이미지를 그린 것으로 그림에 서려 있는 격조와 문기가 생명이다. 완당은 여기서 갈필과 건묵의 능숙한 구사로 문인화의 최고봉을 보여주었던 원나라 황공망黃公望이나 예찬倪瓚류의 문인화를 따르고 있다."[217]라고 하였다.

다섯째, 자체의 조형미보다는 형식과 구도를 초월하여 순수한 내면의 심경을 담고 있다.

차광진은 "세한도에 나타난 화화의 구성 면을 보면 건묵과 갈필에 의한 간결한 기법을 사용하였다. 또한 서로의 대칭을 피하면서

---

215) 안휘준, 「韓國繪畫史」(서울: 一志社. 1996), 291쪽.
216) 유홍준, 『완당평전』, 398쪽.
217) 위의 책, 위의 곳.

전체적인 균형을 잃지 않은 중화中和와 여백 처리에 고고한 품격과 문기文氣가 넘치는 필법으로 문인화의 진수를 보여주고 있다. 소나무가 두 그루씩 짝을 이루어 네 그루가 있는데 가운데 있는 노송은 만고풍상을 겪은 듯 단 한 가지만 살아서 고고하게 여운을 발하면서 꺼지지 않는 해동 제일의 통유 추사 자신을 상징하고 있다. 외롭고 쓸쓸할 때에 짝을 이루고 있어 뒤에 있는 소나무는 우반을 상징하고 있으며 뒤에 있는 소나무는 논어에 '덕이 있으면 외롭지 않다. 반드시 이웃이 있기 때문이다.(德不孤 必有隣)' 는 서권기·문자향에서 나오는 사의를 은유·상징적으로 나타내고 있다. 또한 소나무에 잎 하나하나, 즉 점획 하나하나에 강한 필치는 성의誠意 정신에서 나온 문기의 회화정신이다. 전체적으로 겨울 추위 속에 소나무와 잣나무가 서 있는 모습에서 한편은 유배지의 쓸쓸함을 연상시켜주고, 한편은 문기 넘치는 그림의 격에, 형식과 구도를 초월하여 순수한 내면의 심경을 담은 추사 자신의 고고한 정신의 미가 화폭에 흐른다."[218]라고 평가하고 있다.

여섯째, 문자향文字香·서권기書卷氣의 예술미가 특히 강조되어 그림과 글씨 속에 흔건하게 배어 있다.

유홍준은 "세한도는 구도와 묘사력 따위를 따지는 화법만이 아니라 필법과 묵법의 서법까지 보아야 제 맛과 제 멋과 제 가치를 맛볼 수 있다. 그림 그 자체보다는 그림에 붙은 아름답고 강인한 추사체의 발문과 소산한 그림의 어울림에 있다. 서화 자체의 순수한 조형미보다는 그 제작과정에 서린 완당의 처연한 심경이 생생히 살아있기 때문이다. 그림과 글씨 모두에서 문자향과 서권기를 강조했던 완

218) 차광진, 앞의 논문, 144-145쪽.

당의 예술세계가 이 소략한 그림과 정제된 글씨 속에 홍건히 배어 있음이 이 그림의 본질이다. 그림과 글씨와 문장이 고매한 문인의 높은 격조를 드러내는 시너지 효과를 일으키고 있는 것이다."219)라고 평가한다.

그런데 추사체에 있어서와 마찬가지로 〈세한도〉에 대한 기존의 평가들에 대해서 다시 한 번 생각해 볼 필요가 있다. 특히 기본적으로 위의 평가들에 대해 모두 인정할 수 있다고 하더라도 너무 관념적이고, 추상적인 평가에만 그쳐있다는 사실만큼은 지적하지 않을 수 없다. 왜냐하면 이러한 평가는 당시 중국이나 조선의 회화사적 맥락에서 〈세한도〉를 분석하지 않고 있으며, 따라서 김정희의 원래 의도나 예술정신의 근본적인 분석이 없이 겉으로 드러나는 껍데기만 보고 평가한 것이기 때문이다. 이런 방식으로는 〈세한도〉에 대한 올바른 예술적 가치를 판단할 수 없다.

중국과 조선의 예술사적인 흐름에서 종합적인 관점을 견지하고, 아울러 보다 체계적이고 분석적인 시각이 덧붙여져야만 정확한 평가가 가능할 것이다. 따라서 김정희가 무엇을 수용하고 어떤 것을 비판하였으며, 나아가 자신의 독자적인 화풍은 어떤 것인지를 분석하여야 〈세한도〉에 대한 올바른 예술적 가치를 판단할 수 있게 된다.

조선후기 산수화에서 새로이 나타나는 매우 중요한 사실은 남종화의 수용으로 인한 관념산수의 유행이다. 남종화라고 하는 중국 전통의 문인화풍은 북경을 다녀온 사행원과 화원들에 의해 전래된 진

219) 유홍준, 『완당평전』, 398쪽.

작眞作이나 방작倣作을 통해서 파급되었을 것이지만, 그밖에도 『고씨화보顧氏畵譜』와 『개자원화전芥子園畵傳』을 비롯한 명·청대의 화보들도 남종화의 보급에 큰 영향을 미쳤으리라 짐작된다. 18세기에 유행했던 진경산수 역시 남종화풍을 토대로 하여 여기에 조선의 독자적인 표현 양식을 발전시킨 것이라고 할 수 있다. 정선이 개척한 진경산수는 단순히 우리나라의 산수를 화제로 택하여 그렸다는 것뿐만 아니라, 그러한 실경들을 다룸에 있어서 독자적이며, 한국적인 화풍을 형성했다는 데에 큰 의의가 있는 것이다.

조선의 남종문인화는 조선 후기에 이르러 본격적으로 유행하게 되었으며, 점차 선비화가들과 화원화가들도 이를 보편적으로 따르게 되었다. 이 시대에 활약한 대표적인 남종문인화가로는 이인상李麟祥(凌壺觀, 1710~1760), 강세황姜世晃(豹菴, 1713~1791) 등이 있으며, 이들은 김정희보다 약간 앞서 활약한 주요 문인화가들이다. 그러나 남종화를 토대로 한 진경산수는 나름대로 독특한 화풍을 형성하였지만, 그 이후 '평생도'와 '회계도', '풍속화'의 발달은 지나치게 형태묘사에 치우침으로써 본래의 정신을 상실하였다. 그러므로 김정희의 〈세한도〉는 이러한 예술사적 맥락에서 이들을 비판하면서 본원의 예술정신을 회복할 것을 주장하는 것이다.

〈세한도〉에서 나타나는 특징을 몇 가지로 나누어보면, 첫째, 구도에 있어서는 전통적 관념산수의 특징을 잘 드러낼 수 있는 수직구도를 사용하지 않고, 당시 진경산수眞景山水에서 볼 수 있는 수평적 구도를 선택하여 초가草家와 소나무가 함께 어우러진 한적한 분위기를 연출하고 있다. 이는 편지의 내용을 그림으로 표현하기 위한 효과적인 방법이기도 하지만, 보는 사람으로 하여금 친근감을 불러일으키는 중요한 원인으로 작용하기도 한다. 또한 여백의 처리에 있어서도 그리고자 하는 주제만 그림으로 표현하고 나머지는 비워놓는다는 의미에서 정수만 취하고자 한 김정희의 독특한 표현 방식을 느낄 수 있다. 이러한 표현방법은 그리고자 하는 대상물의 형태를 직접 눈으로 보고, 사실적으로 묘사하는 표현방법도 아니며, 공간의 투시법을 해결하기 위해 만들어진 삼원법三遠法[220]을 그대로 적용한 방법도 아니다. 이것은 실재적인 사실에 근거한 진경산수의 장점과 화가가 경영위치經營位置하는 데 있어서 광활한 천지를 제공해준다는 전통적인 삼원법의 장점을 동시에 적용시킨 작품이라고 할 수 있다. 이러한 특징은 그의 〈고사소요도〉(그림 29)에서도 찾을 수 있다.

<그림 29> 金正喜, <高士逍遙圖>

---

220) 三遠法이란, 高遠, 深遠, 平遠으로 나누어지는 세 종류의 원근법을 말하는데, 여기서는 동양산수화에 있어서 공간의 투시법을 해결하기 위하여 畫者의 시선을 한 곳에 두지 않고, 한 폭의 그림에 三遠法을 종합적으로 사용하여 형상을 배치하는 방법을 말한다. 즉 한 폭의 그림에 高遠, 深遠, 平遠으로 자연을 관찰하는 기본적인 각도를 모두 개괄한 표현방법을 말한다.

둘째, 운필에 있어서는 붓을 느리게 움직여 획이 무겁고 끈끈한 느낌을 준다. 이것은 '원초적인 미'를 강조하는 금석학의 영향으로 서도書道에 있어서 예서隸書를 쓰는 법과 같은 고졸한 느낌을 극단적으로 표현한 것이다. 그리고 지조를 상징하는 송백의 은유와 간결한 필선은 '창작을 하기 위해 소재를 선택할 때는 정수를 취해야한다'는 송대宋代의 화법에 따라 정수만 취했다고 할 수 있다.

셋째, 표현기법에 있어서는 화법에서 중요하게 여기는 실제적인 사실성에 근거한 농담濃淡을 사용하지 않고, 서법에서 사용하는 건묵乾墨과 갈필渴筆을 사용하고 있다. 이것은 예서의 필법을 그림에 적용한 결과이며, 자신의 메마른 심경을 의도적으로 표현하기 위한 것이다. 따라서 〈세한도〉는 상징적인 관념산수의 장점과 실재적인 사실성이 드러나는 진경산수의 장점을 서로 회통시켜 자신의 심경을 효과적으로 잘 드러낸 작품이라고 할 수 있다. 이는 한송불분론에서 말하는 한학과 송학의 장점을 취합하여 성인의 경지에 도달할 수 있는 사상적 기반 위에서 서법과 화법을 초월한, 그러면서도 법도에 조금도 어긋남이 없는 '종심從心'221)의 경지라고 할 수 있다.

그리고 '왜 하필 건묵과 갈필을 사용하였는가?' 라는 물음을 제기할 필요가 있다. 건묵과 갈필은 문인화의 전통적 기법도 아니며, 이것이 격조와 문기를 나타내는 대표적인 표현방법도 아니다. 그럼에도 김정희가 건묵과 갈필을 사용한 것은 이상적이 보여준 변함없는 사제간의 정에 감사하는 마음과, 자신이 처한 환경에 대한 비통함을 동시에 느낀 나머지 먹물을 흠뻑 머금은 붓을 사용할 기력이

221) 『論語』, 「爲政」, "從心所欲不踰矩."

없었으며, 또 그림을 그리고자 하는 흥이 마음 깊은 곳에서부터 분출되지 않았기 때문이다. 이는 발문의 마지막 구절을 보면 짐작할 수 있다.

김정희는 이처럼 자신이 처한 환경에 대한 비통함을 생각하면서 동시에 그럼에도 불구하고 세속적인 권세에 빌붙지 않고, 자신을 위해 많은 책을 보내준 제자 이상적에게 고마움을 전하는 마음이 동시에 반영되었기 때문에 단순히 기쁜 마음으로 흥이 나서 붓을 잡은 것이 아니라, 쓰다 남은 먹과 이미 말라버린 붓을 잡고 울먹이는 심경을 달래면서 작품을 제작했으리라 짐작된다. 이것이 〈세한도〉를 보는 사람으로 하여금 '열변을 듣고 있는 듯 한 느낌을 주며', 또한 제문題文이 작품의 표현기법과 함께 어우러져 격을 한층 더 높여주는 느낌을 주게 되는 것이다.

또한 글씨의 장점과 그림의 장점을 서로 회통시켜 그림과 글씨를 따로 보는 것이 아니라 그림을 글씨 쓰듯이 하고, 글씨를 그림 그리듯이 하여 자신의 처연한 심경을 작품으로 표현하였기 때문에 보는 이로 하여금 문자향·서권기가 느껴지게 되는 것이다. 이러한 표현기법은 그림에서 중하게 여기는 농담을 무시하고 진한 먹물로만 그림을 그렸지만 그 표현이 결코 거칠다거나 탁하지 않으며, 또 단정한 해서체楷書體로 질서정연하게 아래위를 맞추어 발문을 써내려 갔지만 그림의 구도와 기법에 배치되거나 어색하지 않고, 오히려 그림과 함께 어우러져 〈세한도〉의 독특한 예술성을 한층 더 높이는 결과를 가져오게 되었다.

종합적으로 볼 때, 〈세한도〉에서 나타나는 이러한 표현 기법은 지나치게 신사를 강조한 남종문인화에서 나타나는 특성도 아니며,

18세기 등장한 실학사상에 의해 발현된 진경산수화나, 그 후 조선회화의 주류를 이루었던 풍속화에서 나타나는 특성도 아니다. 이러한 표현기법은 실재적 사실성과 전통문인화의 관념성을 종합한 김정희의 독특한 예술적 특성이라고 할 수 있다. 이것은 화법과 서법을 서로 회통시키고, 사실성과 정신성을 일치시켜 법도를 떠나지 않으면서도 법도에 구속받지 않는 자유로운 '유어예游於藝' 의 경지에서 비로소 가능한 것이다.

<그림 30> 權敦仁, <歲寒三友圖>

이후 〈세한도〉는 우리나라 산수화에 많은 영향을 미치게 되는데, 이와 유사한 그림을 그의 교우였던 권돈인權敦仁(彝齋, 1783~1859)과 제자인 허련許鍊(小癡, 1809~1892)의 방작倣作에서 찾을 수 있다. 권돈인은 〈세한삼우도歲寒三友圖〉(그림 30)를 그린 후 화제畵題를 붙여 "세한삼우도 한 폭을 그려 시의 의취를 메운다"[222]라고 하였는데, 나중에 김정희가 이 〈세한삼우도〉에 다음과 같은 화제를 남겼다.

> 화의畫意가 이러해야 비로소 형사形似의 길을 벗어난 것이 된다. 이러한 의취는 옛날 이름난 화가들 중에서도 터득한 자가

222) 권돈인, 〈歲寒三友圖〉 畵題: "因以歲寒三友圖一幅爲實詩意."

> 극히 적었다. 공公의 시詩는 높은 경지를 보여줄 뿐만 아니라 그림 또한 그러하다.[223]

여기에서 김정희는 무엇보다 실재적인 사실에 근거한 형사形似보다 작가의 고도의 정신세계가 작품으로 발현되는 신사神似를 더 중시하고 있음을 알 수 있다. 즉 이러한 경지야말로 그가 강조하던 문자향·서권기가 표현된 것이며, 또한 옛날 명화에서도 찾기 어려운 고도의 문인정신이 작품 속에 투영되어 시詩에서 뿐만 아니라, 그림에서도 잘 나타나고 있음을 말하고 있다. 그러나 권돈인의 〈세한삼우도〉에 나타나는 분위기는 '과묵한 열변을 듣고 있는 듯한 강한 호소력'을 지니는 김정희의 〈세한도〉와는 전혀 다르다. 오히려 그의 작품은 서예 작품인 〈석목石炑〉(그림 31)에서와 마찬가지로 한 나라의 재상까지 지냈던 사람으로서 그 후덕함이 작품을 통해 발현되어 오히려 온후하고 부드러운 느낌을 주고 있다.

<그림 31> 權敦仁, <石炑>

223) 권돈인, 위의 그림, 같은 곳, "畫意如此, 而後爲形似之外. 此意, 雖古名家, 得之者絶少. 公之詩, 不獨於閬工, 畫亦然."

그리고 김정희가 가장 총애한 제자였던 허련許鍊 또한 〈세한도〉를 방작하여, 〈방완당의산수도倣阮堂意山水圖〉(그림 32)를 그렸으며, 화제畵題에 "완당의 필의를 본받았다"[224]라고 설명하고 있다. 그는 이후에도 이와 비슷한 산수화를 여러 번이나 그렸다고 하는데, 이처럼 〈세한도〉의 바람은 조선말기 '완당일파阮堂一派'[225]를 형성하여 우리나라 회화사에 하나의 독특한 회화 장르를 형성하기도 하였다.

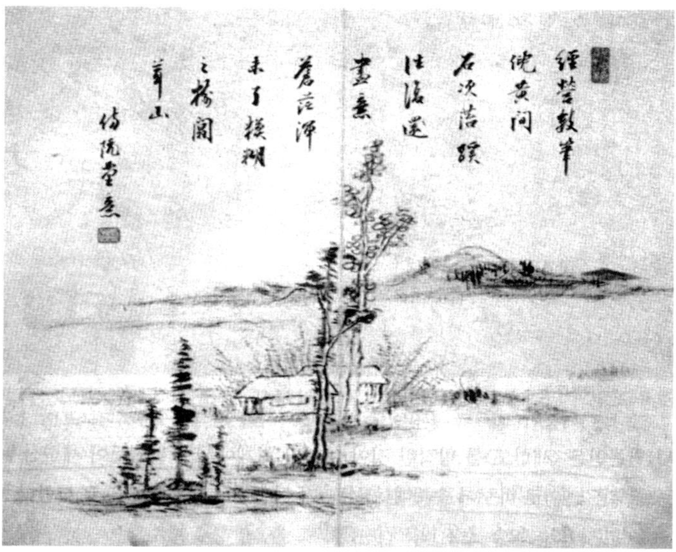

<그림 32> 許鍊, <倣阮堂意山水圖>

224) 허련, 〈倣歲寒三友圖〉, "倣阮堂意."

225) 阮堂一派는 완당 김정희를 추종하였던 趙熙龍, 許維, 田琦 등이 그 대표적 인물들이다. 이들은 고도의 정신세계를 작품을 통하여 표현하는 寫意的인 화풍을 숭상하였다.

3. <불이선란不二禪蘭>의 예술세계

1) 김정희 이전의 문인화

(1) 중국의 문인화

동양회화의 발전은 인물 및 동물을 중심소재로 하여 시작되었다. 그러다가 한대漢代이후 위진남북조魏晉南北朝 시대가 되면 사회 문화적으로 도가道家 및 불교사상이 팽배하기 시작하고, 회화에서도 인물이나 동물 중심에서 산수화나 화조화로 그 주류가 옮겨가게 된다. 즉 처음에는 인간 중심적 회화로부터 점차 자연으로까지 영역이 확대되었다고 할 수 있다. 그런데 당唐·오대五代를 거쳐 송대宋代에 이르면, 문인화라는 새로운 양식의 회화가 등장한다. 문인화 역시 자연에 대한 관심으로부터 비롯된 것이기는 하지만, 그 사상적 연원은 산수화와 달리 도가道家가 아니라, 유학에 그 뿌리를 내리고 있다. 즉 산수화에 도가사상의 영향이 크게 작용하였다면, 문인화는 유가사상의 대표적 회화양식이라고 할 수 있는 것이다.

따라서 문인화는 송대 사대부 계층의 등장, 그리고 그들의 성리학적 세계관과 밀접한 관계를 맺고 있다. 송대에는 정치, 경제, 사회, 문화 등 여러 방면에 걸쳐 변혁과 발전을 가져온 획기적인 시기로 주목되어 왔다. 송대에 문인화가 이처럼 발전해 갈 수 있었던 원인 가운데 결정적인 원인은 사대부 계층의 등장이다. 이들 사대부 계층이 사회의 상류구조를 구성함으로써 그 결과 중국의 역사 발전에 새로운 장이 열리게 되었다. 이러한 사대부 계층은 송대 성리학자들이며 동시에 문인화가들이었다. 따라서 성리학이 사회적 주도 이념으로 정착하면서 이들이 그린 문인화 역시 회화의 중요 장르로 확립되었다.

이러한 문인화의 형성에는 수묵의 발달이 일정한 역할을 담당하였다. 수묵은 단색單色이 아니라 음양오행陰陽五行 상의 오색五色의 단일화單一化이다. 즉 행위는 일회로서 그치지만, 그 효과는 오색이 모두 구현되는 것이다. 수묵에 대한 이해의 심화는 수묵을 바탕으로 한 구체적 행위, 즉 회화에 고도의 철학적 깊이를 요구하게 되었으며, 이에 따라 문인화는 더욱 급속한 발전을 하게 되었다.

잘 알려져 있는 것처럼 문인화의 대표적 화목은 매梅·난蘭·국菊·죽竹의 사군자四君子이다. 사군자화는 유가사상의 인간 중심적 도덕이 자연에까지 확장되어 그림으로 표현된 것이다. 당시 성리학자들은 선진 유학과는 달리 도덕을 인간 사회에만 한정한 것이 아니라, 자연에까지 확장하여 모든 자연을 인간과 마찬가지로 도덕적 입장에서 해석하고자 하였으며, 자연의 구체적인 대상물에까지 도덕적 성격을 부여하였다.

이것은 사군자화라는 어원에서도 알 수 있다. 본래 군자라는 말은 학문과 덕이 높은 사람을 지칭하는 말이다. 사군자라는 말은 전국시대에 학문과 덕을 갖춘 뜻이 높은 인물 네 사람[226]을 지칭하는 말로서 그들의 덕망을 높이 받드는 데서부터 연유되었다.

그러므로 사군자화는 지조 높은 선비들의 사상과 깊은 관계가 있으며, 그들의 지조와 덕망을 매화, 난초, 대나무, 국화라는 구체적인 자연물의 특성에 비유한 것이다. 그런데 사군자화가 처음 산수화나 화조화의 배경으로 그려지기 시작한 때에는 어떤 특별한 회화적 의

226) 전국시대의 孟嘗君, 春信君, 平原君, 信陵君을 말한다.

의를 가지고 있는 것은 아니었다. 처음에는 대개가 구륵鉤勒[227]과 색채를 사용한 볼품없는 사실적인 그림이었다. 그러나 당대의 오도자吳道子에 이르러 수묵산수화법이 새로 등장함에 따라 커다란 변동이 일어난다.

사군자 중에는 매화와 대나무가 가장 많이 그려졌다. 매화는 대부분 산수화가 그렇듯이 당나라 이전에는 인물화人物畫나 화조화花鳥畫의 배경 처리로 그려지기 시작하였다. 그러나 오대五代를 거쳐 북송 중기 이후부터 매화는 완전히 독립된 화목으로 발전하게 된다. 문헌에 의하면 묵매墨梅의 창시자는 중인仲仁이라고 하는데, 그의 산수화에는 매화가지나 꽃잎을 배경으로 그린 것이 있었다고 한다. 이처럼 처음 매화는 인물·화조화에 있어서 배경 처리로 주로 쓰였는데, 당시 북종산수화의 발전과 함께 묵매화 역시 일차적인 발전을 보게 되었다. 대략 이때에 형성된 문인화풍은 기교상에 있어서 대부분 단색이었으며, 색채를 사용하지 않고 묵의 조합을 위주로 하였다. 그리고 기교의 표현이 시의적詩意的이거나 사의적寫意的이었으며, 순수한 회화의 본질을 위주로 하는 화풍은 아니었다. 이것은 산수화가 사실적인 관찰에서 사의적인 경향으로 전향되는 것과 같은 현상이었다.[228]

대나무 그림은 사군자 중에 가장 먼저 발전하였고, 또 이론적 저서도 가장 많다. 송宋의 화론가인 황정견黃庭堅(山谷, 1045~1105)은 「도진사화죽서道臻師畫竹序」에서 묵죽화의 기원에 대해 다음과 같이

---

227) 鉤勒이란 형태의 윤곽을 선으로 먼저 그리고 그 안을 먹이나 채색으로 메우는 기법으로 沒骨畫에 대치되는 수법이다.

228) 김종태, 『東洋畫論』(서울: 一志社, 1978), 291-294쪽 참조.

말하고 있다.

> 묵죽은 비교적 근세에 시작하였는데, 그 사승師承에 대해서는 알려져 있지 않다. 처음 오도자가 붓으로 그림을 그림에 있어서 단청을 사용하지 않았는데도 그 형태를 매우 가깝게 그려내었다. 그러므로 세상의 식견이 정밀하고 박식한 선비들이 오도자의 묵죽본을 많이 소장하고 있다.[229]

이처럼 황정견은 당나라의 오도자로부터 묵죽화가 시작하였다고 본다. 그러나 그 화법은 오직 쌍구륵雙鉤勒의 백묘법白描法[230]에 불과하였다. 그 예로 당나라 때의 사찰인 개원사開元寺에 왕유의 석각죽화石刻竹畫가 현존하고 있는데, 이 죽화도 쌍구륵 석각이다. 이러한 사실적인 쌍구륵 죽화법은 오대五代에 와서 비로소 완전한 묵죽의 형태로 나타나기 시작하였으며, 그 화법을 처음 시도한 사람이 오대의 이부인李夫人[231]이다. 따라서 오대의 대나무 그림은 대부분 수묵으로 그렸다. 당시에는 사회적으로 어지러운 시기였으므로 지조 높은 선비들이 속세를 등지고 은거생활을 하면서 여기餘技로 수

229) 黃庭堅, 「道臻師畫竹序」, "墨竹始於近世, 不知其所師承. 初吳道子作畫, 運筆作卷, 不加丹靑已極形似, 故世之精識博物之士, 多藏吳生墨本." 김종태, 『東洋畵論』 329-330쪽에서 재인용. 김종태의 책에는 이 인용문이 黃庭賢의 것으로 되어 있으나 이는 黃庭堅의 誤字이다.

230) 白描法이란 색채나 음영을 가하지 않고 철저하게 윤곽선만으로 이루어진 기법을 말한다.

231) 李夫人은 오대의 西蜀名家 출신으로 그의 이름은 전하지 않는다. 문장을 좋아하였고 특히 서화를 즐겼다. 郭崇韜가 蜀을 정벌하였을 때 그를 취하였는데, 그가 무인이므로 좋아하지 않았다. 어느 날 달밤에 홀로 앉아 창문에 비치는 竹影을 墨으로 그렸는데, 그 다음 날 그것을 보니 생기가 충만하였다. 후에 사람들이 그 후부터 이부인을 묵죽화의 시조라고 하였다. 김종태, 『東洋畵論』, 주)29 재인용.

묵 대나무를 그리는 습관이 생기게 되었고, 또 대나무의 생태학적 특징이 자신들의 정신과 유사한 특징을 지녔기 때문이다. 하지만 당시에는 크게 성행하지는 않다가 북송의 문동文同(1018~1079)에 와서야 비로소 회화의 한 영역으로 인정받게 된다. 소식蘇軾(東坡, 1036~1101)은 다음과 같이 말한다.

> 그러나 내가 보기에 여가與可(文同)의 병은 아직 다 낫지 않았으니 어찌하여 유독 피워내지 않는 것을 용납하지 않는가? 내 장차 그가 피워내는 것을 엿보았다가 몰래 이를 취하리라. 그는 병으로 생각하는데 나는 다시 그 병을 이용하려 하니, 이는 또한 나의 병이다.[232]

여기에서 소식은 문동의 '병'이 완전히 낫지 않은 원인은 그가 죽석竹石을 빌어 정을 나타냄으로써 정에 솟아 나오는 것이 있으면, 곧 시詩나 그림으로 표현하려는 데 있다는 것이다. 즉 문동의 묵죽화법은 자연의 객관적인 관찰과 규율로 사물의 형태를 흉중에 새겨두어 소위 '흉중성죽胸中成竹'을 그려내는 것이다.

대나무 그림에 있어 문동의 영향은 매우 컸으며, 역대로 그의 전형을 배우지 않는 사람이 없었다.[233] 이러한 '흉중성죽'의 대표적인 작품은 그의 〈묵죽〉(그림 33)에서 찾을 수 있다. 이 작품은 꺾이고, 구부러져 바위틈에 끼어 곤궁에 처한 우죽紆竹을 그렸는데, 자신의 생활경험과 사상, 감정을 대나무를 통해서 표현한 작품이다.

---

232) 蘇軾, 『東坡題跋』, 卷5, 「跋文與可墨竹李通叔篆」, "然以余觀之, 與可之病亦未得爲已也, 獨不容有不發乎? 余將伺其發而掩取之. 彼方以爲病, 而吾又利其病, 是吾亦病也." 葛路, 『中國繪畫理論史』, 주)286에서 재인용.

233) 김종태, 『東洋畵論』, 329-332쪽 참조.

<그림 33> 文同, <墨竹>

난초 그림도 역시 최초에는 화조화의 일부분으로 시작하였으나, 그 발전은 오대와 북송을 거치면서 매화와 대나무 그림이 성행함에 따라 동시에 발전하게 되었다. 특히 난초 그림은 남송 때 사람인 정소남鄭所南이 유민생활을 하면서 새로운 형태의 난초를 그리기 시작하였으므로 그를 묵난법墨蘭法의 창시자라 한다. 그는 송宋이 망하고 원元나라가 들어서자, 난초에 뿌리를 그려서 불사이군不事二君의 선비정신을 난초를 통하여 표현하였다. 그 후부터 문인사대부들은 사의성의 대표적인 화목으로 난초를 많이 그리게 되었다.

> 난초의 묘미는 첫째로 기운에 있으니, 그 기운이란 잎에 있고, 꽃의 꽃술은 토하는 기세로서 신기를 얻어야 한다. 또 이러한 운필은 곧 필의에 있으며, 난화를 그리는 필법은 먼저 팔이 매달려 움직이는 것처럼 하여야 하고, 그치지 않고 가벼우며, 민첩한 원활성이 있어야 표표하고 방일한 경지에 이를 수 있다.

그러나 난을 그릴 때 주의하여야 할 점은 순수하게 하여 가식이 있어서는 안 되고, 견고한 필법은 피해야 하며, 또 공력을 들여 정신을 집중하고 난의 외모를 그리는 것이 아니라 내면적 정신형태를 그려야 한다.[234]

난초를 그리는 요체는 사실적인 묘사를 중요하게 생각하지 않고, 기운과 운필 그리고 묵법을 매우 중요시하는 데 있다. 따라서 난초는 공력을 들여 정신을 집중하고, 난초의 외형을 그리는 것이 아니라, 내면의 정신형태를 그려낼 수 있어야 한다. 이는 작가의 높은 인격과 학문이 난초를 통하여 표현하기 위한 것이다. 이와 같이 난초는 처음부터 형사보다는 사의성을 더욱 중요한 요소로 파악하고 있으며, 이것은 직업화가가 아니라 문인사대부들에 의해 그려진 사군자화의 본질적인 특성을 형성하였다. 이러한 사의성의 강조는 심괄沈括의 『몽계필담夢溪筆談』에서도 나타난다.

글씨와 그림의 묘는 마땅히 정신으로 깨달아야지 형상으로 구하기는 어렵다. 세상의 그림을 보는 사람들은 대개 그 사이의 형상의 위치와 채색의 하자를 지적하는 것을 능사로 여길 뿐이다. 오묘한 이치와 그윽한 재주에 이르러서는 이를 아는 사람을 보기 드물다.[235]

위의 인용문은 그림의 묘는 형상과 채색에 있는 것이 아니라, 작품 속에 나타난 작가의 고상한 인품에 있는데, 이러한 경지를 아는 사람이 적음을 한탄하는 것이다. 즉 실재 사물에 근거한 형사보다는

---

234) 위의 책, 305-306쪽.

235) 沈括, 「夢溪筆談」, "書畵之妙, 當以神會, 難可以形器求也. 世之觀畵者, 多能指摘其間形象位置彩色瑕疵而已, 至於奧理冥造者, 罕見其人."

내면에 감추어진 고도의 정신세계가 더욱 중요함을 강조한 내용이다. 이렇게 사물의 형태보다는 정신을 강조한 사의적인 그림은 원대가 되면 더욱 발전하게 된다. 원대에는 현실 도피적이고, 복고적인 관념이 싹트기 시작하였다. 따라서 사실주의적인 회화보다는 문인화가들의 사의적인 화풍이 더욱 성행하게 된다. 이러한 사의성의 강조는 예찬倪瓚(1301~1374)의 「서화죽書畵竹」에서도 드러난다. 그는 "나의 대나무는 오직 가슴속의 일기逸氣를 그린 것뿐이다."[236]라고 하여 사의성을 극단적으로 강조하고 있다.

명대가 되면 문인화는 그 이론적 근거를 공고히 하면서 더욱 발전하게 된다. 명대의 동기창董其昌(思白, 1555~1636)은 『상남폄북론尙南貶北論』을 제출하여 사의성을 중시하는 남종화의 전통성을 강조하였고, 따라서 형사를 중시하는 전문적인 직업화가들의 그림인 북종화에 대한 남종화의 우위가 강조되었으며, 당시 문인화가들에게는 사의성을 중시한 남종화가 형사를 중시한 북종화보다 높은 화론의 배경을 가지고 있다는 생각이 보편화되었다. 그러므로 당시에는 문인화에 대한 절대적 가치화의 분위기가 일어났다. 이러한 분위기는 나아가 문인화의 성행을 가져왔고, 이에 따라 사의성의 대표적 화목인 난초그림이 많이 그려지게 되었다. 난초그림은 문인사대부들에 의해 적극적으로 수용되었고, 그들은 난초를 통하여 자신들의 정신을 표현하고자 하였다. 그러나 다른 한편으로는 지나친 사의성의 강조로 인해 관념적인 형식주의로 흘러버리게 되었다.

청대에 이르면 이러한 형식주의를 비판하는 흐름이 두드러지게

---

236) 倪瓚, 『倪雲林詩集』, 附錄, 「書畵竹」, "余之竹聊, 以寫胸中逸氣耳." 葛路, 『中國繪畫理論史』, 327쪽에서 재인용.

나타난다. 당시 문인화가들에게는 성리학의 문인정신은 차츰 쇠퇴해지고, 새로운 문인화풍의 형태가 시작되었다. 이것은 한 편으로는 성리학적 가치의 표현을 부정함으로써 부분적으로 문인화의 몰락을 가져온 것이지만, 다른 한 편으로는 기법과 양식의 자유로움으로 인하여 문인화 영역의 확장이라는 결과를 낳게 된다.[237]

특히 명말 유민학파들의 영향을 받은 청대 화가들은 법고주의法古主義에 반기를 들어, 화법에 구애됨이 없이 자유분방한 그림을 그렸으며, 사군자에 있어서도 독특한 예술적 형태가 발생하여 새로운 문인화풍이 나타났다. 이들은 자유로운 필치로 자신의 개성을 마음껏 발휘하였으며, 또 생활환경과 밀접한 관계가 있는 그림을 그렸다.

이러한 경향의 대표적인 화가로 '양주팔괴' 를 들 수 있다. 이들은 지나치게 사의적인 기존의 기법에서 벗어나, 사물을 지극히 객관적으로 관찰하여 표현하고자 하였다. 특히 '양주팔괴' 의 한 사람인 정섭鄭燮(板橋, 1693~1765)은 대나무를 집 앞뜰에 심어 놓고 보거나, 달밤에 창호지에 비친 대나무의 그림자를 보고 그림을 그렸다.[238] 이는 사물의 사실적인 묘사를 통하여 형식화되고 단순화된 사의적인 전통화풍을 극복하고자 한 것으로, 그의 작품인 〈난죽도蘭竹圖〉(그림 34)를 보면 그 특성이 잘 나타나 있다.

이 작품은 전통적인 난초그림에서 볼 수 있는 단순한 구도를 선택한 것이 아니라, 실재적인 사실에 근거한 복잡한 구성으로 그린 작품이다. 즉 무성한 난초그림 사이사이에 대나무 잎을 그려 넣어,

---

237) 사공홍주, 「宋代 文人畵에 끼친 性理學의 영향」(석사학위논문, 啓明大學校, 1999), 16쪽 참조.

238) 허영환, 『東洋畵 1000年』(서울: 열화당, 1978), 175쪽 참조.

실재적인 사실성을 강조하고자 하였다. 특히 이 작품은 문인화의 대표적인 화목으로 여겨왔던 난초그림을 통하여, 사의적이고 형식화된 전통문인화를 부정하고, 실재적인 묘사를 바탕으로 하여 자신의 독특한 작품세계를 구현한 작품이다. 따라서 정섭은 사의성이 강한 전통적인 문인화풍과 달리 자신의 독특한 방법으로 대상을 표현해 낸 문인화가라고 할 수 있다.

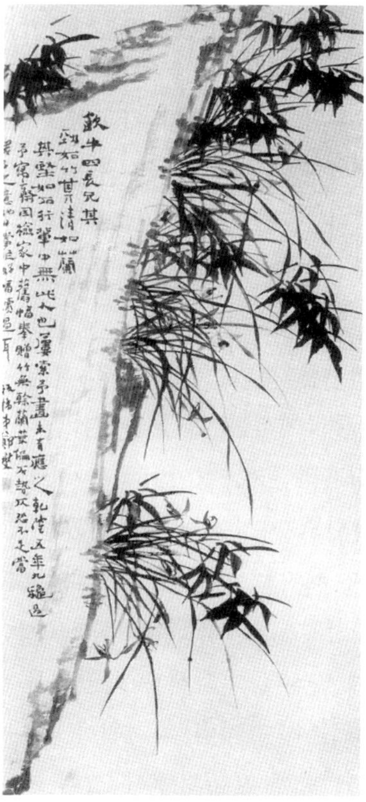

<그림 34> 鄭燮 <蘭竹圖>

이와 같이 당시 청대의 문인화가들은 전통적인 문인화법의 지나친 사의성을 극복하고자 사물의 사실적인 묘사에 관심을 가지게 되었다. 그러므로 이들은 자신들의 개성을 마음껏 발휘하고, 생활환경과 밀접한 관계가 있는 그림을 그렸다. 또 이들은 소장자와 감상가들의 기호를 의식하여 형사에 바탕하여 자신들의 독특한 개성을 드러내고자 노력하였다.

(2) 조선의 문인화

우리나라의 문인화는 상대적으로 늦게 시작되었다. 그 이유는 중국에서 들어오는 회화의 발달상황이 기교적으로나 이론적으로 아직 보급되지 못하였고, 그림에 대한 일반 지식인들의 이해가 사회적으로 부족했기 때문이다. 일반적으로 인문정신에 기반한 문인화를 이해하기 시작한 것은 신라말엽 최치원崔致遠(857~?)으로부터라고 할 수 있다.

최치원이 당에 머무른 시기는 회화사적 입장에서 문인화풍이 싹트고 있을 때이다. 중국에서는 이미 5세기 말 6세기 초에 오도자가 수묵화를 그리기 시작하였고, 뒤이어 6세기 중엽에 왕유가 문인화를 개척하여 일반사회의 지식인들이 문인화를 인식하고 있었다. 그보다 앞서 오도자의 제자로 신라인 김충의金忠義가 훌륭한 그림을 그렸다는 내용이 장언원張彦遠의 『역대명화기歷代名畵記』에 기록되어 있으나, 그가 신라에 다시 돌아와서 회화활동을 했는지는 문헌이 없어서 고증하기가 어렵다. 그러나 최치원은 당나라의 상류사회에서 지식인들과 교류하고 함께 생활하면서 그때 지식인들 사이에 성행하였던 인문사상을 이해하고 있었던 것이 분명하다. 따라서 인문사상의 발전과정으로 볼 때, 최치원은 문인화의 기본정신을 이해하고 있었던 것으로 판단된다.

그러나 엄밀하게 말해서 우리나라에서 문인화가 올바로 인식된 것은 고려중엽 이후라고 할 수 있다. 이 시기는 중국으로부터 들어온 과거제도가 시행되고, 이러한 과거를 통해 등장한 신진세력들에 의해 문인사대부층이 형성되기 시작하였다. 이들은 그들의 철학사상을 예술작품을 통하여 표현하고자 하는 욕구를 지니고 있었다. 이것은 문인화를 향유할 수 있는 계층이 형성되었음을 의미한다.

이와 때를 같이하여 고려 문인들은 북송의 대표적 문인인 소식蘇軾(東坡, 1036~1101)을 추앙하고 있었는데, 그는 묵죽에 능한 사람이었다. 그러므로 당시 소동파의 추앙 열기가 고려 문인들에게 크게 영향을 미쳐 문인화의 대표적 화목이라고 할 수 있는 사군자 그림의 유행을 한층 더 확대시키는 역할을 하였다. 그리하여 김부식金富軾(雷川, 1075~1151)에 의해서 묵죽墨竹이, 정지상鄭知常(?~1135)에 의해서 묵매墨梅가 그려진 이후 우리나라 사군자화는 문인들 사이에서 크게 유행하게 된다.

그 후 고려 말에는 이규보李奎報(白雲居士, 1168~ 1241), 이제현李齊賢(益齋, 1287~1367), 정홍진丁鴻進(?~?)등이 묵죽과 묵매에 능했다 하는데, 지금 현존하는 작품은 남아 있지 않기 때문에 당시 작품의 예술적 특징을 구체적으로 분석하기는 어렵다.

고려 후기 문인귀족들에 의해 크게 유행했던 문인화는 조선 왕조에 들어와서 더욱 번창하게 되었다. 이는 문인화가 지니고 있는 군자적 상징성과, 단순하면서도 함축된 강직한 미적 정취가 조선 왕조를 일으키고 당시 문화 전반을 주도했던 성리학자들이 추구한 이상적 인간관과 미감에 있어서 가장 부합했기 때문이다.

조선 초기의 문인화는 고려시대와 같이 일부 문인귀족들에 의해 '묵희墨戱' 나 '여기餘技' 의 대상으로 그려지는 단계를 넘어서서 전문적인 직업화가라고 하는 화원들에게까지 폭넓게 파급되었다. 하지만 유감스럽게도 그 당시 문인화는 현전하는 작품이 거의 없으며, 당시 화가들에 의해 그려진 몇몇 청화백자에 시문된 대나무 그림에서 고려 말부터 그려지기 시작한 원대 이간의 묵죽화풍의 유향을 가늠해 볼 수 있을 뿐이다.

대나무 그림은 우리나라에서 가장 먼저 그려진 화목이라고 할 수 있다. 이러한 예는 고려 말 이규보가 정홍진丁鴻進(字, 而安)이 그려준 묵죽 네 폭에 대하여 쓴 찬시贊詩를 보면 알 수 있다.

> 너에게 소중한 것은/ 절개가 곧은 것 뿐이로다/ 흔들리어 몸을 가누지 못함은/ 바람 때문일 것이네/ 이 또한 빈 것인데/ 누가 이것을 흔들겠는가.[239]

이 시는 대나무의 절개와 문인의 기질을 비유하여 지은 것이다. 즉 대나무의 군자적인 정신을 읊은 것으로 문인화적인 정신을 노래하고 있다. 이를 통하여 당시에 대나무 그림이 많이 그려지고 있었음을 확인할 수 있다.[240]

15세기 사대부들은 사군자 중에서도 대나무 그림을 좋아하였다.

---

239) 李奎報, 『東國李相國集』, 第11卷, 「贊序記雜議問答條」(서울: 고전국역총서(Ⅵ), 민족문화추진회 1984), 199쪽에서 재인용. "이 詩는 丁鴻進이 이규보에게 肖像畵와 墨竹幅을 그려준 일이 있었는데 그 墨竹에 대하여 이규보가 贊詩를 쓴 것이다."

240) 김종태, 『韓國畵論』(서울: 일지사, 1989), 268-273쪽 참조.

대체로 조선전기에는 색채화보다는 수묵을 위주로 하는 제한성을 가지고 있었는데, 그것은 사회를 석권하고 있는 생활 지도층이 유학자들이므로 그들의 기호에 맞는 그림을 찾았기 때문이다. 그러나 사대부들 중에는 그림을 그리는 것은 천민들이 하는 짓이라고 하여, 그림 그리기를 꺼려하는 사람들도 있었다. 이것은 도학道學에 비해 예술을 소기小技로 여기고 가벼운 것으로 치부하며, 또한 '완물상지玩物喪志' 를 경계하는 의식 때문이다. 사실 '도본예말道本藝末' 의 사유는 성리학의 전통적 관념이었으며, 특히 학문적 순수성을 강조하는 사림士林이 이념적 주도권을 장악한 조선의 상황에서는 불가피한 것이기도 했다. 이런 흐름은 한편으로는 한국문인화의 발전을 저해한 원인이 되기도 하였다.

이런 과정 속에서 본격적으로 문인화가 정착된 것은 세종 때인 15세기경에 강희안姜希顔(仁齋, 1417~1464)과 강희맹姜希孟(私淑齋, 1424~1483) 형제에 이르러서였다.[241] 강희안은 성리학을 연구하는 유학자로서 회화에 많은 관심이 있어 수준 높은 문인화를 그렸다. 그리고 강희안의 동생인 강희맹은 그림을 잘 그렸다는 기록은 없으나 그의 『사숙재집私淑齋集』에는 문인화에 대한 상당한 식견이 표현되어 있다.

> 무릇 사람들의 기예는 비록 같으나 마음을 쓰는 것이 서로 다르다. 군자의 그림은 우의寓意일 뿐이고, 소인의 그림은 유의留意일 뿐이다. 유의로 그림을 그리는 자는 스승으로부터 배워 장인의 직업을 가진 자며, 그림을 그리는 기술을 팔아서 식생

241) 김근섭, 「韓國의 文人畵論」(석사학위논문, 조선대학교, 1986), 20쪽 참조.

활을 하는 것을 말하고, 우의로 그림을 그리는 자는 지체 높은 사람이나 아름다운 선비와 같은 사람들로, 마음에 묘리가 깊은 것을 말하는 것이니, 어찌 가히 유의가 쌓여 있을 것인가?[242]

여기에서 강희맹은 문인화를 우의寓意라 하고, 화원화를 유의留意라고 하였다. 이런 시각에 따라 이때부터 문인화와 직업화가 구별되기 시작하였다고 보는 것이 일반적인 견해이기도 하다.

16세기에는 묵죽화가로는 이정李霆(灘隱, 1541~?)을 들 수 있다. 그는 진하고 연한 농담으로 대나무를 표현하고, 능숙한 붓놀림으로 대상의 생김새를 그대로 묘사하였는데, 구도가 짜임새 있고, 예술성도 높은 작품을 그렸다. 특히 그는 계절에 따라 미묘하게 변화하는 대나무를 잘 그렸으며, 대나무의 정신을 비유하여 자신의 정신세계를 잘 표현하였다고 한다.

묵매화로서는 어몽룡魚夢龍(1566~?) 등의 이름이 높았는데, 그는 달밤의 매화를 소재로 하여 매화의 특징을 생동하게 그렸다고 한다. 그의 그림에는 굵은 노간 사이로 곧은 가지를 직선적으로 그린 구도를 볼 수 있으며, 또한 구부러진 굵은 가지들의 표면을 비백飛白처럼 먹을 칠하지 않고 하얗게 남겨 놓는 기법을 구사하고 있다. 이러한 표현방법은 이부인李夫人(梅窓, 1529~1592)과 조속趙涑(1592~1668), 조지운趙之耘, 오달제吳達濟 등에서도 나타난다. 이들도 어몽룡의 묵매에서 보여지는 비백처럼 먹을 칠하지 않고, 하얗게 남겨

242) 姜希孟, 『私淑齋集』, 卷7, 「答李仲平書」, "凡人之技藝雖同, 而用心則異. 君子之於藝, 寓意而已, 小人之於藝, 留意而已. 留意於藝者, 加工師隷匠, 賣技食力者之所爲也, 寓意於藝者, 如高人雅士, 心探妙理者之所爲也, 豈可留意於而累其心哉?"

표현하는 방법과 굵은 가지 주변에 짙은 점을 찍어 엑센트를 가하는 것과 아름답고 만발한 매화가 아닌, 단출한 매화가지를 묘사하고 있다.

난초는 17세기에 들어와서 그려지기 시작하는데, 이 당시의 문인화는 16세기 말경의 문인화풍이 그대로 이어지면서도 점차 새로운 양상이 나타나기 시작하였다. 임진왜란 이후 화가들에게도 애국적인 감정이 고조되었고, 일반 서민들에게도 예술에 대한 인식이 보급되어, 그들의 그림에서는 인간 생활을 묘사하는 관심이 높아졌을 뿐만 아니라, 한국적인 자연을 사실적으로 묘사하려는 실경 산수화풍이 일어나는 등의 배경이 조성되었다. 그리하여 문인화에 있어서도 형식주의적이고 사대주의적인 낡은 전통에서 벗어나 한국적인 새로운 문인화를 지향하려는 노력이 나타났다.

그 대표적인 화가가 강세황姜世晃(豹菴, 1712~1791)이다. 그는 이렇게 말하고 있다.

> 묵난墨蘭에 대해서는 더욱 이름 있는 사람이 없다. 대체로 우리나라에는 옛날부터 난이라고 하는 것이 없다. 그림을 보고 더러 모사해 보지만, 진짜 난을 보지 못했기 때문에 그 정신을 옮기고 실물을 그대로 그릴 수가 없다. 옛적에는 좋은 화보가 있었지만 그것도 우리나라에 전한 것이 없다. 또 화보 가운데 몇 폭을 옮겨 모사 하였는데, 누가 이것을 보고 그 오묘한 것을 깨달을 수 있겠는가. ……반드시 난과 죽의 참 모양을 익히 보고, 널리 옛사람들의 유품을 보고 겸하여 모사하는 공부를 오랫동안 쌓아야만 비로소 성공을 할 수 있을 것이다. 또 공부하는 사람의 지식이 깊고 얕음과 필력의 강약에도 관계된다.[243]

243) 姜世晃, 『豹菴遺稿』, 「書墨蘭竹卷後」, "至若墨蘭, 尤是寥絶響. 盖吾東自古無所

그는 묵난을 그리기 위해서는 직접 보고 사생을 하되 옛날의 유품을 보고 화법에 맞추어서 하여야 하며, 오랜 공력을 쌓아야 비로소 성공할 수 있다고 보았다. 또 지식의 많고 적음, 필력의 강약에 관계가 있으며, 그것이 회화의 본도本道라고 생각하였다. 이런 점에서 강세황은 전통적인 법식을 지키면서 동시에 실재적인 사실성을 포함할 수 있어야 함을 강조한다고 할 수 있다. 이러한 의식은 그의 〈난도蘭圖〉(그림 35)에서 잘 드러나고 있다.

<그림 35> 姜世晃, <蘭圖>

<그림 35-1> 姜世晃, <蘭圖>

謂蘭者. 雖或從紙絹摸寫, 旣未見眞蘭, 無以傳神寫照. 舊有佳譜, 亦無傳道東國者. 又於譜中, 傳摸數幅, 或有因此妙解者耶. ……須熟看蘭竹眞形, 廣閱前輩遺蹟, 兼有積費摸寫之工, 乃可有成. 又係于學者之識解之淺深, 筆力之健弱." 유홍준, 『조선시대 화론 연구』(서울: 학고재, 1998), 178쪽에서 재인용.

<그림 35-2> 姜世晃, <蘭圖>

이 작품은 구도에 있어서는 전통적인 대각선 구도를 따르고 있지만, 난잎의 표현에 있어서는 단순하고 간략하게 처리하는 전통적인 표현방법과는 다르게 오히려 복잡하게 표현하였다. 특히 다섯 잎은 진하게 하고, 나머지는 연한 먹으로 구사한 것은 실제적인 사실에 근거한 묘사법이라고 할 수 있다. 또 꽃잎도 끝 부분에는 진하게 하고, 아래 부분에는 연하게 하여 전통적인 작품에서는 볼 수 없는 독특한 화풍을 구사하고 있다.

이처럼 당시에는 사실적인 묘사를 통하여 대상을 표현하고자 하는 화풍이 형성되었는데, 이는 당시 선비화가인 윤두서尹斗緖(恭齋, 1668~1715)의 작품에서도 찾을 수 있다. 그는 사실적인 생활 모습이나 다채로운 색채의 표현을 통하여 그림을 그렸다. 그러므로 이 당시의 화가들은 대상을 표현하는 방법으로 사의적인 표현방법이 아니라, 사실적인 묘사법에 많은 관심을 가지고 있었음을 알 수 있다.[244)]

이러한 화풍은 당시 조선에 유행한 실학사상의 영향으로 인하여 더욱 발전하게 된다. 반면에 조선 중기이후 성행하였던 형식적이고, 관념적인 문인화풍은 그들에게 비판의 대상이 되었으며, 사실적인 생활 모습을 다채로운 색채를 사용하여 대상을 있는 그대로 표현하는 형태의 묘사를 더욱 중시하였다. 이 당시는 난초를 그리는데 금과옥조로 여겨졌던 서예적 법식도 그다지 중요한 고려의 대상이 아니었다.

하지만 이러한 화풍은 당시 청나라의 화풍과는 많은 차이점이 있다. 형사를 중시한다는 점에서는 동일하지만 그 의도에서 차이가 있는 것이다. 즉 당시 청나라에서 일어난 형사의 중시는 사실적인 묘사를 바탕으로 하여 넘치는 흥취와 분출하는 감성을 한껏 드러내고자 하는 개인적인 취향으로서 자신의 개성을 그림을 통하여 표현하고자 하였다면, 조선에서 형사를 중시하는 화풍은 자신의 독특한 개성을 작품을 통해 표현하고자 한 것이 아니라, 단순히 관념적인 사의성寫意性의 극복을 목적으로 하며, 사실적인 묘사를 통해서 형태의 유사성을 요구하는 점이 다르다.

따라서 중국과 조선의 화풍은 형사를 중시한다는 측면에서는 동일한 현상이라고 할 수 있지만, 그 결과는 많은 차이가 있다. 즉 전자는 지나친 사의성을 극복하고 형사를 바탕으로 해서 자신의 독특한 화풍을 만들어 내고자 하였다면, 후자는 사의적이고 관념적인 화풍을 사실적인 묘사를 통하여 형태를 닮게 하고자 하였다는 점이 다른 것이다.

244) 김종태, 『韓國畵論』, 285쪽 참조.

이러한 시대적 상황에서 김정희는 청나라의 새로운 화풍을 보고 사실적인 묘사를 바탕으로 하여 고도의 정신세계를 작품으로 표현하고자 하였다. 그러므로 정신적 경지인 사의의 발현을 목적으로 하지 않는 조선의 사실주의는 김정희에 있어서 비판의 대상이 될 수 밖에 없었다. 하지만 김정희의 사의성은 성리학적 사상이념을 그림으로 표현한 전통문인화로 다시 돌아가자는 것은 아니었으며, 한송불분론의 체계에 따라 객관적이고 사실적인 표현을 바탕으로 고도의 정신성을 담아내고자 한 것이다.

2) 〈불이선란〉의 예도적藝道的 경지

김정희는 난초작품을 많이 남겼는데, 그 중에서도 〈부작란不作蘭〉 혹은 〈불이선란不二禪蘭〉(그림 36)이라고 하는 이 작품이 그의 대표적인 작품이라고 할 수 있다. 그런 까닭에 역시 많은 사람들이 김정희의 〈불이선란〉에 대해 지극한 찬사를 보내고 있다. 그러나 〈불이선란〉의 탁월한 예술적 경지에 일방적으로 감탄하기에 앞서서 이것이 역사적으로 어떤 맥락에 위치해 있으며, 무엇을 수용하고 무엇을 극복하였는지, 그리고 무엇을 표현하고자 하였고 어떤 미학적 특징을 가지고 있는지에 대한 분석적인 접근이 필요할 것이다.

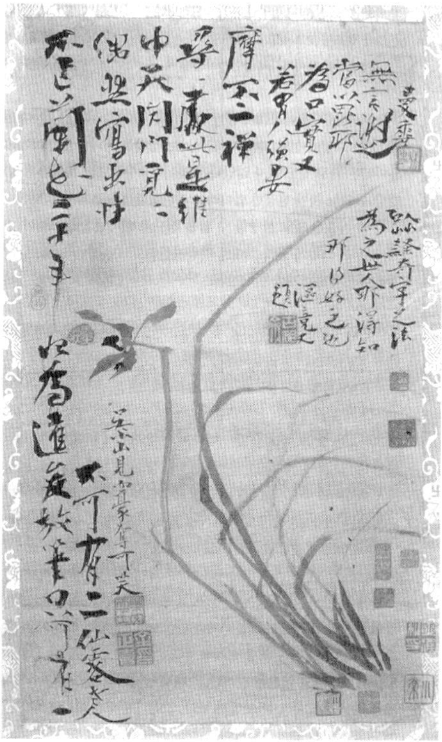

<그림 36> 金正喜, <不二禪蘭>

〈불이선란〉의 예술적 특성을 살펴보기에 앞서서 그의 전 단계로 보이는 난초그림을 먼저 살펴볼 필요가 있다. 김정희는 다른 경우와는 달리 유독 난초그림에 대해서는 여러 점의 작품을 남기고 있는데, 이것은 그의 예술세계의 변화과정과 밀접하게 관련되어 있다. 그러므로 난초그림의 변화를 살펴보는 것은 그의 예술정신이 궁극적으로 지향하는 바가 무엇인지를 알게 하는 중요한 요소가 된다.

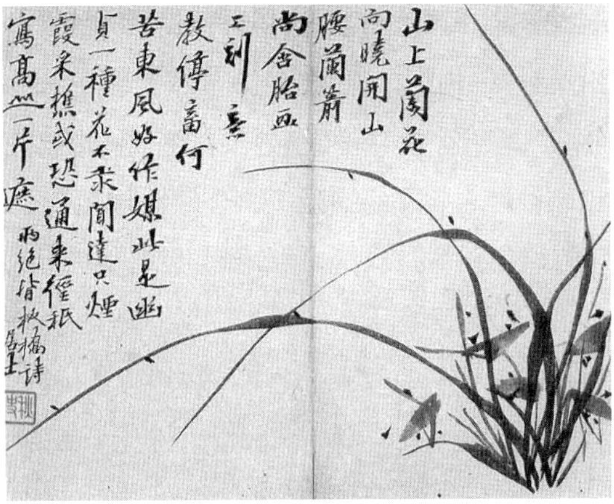

<그림 37> 金正喜, <蘭盟帖>

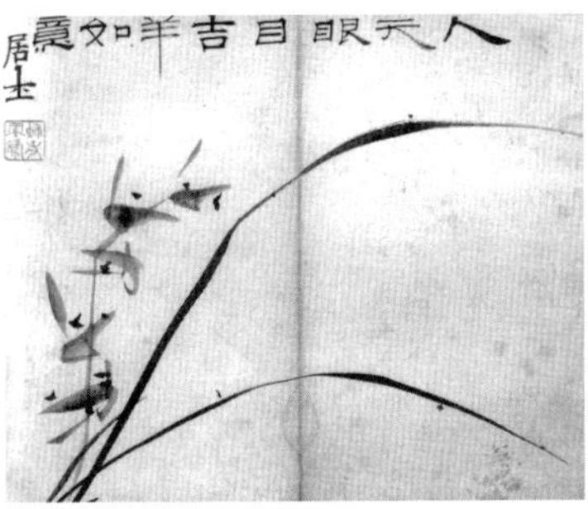

<그림 37-1> 金正喜, <蘭盟帖>

<그림 37-2> 金正喜, <蘭盟帖>

김정희의 난초그림에서 전 단계에 속하는 대부분의 작품은 〈난맹첩〉(그림 37)에 있는 그림이다. 그림 자체에 잘 드러나 있는 것처럼 전기의 작품들은 대부분 전통적인 기법을 계승하여 그대로 사용하고 있으며, 관념성이 강한 특징을 보이고 있다. 그런데 후기에 이르러 제주도 유배시절에 그린 것으로 추정되는 두 작품에 이르면 난

초그림에 근본적인 변화를 느낄 수 있다. 그 중 하나는 아들 상우에게 보내준 〈시우란示佑蘭〉(그림 38)이고, 다른 하나는 친구 권돈인權敦仁에게 보내준 〈증번상촌장묵란贈樊上村莊墨蘭〉(그림 39)이다.

<그림 38> 金正喜, <示佑蘭>

<그림 39> 金正喜, <贈樊上村庄墨蘭>

이 두 작품이 갖는 공통점은 모두 제주도 춘란을 대상으로 하였으며, 복잡한 구도로 연한 먹을 사용하고 있고, 표현 기법에 있어서

도 전통적인 기법으로 그린 것이 아니라, 자신의 독특한 표현기법으로 작품을 제작하였다는 점이다. 그런데 이 두 작품은 그가 남긴 다른 작품들과는 두드러진 차별성을 보이고 있다. 즉 전통적인 난초그림은 간략하면서도 대각선 구도를 주로 사용하지만 여기서는 수평구도에 가까우며, 간략하게 표현하지 않고 복잡하게 나열하는 방식으로 표현하고 있다. 이러한 구도는 당시 진경산수에서 많이 사용하였던 것으로 실재적인 사실에 근거하여 대상을 나타내고자 하는 표현방법이다.

또한 전통적인 난초그림은 화목畵目이 가지고 있는 상징적인 관념성을 중하게 여겼다면, 여기서는 오히려 관념성보다 실재적인 사실성을 더 강조하고 있음을 알 수 있다. 관념성을 강조하기 위해서는 형사를 초월해야 하기 때문에 핵심만을 취하여 단순하게 처리해야 한다. 그러나 이 두 작품은 줄기와 꽃이 복잡하게 그려져 있으며, 지면에 해당하는 점도 복잡하게 그려져 있다. 난초의 줄기에 있어서도 관념을 중시하는 전통적 방법에서는 진한 먹을 사용하지만, 여기서는 화심畵心과 점點을 제외하고는 모두 연한 먹을 사용하여 실재적인 사실성에 더 가깝도록 하였다. 이런 특징들을 종합해 볼 때, 이 두 작품은 사실성을 강조한 진경산수의 영향을 많이 받은 것으로 생각된다.

이 두 작품이 〈불이선란〉의 전 단계로 여겨지는 가장 큰 이유는 화법으로 그린 것이 아니라, 서법의 운필을 효과적으로 활용하였다는 점에 있다. 이것은 보는 사람으로 하여금 획이 빠르고 경쾌한 느낌을 주며, 획이 정체되지 않고 끊임없이 역동하는 생명력과 강인함을 보여주게 되는데, 이것은 뒤에 제작한 〈불이선란〉의 중요한 특징이기도 하다. 하지만 위의 두 작품이 난초의 사실성을 강조한 것이라면 〈불이선란〉은 실제적인 사실성보다 상징적인 관념성이 더욱 풍부하게 드러난 작품이라는 점에서 근본적인 차이가 있다. 즉 전체적인 시각으로 본다면, 김정희의 난초그림은 처음 관념성을 중시한 것에서 실제적인 사실성을 부각하는 것으로 나아가고, 나중에는 다시 관념성과 상징성을 강조하는 형태로 발전하고 있는 것이다. 그러나 뒤의 관념성은 그 정신과 표현양식에 있어 처음과는 본질적인 차이를 나타낸다.

그러면 이제 본격적으로 〈불이선란〉을 살펴보기로 하자. 〈불이선란〉은 그의 시동이었던 달준이라는 사람에게 주기 위해 그렸던 난초그림으로 우연히 손길이 가는 대로 그렸다고 하는데, 자기 스스로도 감탄할 만큼 탁월한 예술성을 성취한 그림이다. 먼저 이 작품에 대한 기존의 평가들을 검토해 보면 다음과 같이 몇 가지로 정리할 수 있다.

첫째, 서법과 화법을 구별하지 않고, 예서隷書를 쓰는 법으로 난초를 그렸다.

최순택은 〈불이선란〉에 대해 "추사의 묵난도에 나타난 표현의 특성은 그 자신이 역설하였듯이 서법과 화법을 구별하지 않고 예서를 쓰는 법으로 난초를 그리는 조형방법에 기인한다."[245]라고 평가하였다.

둘째, 서예적인 조형방법과 선禪적인 화의畵意로 인해 문인의 의

245) 최순택, 『秋史의 書畵世界』(서울: 학지사, 1996), 62쪽.

취가 가장 잘 반영된 작품이다.

최순택은 "불이선란은 추사의 서예적인 조형방법과 선적인 화의로 인해 그의 문인의취가 가장 잘 반영된 어느 누구도 모방할 수 없는 독자적인 문인화풍을 지닌 뛰어난 작품"246)임을 강조하고 있다.

셋째, 붓을 세 번 굴려서 삼전三轉의 묘법으로 그려 커다란 변화를 주었다.

백인산은 "난엽은 한결같이 누르고 떼기를 서너 번 반복하여 태세를 조절하였으니, 추사가 누누이 강조했던 삼전의 법이다. 삼전법은 난엽의 형태 변화를 주어 운율감을 증진시킬 뿐만 아니라 기필起筆에서 수필收筆까지 동일한 필력을 유지하게 하는 비결이니 단정함과 활달함, 강건함과 유연함이 절묘한 대비와 조화를 이루는 추사秋史 난법蘭法의 묘체이다."247)라고 하였다.

넷째, 꺾이고 굽고 휘고 구부러진 담묵의 난엽 열 두어 줄기에 화심花心만 농묵濃墨으로 강조한 아주 간결한 구도이다.

유홍준은 "오른쪽 아래에서 대각선으로 뻗어 오른 꺾이고 굽고 휘고 구부러진 담묵淡墨의 난엽 열두어 줄기에 화심만 농묵으로 강조한 아주 간결한 구도이다. 대지를 나타내는 풀이나 돌도 그려 넣지 않았고, 난초 그림에 늘 나오는 잎과 잎이 어우러져 만드는 이른바 '봉의 눈', '메뚜기 배' 같은 형상도 없다. 오직 거친 풀포기 같은 조야한 멋과 그로 인한 스산한 분위기가 감돌 뿐이다."248)라고

246) 위의 책, 63쪽.

247) 백인산, 「추사화파의 사군자」, 정병삼 外, 『추사의 그의 시대』(서울: 돌베개, 2002), 296쪽.

248) 유홍준, 『완당평전』, 594쪽.

하였다.

위의 평가들 역시 〈추사체〉나 〈세한도〉와 마찬가지로 비판적으로 검토해 볼 여지가 있다. 즉 이러한 평가들은 당시 청나라와 조선의 예술적 상황을 고려하지 않고 〈불이선란〉 자체에 대해서만 언급하고 있으며, 따라서 예술사적 맥락에서 어떤 의미를 지니는가를 분석하지 못하고 있다. 그런 점에서 이런 평가들은 김정희의 원래 의도나 예술사적 변천에 대한 근본적인 문제의식이 없이 겉으로 드러나는 껍데기만 보고 평가한 것이다. 그러므로 중국과 조선의 예술사적인 흐름에서 종합적인 관점을 견지하고, 아울러 보다 분석적인 시각이 덧붙여져야만 정확한 평가가 가능할 것이다.

위에서 살펴본 것과 같이 당시 중국에서는 지나치게 사의성이 강조되어 단순하고 형식적인 것으로 빠져버린 전통 문인화를 비판하고 실재 사실에 근거하여 자신의 독특한 개성을 드러내고자 하는 화풍이 유행하는 시점이었으며, 조선에서도 실학사상의 영향으로 관념적인 화풍에서 실재 사실에 근거한 '진경산수화'가 유행하여 형태의 유사성에 관심이 많았던 시기였다. 뿐만 아니라 더 나아가 형태의 유사성에만 치우쳐 '풍속화'와 '평생도', '회계도'가 유행하고 있는 시점이었다. 이러한 시대적 상황 속에서 올바른 미의식을 추구하고자 한 김정희의 고민을 이해할 수 있어야 한다.

김정희는 난초를 그리는 것과 일반적인 그림을 그리는 것은 근본적인 차이가 있다고 본다. 여기에는 난초 그림만이 지니고 있는 예술적 특성이란 작가가 지닌 고도의 정신성을 어떻게 발현시켜 내는가 하는 데에 달려 있다는 생각이 짙게 깔려 있다.

난초를 그리는 법 또한 예서를 쓰는 것과 가까우니 반드시 문자향·서권기가 있게 된 뒤에야 비로소 얻을 수 있다. 그리고 난초를 그리는 법은 그림을 그리는 법식으로 하는 것을 가장 꺼린다. 만약 그림을 그리는 법식으로 난초를 그린다면 한 획도 손대지 않는 것이 옳을 것이다. 가령 조희룡과 같은 이는 내게서 난초 그림을 배웠으나 끝내 그림을 그리는 법으로 나아가는 것을 면하지 못하였으니, 이는 가슴속에 문자기가 없기 때문이다.[249)]

난을 치는 데는 반드시 붓을 세 번 굴리는 것을 묘로 삼는데, 지금 보건대 네가 한 것은 붓을 한 번 만에 죽 긋고는 바로 그쳤다. 그러므로 모름지기 붓을 세 번 굴리는 데에 힘을 기울이는 것이 좋겠다.[250)]

위의 인용문에 나타나 있는 것처럼 김정희의 난법蘭法은 크게 세 가지로 나누어 볼 수 있다. 첫째, 난초 치는 법은 글씨 쓰는 법, 특히 예서를 쓰는 법에 가깝다. 둘째, 삼전三轉의 묘법을 써야 한다. 셋째, 문자향·서권기가 포함되어 있어야 한다.

여기서 우선 난초 치는 법은 서법과 가까우며, 결코 화법으로 해서는 안 된다는 말은 화목畵目이 가지고 있는 생태학적 특징 때문이라고 할 수 있다. 난초의 생태학적 특징은 심산유곡에 홀로 피어 그 향기를 결코 자랑하지 않는다고 한다. 그래서 문인들은 난초를 군자

249) 김정희, 앞의 책, 卷2, 「與佑兒」, "蘭法亦與隷近, 必有文字香書卷氣, 然後可得. 此蘭法最忌畵法. 若有畵法, 一筆不作可也. 如趙熙龍輩, 學作吾蘭, 而終未免畵法一路, 此其胸中無文字氣故也."

250) 위의 책, 卷2, 「與佑兒」, "寫蘭必三轉爲妙, 今見汝所作, 一抽筆卽止. 須於三轉處用工爲佳."

에 비유하여, 자신들의 고상한 인격을 난초를 통해 드러내고자 하였다. 그러므로 그들은 난초를 '옥로향심玉露香心' 이나 '유곡가인幽谷佳人', '유향幽香' 등으로 비유하였다.

이와 같이 난초를 자신에 비유한 대표적인 사람은 송대宋代의 정소남鄭所南이다. 그는 송나라가 망하게 되자, 두 군주를 섬기지 않는다는 충신의 지조를 지키고, 나라 잃은 망국의 한을 난초 그림에 뿌리를 그림으로써 자신의 심의를 표현해 내었으며, 이로부터 형사形似를 중시하는 풍조에서 신사神似를 중시하는 문인화풍이 발전하게 된다. 이때부터 난초는 그 대상이 가지고 있는 자체의 아름다움보다는 대상을 통해서 자신의 심경을 그림으로 표현하는 사의적寫意的인 관념성을 확보하게 되었다. 따라서 김정희는 난초라는 화목 자체가 가지고 있는 상징적인 관념성을 잘 표현하기 위해서는 화법을 사용하지 않고, 서법으로 들어가야 난초가 가진 그 정수를 얻을 수 있음을 강조하는 것이다.

그리고 난초를 치는데 삼전三轉의 묘법을 강조한 것은 '먼저 그 근원을 실증적으로 탐구하는 작업이 선행되고, 옛 사람의 좋은 작품을 많이 감상해야' 한다는 그의 말에서 근거한 것이다. 여기서 말한 삼전이란, 서법에서 방향을 전환하기 위해 일파삼절一波三折을 하듯이 난의 잎을 표현하기 위해 방향을 바꾸며 붓을 굴리는 것을 말하는데, 이는 난초에 대해 실증적으로 탐구하는 과정을 통하여 비롯된 것이며, 난잎의 사실적인 묘사가 강조된 것이라고 할 수 있다. 또한 여기에는 전통적인 법식에 대한 철저한 고증과 훈련을 통하여 새로운 창작의 세계로 나아가야 한다는 '법고창신法古創新' 의 예술정신이 깔려 있다.

마지막으로 문자향·서권기가 포함되어 있어야 한다는 말은 작가 자신의 정신적 경지와 인품이 작품을 통해 발현되어야 함을 뜻하는 것이다. 형식적으로 본다면 '문자향'이란 고전서의 철저한 임서와 고비의 문자연구를 통해서 우러나오는 심미의식을 말한다. 그리고 '서권기'란 수많은 독서와 학문을 통하여 형성되는 차원 높은 지성의 세계라 할 수 있다. 그렇다고 해서 이것을 고전서를 많이 임서하고 연구한 사람은 누구나 문자향을 지닐 수 있고, 만 권의 독서를 한 사람이라면 모두 서권기를 가질 수 있다는 의미로 이해해서는 안 된다. 이것은 다만 문인정신의 요체를 상징하는 것으로 이해해야 하며, 필의筆意를 표현보다 앞세우는 '의재필선意在筆先'을 강조한 것이다.

훌륭한 예술작품은 외형적으로 드러난 표현 기법만으로 완성될 수 있는 것은 아니다. 작품 속에 고도의 정신적 경지와 내적인 생명력이 용해되어 있지 않으면 감상자로 하여금 강렬한 인상과 공감을 불러일으키지 못한다. 서예 예술도 이와 마찬가지이다. 쓰는 것만으로 서예작품이 완성되는 것은 아니다. 작품 속에 작가의 높은 정신세계가 녹아있을 때, 비로소 그 작품은 생명력을 가지게 된다. 이 고도의 정신세계가 바로 '문자향·서권기'인 것이다.

위의 세 요소를 결합하여 하나의 문장으로 정리해 보면, '먼저 그 근원을 실증적으로 탐구하되 형사에 구속되지 않고, 형사를 초월하여 자신의 고도의 정신세계인 문자향·서권기가 작품 속에 나타나야 하기 때문에 난초를 그리는 법은 예서를 쓰는 법을 사용해야 한다'라고 할 수 있을 것이다.

문자향·서권기는 독서를 통하여 얻어지는 삶에 대한 전체적인 통찰을 바탕으로 자신의 참모습을 알게 되어 그러한 모습이 작품 속에 투영되었음을 의미한다. 또 이러한 모습은 구체적인 대상을 표현하는 화법을 사용하는 것보다는, 추상성이 강하여 표현의 폭이 보다 넓은 서법을 사용하는 것이 더 효과적이다. 그리고 무엇보다 서예는 예로부터 지식인들의 전유물로 먼저 도덕적인 인품을 요구하고 있다. 따라서 김정희는 난초를 그리는 데 있어 화법을 사용하려면 애초에 시작도 하지 않는 것이 좋다고 하여 화법을 통하여 난초 그리는 것을 경계하고, 더 나아가 난초는 작가의 인품을 매개로 해야만 그 진면목을 드러낼 수 있음을 강조하였다.

> 난을 그리는 것이 가장 어려우니 산수山水·매죽梅竹·금어禽魚는 옛날부터 잘하는 사람이 많았으나 유독 난을 잘 그린다는 말은 특별히 들은 바가 없다. ……정소남鄭所南과 조이재趙彝齋 두 사람은 인품이 고절하였기 때문에 화품畵品 역시 그와 같았으나 보통 사람은 따라잡을 수 없었다. 근대의 진원소陣元素와 승僧 백정白丁, 석도石濤로부터 정섭鄭燮(鄭板橋)와 전탁석錢擇石과 같은 사람에 이르기까지는 이들이 전공한 사람들이고, 인품도 역시 모두 고고하여 특히 남보다 뛰어났으며, 화품도 역시 아래 위로 따르고 있었으나 다만 화품으로서만 논하여 정할 수는 없다.[251]

다른 그림에 비해 난초는 그만큼 잘하기가 어렵다. 왜냐하면 난초를 그리는 것은 노력만으로 성취되는 것이 아니라, 먼저 작가의 도

251) 위의 책, 卷6, 「題石坡蘭卷」, "寫蘭最難, 山水梅竹花卉禽魚, 自古多工之者, 獨寫蘭無特聞. ……所以鄭趙兩人, 人品高古特絶, 畵品亦如之, 非凡人可能追躡也. 近代陣元素, 僧白丁, 石濤, 以至如鄭板橋, 錢擇石, 是專工者, 而人品亦皆高古出群, 畵品亦隨以上下, 不可但以畵品論定也."

덕적인 인품이 선행되어야 하기 때문이다. 따라서 난초를 잘 그리기 위해서는 근원을 실증적으로 탐구하는 작업과, 옛 사람의 좋은 작품을 많이 감상하고 절차탁마의 부단한 노력이 필요하지만 그것만으로는 부족하며, 반드시 작가의 높은 인품과 정신적 경지가 요구되는 것이다. 즉 훌륭한 작품은 삶에 대한 전체적인 통찰을 바탕으로 자신의 참모습이 드러나는 고도의 심미사유가 작품을 통해서 구현되었을 때 비로소 가능한 것이다. 완당은 직접적으로 다음과 같이 말한다.

> 또한 수없이 많이 그린 후라야 가능한 것이니, 당장에 부처를 이룰 수는 없는 것이며, 또 맨손으로 용을 잡으려 해서는 안 되는 것이다. 아무리 9999분에까지 이르렀다 해도 나머지 일분一分을 원만하게 성취하기란 매우 어렵다. ……이 일분은 인력으로 가능한 것이 아니지만 그렇다고 해서 인력 밖에서 나오는 것도 아니다.[252]

난초를 그리는 법은 마땅히 전통적인 법식을 익히고, 부단한 노력을 통하여 수없이 많은 훈련을 거친 후에야 이룩되는 것이지만, 그러나 부단한 노력과 정확한 고증을 통하여 9999분에 도달한다 하더라도 나머지 1분만큼은 성취하기가 매우 어렵다. 이 나머지 1분은 노력한다고 해서 가능한 것이 아니다. 그렇다면 이 나머지 1분은 타고난 천재성이 있어야 함을 의미하는 것인가? 보통은 그렇게 받아들이기 쉽겠지만 위의 문장은 그런 의미로 이해해서는 안 된다. 인

252) 위의 책, 같은 곳, "又多作然後可能, 不可以立地成佛, 又不可以赤手捕龍. 雖到得九千九百九十九分, 其餘一分, 最難圓就. ……此一分非人力可能, 亦不出於人力之外."

력으로 가능한 것이 아니지만, 인력 밖에서 나오는 것도 아니라는 말은 타고난 재능을 말하는 것이 아니라, 내면적인 정신경지가 갖추어져 있어야 함을 뜻한다. 즉 훌륭한 예술은 인위적인 노력이나 재능만으로 가능한 것이 아니라, 외면적인 노력과 내면적인 인품이 서로 합일되어 정신적인 깨달음이 작품을 통해 표현되어야 한다는 것이다.

이런 의미에서 김정희는 난초를 그리는 것은 예술적 활동일 뿐만 아니라, 성현의 도를 체득하는 과정이라고 생각한다. 그리하여 그는 난초 그리는 법을 경전에까지 확대시켜 『대학』에서 말하는 "열 사람의 눈이 지켜보는 바이며, 열 사람의 손가락이 가리키는 바이다"[253]와 같은 계신공구戒愼恐懼의 자세로 창작에 임할 것을 요구하고 있다.

> 난초를 그리자면 마땅히 먼저 좌필左筆의 한 법식을 원숙하게 익혀야 하는데, 좌필이 익숙해지면 우필右筆은 그대로 따라서 되니, 이는 『주역』「손괘損卦」의 어려움을 먼저하고 쉬움을 뒤에 하는 의의이다. 군자는 한 번 손을 드는 사이에도 그저 되는대로 해서는 안 된다. 이 좌필의 한 획으로써 손상익하損上益下의 대의에 끌어들여 펴나가서 곁으로 소식消息을 통하면 변화가 무궁하여 어딜 가도 그렇지 않은 곳이 없으니, 그렇기 때문에 군자는 붓을 내리게 되면 바로 경계를 붙여 나간다. 그렇지 않으면 어찌 군자의 붓놀림을 귀하다 하겠는가? 이 봉안이니 상안이니 하여 일반적으로 행해지는 규칙은 이것이 아니면 난을 그려낼 수가 없으니, 비록 이것이 작은 법도이기는 하나 제대로 지키지 않으면 이룰 수가 없다. 하물며 더 나아가 이보다

---

253) 『大學』, 「傳文6章」, "十目所視, 十手所指, 其嚴乎."

> 큰 법도에서야 더 말할 것이 있겠는가. 이로써 하나의 줄기, 한 장의 꽃잎이라도 스스로 속이면 얻을 수 없으며, 또 그것으로써 남을 속일 수도 없는 것이다. 열 사람의 눈이 지켜보고 열 사람의 손이 가리키는 바이니 그 엄정함이여. 이로써 난초를 그리는데 손을 대는 것은 마땅히 스스로를 속이지 않는 것으로부터 시작하는 것이다.254)

이와 같이 난초를 치는 법은 늘 경계하고 두려워하는 마음으로 자신을 속이지 않는 데서부터 시작하여 스스로 반성하여 한 점의 부끄러움도 없게 된 후에 가능한 것이다. 비록 부단한 노력을 통하여 9999분의 어떤 숙련된 경지에 이른다 하더라도 성의誠意와 정심正心의 공부를 통한 스스로의 깨달음이 없다면 결코 나머지 1분을 채울 수가 없다. 이처럼 김정희는 이 나머지 1분을 채우기 위한 방법으로 자기를 속이지 않는 '무자기無自欺' 의 마음공부에서 시작할 것을 제시하고 있다. 난초에 대한 이런 의식을 전제로 한 후에 〈불이선란〉을 들여다보면, 그가 왜 그렇게 〈불이선란〉에 대해 스스로 찬탄과 자부심을 가졌는지를 이해할 수 있다.

이제 〈불이선란〉에서 나타나는 중요한 예술적 특성에 대해 살펴보기로 하자. 첫째, 구도에 있어서는 대각선 구도를 선택하여 이른바 '정수만 취한다' 는 전통적 표현형식을 수용함으로써 간략하고 함축된 느낌을 준다.

---

254) 김정희, 앞의 책, 卷6, 「題君子文情帖」, "寫蘭當先左筆一式, 左筆爛熟, 右筆隨順, 此損卦先難後易之義也. 君子於一擧手之間, 不以苟然. 以此左筆一畵, 可以引而伸之於損上益下之大義, 旁通消息, 變化不窮, 無往不然, 此所以君子下筆, 動輒寓戒. 不爾, 何貴乎君子之筆? 此鳳眼象眼, 通行之規, 非此無以爲蘭, 雖此小道, 非規不成. 況進而大於是者乎. 是以一葉一瓣, 自欺不得, 又不可以欺人. 十目所視, 十手所指, 其嚴乎. 是以寫蘭下手, 當自無自欺始."

둘째, 운필법에 있어서는 어떤 획은 느린 중봉中鋒을 사용하여 무겁고 강한 느낌을 주지만, 어떤 획은 발빠른 측필側筆을 사용하여 경쾌하고 부드러운 느낌을 준다. 이것은 예서의 운필법을 난초그림에 적용한 결과이다.

셋째, 그러면서도 표현기법에 있어서는 전통적인 방식과는 달리 실증적이고 사실적인 면이 강조되어 있다. 왜냐하면 신사神似를 중시하는 전통적 방법에서는 '삼전三轉'의 묘법도 밖으로 드러나는 모습이 아니라, 상징적으로 내면에 감추어진 필선을 더 중요시하기 때문이다. 그러나 여기서는 삼전의 묘법이 밖으로 드러나고 있다. 이것은 곧 삼전의 묘법을 사용하여 획이 여러 번 구부러져 실제적인 사실성을 중시한 측면이 더 부각된 것이다. 그리고 전통적 관념을 중시하는 방법에서는 연한 먹을 사용하지 않고 진한 먹으로 난초를 그렸다. 하지만 〈불이선란〉에서는 화심花心을 제외하고는 모두 연한 먹을 쓰고 있다. 이러한 표현 기법은 당시 실학사상에 근거한 사실주의의 영향을 받은 것으로 생각된다.

이런 특징을 종합해 볼 때, 〈불이선란〉은 기본적으로는 사실성에 근거하여 작품을 제작하였지만, 자신의 심미사유를 더욱 강조하기 위하여 전통적 표현 방식을 절충한 작품이라고 할 수 있다. 하지만 관념성과 사실성을 단순히 형식적으로 절충하여 각각의 장점을 취한 것이 아니라, 사실성에 기초하면서도 고도의 정신성을 부여하기 위해 서법과 화법을 서로 회통시켜 독자적인 자신의 예술적 경지를 열었다고 보아야 할 것이다.

그렇다면 실제적인 사실성을 부각한 〈시우란〉과 〈증번상촌장묵란〉과는 달리 왜 〈불이선란〉에서는 오히려 상징적인 관념성을 더욱 드러내고자 하였을까? 이는 실제적인 사실성을 강조하기 위해서는 밖으로 드러나는 형상을 중시하여야 하며, 형상을 중시한다는 것은 표현이 많아지게 되고, 표현이 많아질수록 오히려 작가는 많은 것을 표현할 수 없는 아이러니가 있기 때문이다. 그러므로 김정희는 〈불이선란〉에서 전통적 표현 형식을 선택하여 간략하고 함축된 분위기를 연출한 것이다.

또한 앞에서 살펴 본 그의 화론에서와 같이 〈불이선란〉은 여러 서체의 장점을 취합하면서 동시에 자신의 개성을 적극 발휘한 〈추사체〉의 특성과, 글씨의 장점과 그림의 장점을 서로 회통시켜 그림과 글씨를 따로 보는 것이 아니라, 그림을 글씨 쓰듯이 하고, 글씨를 그림 그리듯이 하여 자신의 심경을 작품을 통하여 표현한 〈세한도〉의 특징을 동시에 포함하고 있을 뿐만 아니라, 어떤 정신적 깨달음의 경지가 담겨 있는 것으로 완당 김정희 예술세계의 최고 경지를 표현한 작품이라고 할 수 있다. 이것은 그가 작품 속에 남긴 화제를 통해서도 확인할 수 있다.

> "난초를 안 그린지 스무 해인데, 우연히 그렸더니 천년의 본성이 드러나네, 문 닫고서 찾고 찾고 또 찾은 곳, 이게 바로 유마거사의 불이선이라네"[255)]

이것은 김정희가 〈불이선란〉을 그린 후, 스스로 만족하여 작품의 좌측 위 넓은 여백에 화제로 쓴 것인데, 이 작품을 〈불이선란〉이라고 부르게 된 이유도 이 화제 때문이다. 『유마경維摩經』「불이법문

255) 김정희, 〈不二禪蘭〉 畵題: "不作蘭畵二十年, 偶然寫出性中天. 閉門覓覓尋尋處, 此是維摩不二禪."

품不二法門品」에는 모든 보살이 선열禪悅에 들어가는 상황을 저마다 설명하는데 마지막의 유마힐만은 아무 말도 하지 않았다고 한다. 이에 모든 보살들은 말과 글로 설명할 수 없는 것이 진정한 법이라고 하면서 감탄했다는 내용이 나온다. 이 화제에서 그는 『유마경』의 이 비유를 들어 자기의 작품에 대해 말로 설명할 수 없을 정도로 뛰어난 그림이라는 것을 말하고 싶었던 것이다.

또 여기에서 만족하지 못하고, 그 옆에 줄을 한 칸 낮추어 비스듬하게 다시 "만약 누군가가 강요한다면 또 구실을 만들고 곤야리성昆耶離城에 있던 유마의 말없는 대답으로 거절하겠다"256)라고 써 놓았다. 이렇게까지 하고도 무엇인가 부족하였던지 우측 중간의 여백에 "초서草書와 예서隸書의 기이한 글자를 쓰는 법으로 그렸으니, 세상 사람들이 어찌 이를 알아보며, 어찌 이를 좋아할 수 있겠는가"257) 라고 써 놓음으로써 작품에 대한 자부심을 은연중에 나타내고 있다. 그리고 또 좌측에 두 줄로 덧붙이기를 "처음에 달준에게 주려고 그린 것이다. 이런 그림은 한 번이나 그릴 일이지, 두 번 그려서는 안 될 것이다."258)라고 하여 이 작품은 한번 나온 작품이지 다시 나올 수 없는 불후의 명작임을 강조하고 있다.

하나의 작품에 이렇게 많은 화제를 쓴 것을 보더라도, 우리는 김정희가 스스로 이 작품에 대해 어느 정도의 자부심과 희열을 느꼈는지 짐작할 수 있을 것이다. 그는 그 동안 자신이 그린 그림 가운데 가장 흡족한 작품이 〈불이선란〉이라고 생각하였음이 틀림없다.

---

256) 위의 그림, 같은 곳, "若有人强要, 爲口實又當以昆耶, 無言謝之."
257) 위의 그림, 같은 곳, "以草隸奇字之法爲之, 世人那得知, 那得好之也."
258) 위의 그림, 같은 곳, "始爲達俊放筆, 只可有一不可有二."

종합적으로 말하면, 흔히 김정희의 대표작으로 〈세한도〉를 들고 있지만, 사실 〈불이선란〉이야말로 〈세한도〉 이후의 성취를 보여주는 것이며, 김정희의 예술세계가 하나로 융합되고 고도의 정신성으로 승화된 최고의 예술경지라고 할 수 있다. 즉 예술이 단순히 심미적 차원에 머물러 있지 않고 예도藝道의 경계로 나아가 진선미가 통합된 학예일치學藝一致의 궁극적 이상을 표현한 작품이라고 할 수 있을 것이다.

제5장 김정희의 예술사적 지위地位와 의의

우리나라의 예술사를 통틀어 보더라도 조선후기만큼 매력적이고 창조적인 다양한 형식의 실험이 이루어졌던 시기는 없었을 것이다. 왜냐하면 이 시기에는 이전의 그 어느 때보다도 창조적 문화역량을 한껏 발휘한 시기였기 때문이다. 이것은 건축이나 도자기, 금속공예, 회화, 문학 등 다방면에 걸쳐 전반적으로 나타난 현상이었으며, 여기에는 당시 정쟁政爭에 빠져 형식적으로 경직된 주자학에 대한 비판의 형식으로 전개된 사상적인 다양성이 중요한 이론적 근거를 제공하고 있다.

조선사회의 사상적 근거를 제공했던 주자학이 나름대로의 발전과정을 거쳐 중국과 차별성을 지닌 독자적인 조선유학과 실학으로 발전해 나간 것처럼 예술의 영역에 있어서도 조선후기에 이르면 중국의 영향을 벗어난 새로운 독창적 흐름이 활발하게 일어나게 되었다. 특히 회화의 영역에서는 중국화풍을 벗어나 우리의 땅 위에서 우리 민족의 삶을 담아내기 위한 민족적 형식을 이룩하게 되며, 이것은 17세기에서 18세기에 이르기까지 사실주의를 바탕으로 한 진경산수眞景山水와 풍속화風俗畵의 정착으로 나타나게 된다. 또한 여기에 그치지 않고 자신들의 개성미가 적극적으로 표출되면서 개성적 독창성이 발휘되었으며, 이는 양식의 다양화를 가져왔다. 여기에 이르러서야 비로소 조선의 회화가 예술적 완성을 맛보게 되는 것이다.

이것은 단순히 회화 또는 예술계의 독자적인 발전이라기보다는 현실 비판적인 사회의식과 경세치용經世致用·이용후생利用厚生의 실학적 성향이 예술에 반영된 결과라고 볼 수 있으며, 또한 전반적인 사회구조의 변화에 따른 예술에 대한 인식의 변화, 즉 작가층의 다양화와 민간경제의 발전에 따른 향수층의 증가 등이 추동한 예술적 산물이라고 평가할 수 있다.

그러나 다른 한 편으로 이러한 구체적 작품 활동의 발전은 그에 따르는 미학이론의 발전을 요구하게 된다. 만약 이론적으로 이러한 발전과 다양성을 확보해 내지 못한다면 그것은 일시적인 유행으로 끝나버리게 되고 더 이상의 새로운 창조성을 보여주지 못한다. 이렇게 본다면 조선후기는 활발한 예술 활동에 비해 이를 뒷받침해 줄 수 있는 이론적 탐색이 부족했다. 당시 예술계를 이끄는 주축이었던 중인 계층은 지적 역량이 부족하였고, 상대적으로 지적 역량이 풍부했던 양반 계층은 여전히 예술 자체의 가치를 폄하하는 전통 주자학의 경직된 태도를 지니고 있었기 때문이다.[259] 비록 이익李瀷(星湖, 1681~1763)이나 정약용丁若鏞(茶山, 1762~1836) 등과 같은 몇몇 지식인들에 의해 주목을 받기는 했으나 그들의 예술이론 역시 아직은 초보적인 단계에 머물러 있었다.[260] 바로 이런 한계로 인해 19세

259) 주자학은 학문적 연원에서부터 詞章學에 대한 비판에서 출발하였으며, 따라서 일반적으로 예술에 대해 '玩物喪志' 라 하여 경계의 대상으로 보고 천시하는 경향이 있었다. 또 부분적으로 예술을 수용하는 경우에 있어서도 道를 전달하기 위한 현실적 유용성이나 선비들의 餘技라는 측면에 제한되어 있었다.

260) 이익은 『星湖僿說』에서 회화에 있어서 形似와 神似의 관계에 대한 견해를 피

기에 이르러 조선의 예술은 오히려 이전 세기에 비해 쇠퇴하는 양상을 띠고 있었으며, 동시에 시대의 변화를 부정하는 보수주의적 성향에 의해 강력한 도전에 직면하게 된다.

김정희는 바로 이러한 역사적 지점에 위치해 있다. 즉 18세기의 사실주의적이고 다양한 예술형식이 이론체계의 부재로 인해 위기에 봉착하고, 다시 단순한 답습의 형태로 퇴조해 가는 상황에서 전시대의 유업을 완성하고 새로운 형식의 창조적 예술 형식을 완성해야 하는 책임이 그에게 부과된 것이다.

일반적으로 김정희의 예술작품에 대해서는 그것이 바탕하고 있는 예술정신이나 예술사적 맥락과 무관하게 작품자체의 예술미와 높은 품격에 대한 찬사를 보낸다. 그러나 이것은 오히려 김정희를 신비화함으로써 그에 대한 올바른 이해를 방해하고 있으며, 이 결과 김정희는 우리 예술사에 있어서 망망대해에 홀로 우뚝 솟아 있는 큰 봉우리처럼 정확한 위치를 가늠하기 어렵게 되었다. 즉 뛰어난 예술작품은 남아 있으나 이것이 어디에서 발원한 것인지, 어떤 문제의식을 지니고 어느 방향을 지향하고 있는지가 불분명해 짐으로써 하나의 수수께끼가 되었을 뿐만 아니라 그의 예술정신을 계승·발전시키는 것 자체가 불가능해진 것이다.

이런 점에서 김정희와 그의 일파가 지니고 있는 예술적 성향에 대해 비판적인 관점을 견지하면서 김정희에 대해 부정적인 견해, 즉 18세기 조선 예술계의 사실주의적 풍조를 비판하고, 복고주의적이고 중국지향의 사대주의적 양상을 띠고 있다고 평가하는 것은 사실

력하고 있으며, 정약용은 「樂論」을 지어 음악의 기능과 역할에 대해 언급하고 있다.

상 주목할 필요가 있다. 이런 평가는 그의 작품 속에 나타나 있는 것처럼 다시 남종화풍南宗畵風으로 되돌아가는 듯한 사의적寫意的 형식과 고의古意를 강조하는 성향에서 기인하며, 경학經學을 기초로 한 그의 사상적 경향성에서나 정치적 위치, 역사적 맥락 등을 통해 보더라도 어느 정도 타당성이 있는 평가라고 판단된다. 다만 이것은 김정희에 대해 하나의 단면만을 지나치게 강조하는 위험성 또한 지니고 있다. 즉 김정희의 예술정신 전체를 올바르게 조망한다면 단순히 복고주의復古主義, 또는 보수주의로 말할 수 없는 영역이 분명하게 나타나 있는 것이다.

그가 복고를 말하고, 옛날로 거슬러 올라가 예술미의 전형을 찾고자 하는 것은 이를 바탕으로 새로운 형태의 미감을 찾고자 하는 것이지 단순히 원래의 전형을 답습하고자 하는 것이 아니다. 새로운 것을 창조하는 데에만 애쓰다 보면 본연의 아름다움이나 진중함을 상실하게 되고, 옛 것에만 집착하게 되면 구태의연하고 시대에 맞지 않는 형식주의에 빠지게 된다. 김정희는 이 양쪽을 모두 경계하는 입장에서 법고창신法古創新을 강조한다. 즉 새로운 형식의 예술을 추구하되, 그 바탕이나 원류는 어디까지나 원형의 미감으로부터 생성되어 나온 것이어야 한다는 것이다.

또한 학문적으로도 청나라로부터 고증학적 학풍을 계승하기는 하였으나 결코 이것을 그대로 답습하여 중국 지향적인 사대주의로 빠진 것이 아니라 조선의 상황에 적합한 형식으로 새로이 변형하고자 끊임없이 노력하였고, 나름대로 중요한 결실을 맺고 있음을 간과해서는 안 된다. 즉 고증학과 금석학金石學을 수용했다고 해서 그것만으로 사대주의적事大主義的 경향성을 지니고 있다고 평가할 수는 없다는 것이다.

그러므로 김정희의 예술정신은 18세기의 사실주의를 부정한 것이 아니라 오히려 비판적으로 수용하고 있으며, 이를 더욱 새로운 형식으로 발전시키기 위한 예술적 노력을 진행해 왔던 사람이라고 평가할 수 있는 가능성이 열려 있다. 김정희의 이러한 의식은 학예일치學藝一致의 예술관과 법고창신法古創新의 정신적 토대 위에서 형성된 것이다.

김정희는 올바른 예술작품을 창작하기 위해서는 예술에 대한 학문적 연구가 선행되어야 함을 주장하면서 예술에 있어서 무엇보다도 전통에 대한 배움(學)의 중요성을 강조한다. 여기서 예술을 위한 학문이란 앞선 시기의 예술사적 지식은 물론이고 이 지식에 입각하여 작품의 장단점을 파악할 수 있는 올바른 감식안을 기르는 것을 말한다. 이러한 태도는 김정희의 학문관과 예술관에 가장 큰 영향을 끼쳤던 옹방강의 견해를 그대로 수용한 것이다.

이와 같이 예술에 있어서도 실증적이고 고증학적인 방법을 통하여 올바른 법식을 찾아내고, 이에 대한 철저한 배움을 토대로 해야 한다. 김정희는 이것을 경학에서와 마찬가지로 '문경門徑'이라고 표현한다. 예를 들어 서예에 있어서 누구나 왕희지를 최고의 준칙으로 삼고 있지만, 왕희지의 글씨는 진품이 남아 있지 않아 모두가 그의 글씨를 임모한 모본을 보고 배울 수밖에 없는데 오랜 시간이 지나면서 점차 원형을 상실하고 엉뚱한 것을 보고 왕희지의 필체라고 주장하는 오류가 나타나게 된다. 그러므로 왕희지라는 준칙에 도달하여 본래의 서법을 익히기 위해서는 우리를 올바르게 이끌어 줄 수 있는 과정이 반드시 필요하게 된다.

문경을 거쳐 최고의 준칙으로 나아가는 것은 곧 실사구시의 방법을 통하여 예술의 근원을 탐구해 나가는 것을 말하며, 바로 이 점에서 우리는 전통 성리학의 본말론적 시각과 다른 김정희의 학예일치 정신을 확인할 수 있다. 즉 학문을 하는 방법과 예술작품을 창작하는 방법은 근원적으로 차이가 없으며, 본원적인 도의 실현이라는 궁극의 지향점에 있어서도 동일하기 때문에 학문과 예술은 두 가지의 일이 아니라는 것이다.

성리학의 전통적 인식에 따르면 예술은 학문을 하는 데 있어서 방해가 되는 것이거나,[261] 긍정적 측면이 있다고 하더라도 단지 학문의 보조적 수단으로서의 가치만을 지니고 있을 뿐이다. 따라서 아무리 최고 수준의 예술이라 하더라도 그것은 지엽적이고 말단에 불과한 것이지 도의 본령이 될 수 없다.[262] 그러나 김정희는 이렇게 말하고 있다.

> 세상 사람들은 흔히 문文을 작은 도(小道)라 하여 가볍게 여기는데, 이것은 문을 유희로 삼는 자에게만 해당되는 말이며, 문이 아니면 도道는 붙일 곳이 없게 된다. 그러므로 문과 도는 서로 필수적이며, 둘로 가를 수 없는 것이다.[263]

---

261) 대표적으로 程頤는 '玩物喪志'의 경계를 들어 학문하는 사람이 道學의 본지를 잃어버리고 다른 것에 정신을 빼앗겨서는 안 된다고 하였는데, 이 말은 주희를 비롯한 정통 성리학자들에게 예술에 대한 기본적인 인식을 제공하였다.

262) 물론 '文以載道'라 하여 예술의 기능을 높이 평가한 경우도 있지만 이것은 어디까지나 소극적 입장에서 예술을 옹호한 것일 뿐이며, 따라서 여전히 道本文末의 본말론적 사고에서 벗어나지 못하고 있다. 그러므로 '文道相須', '文道不二'로 표현되는 예술에 대한 김정희의 적극적 가치 평가와는 다르다.

263) 김정희, 앞의 책, 卷8, 「雜識」, "世每以文爲小道而忽之, 是以文爲戲者也, 非文

여기에서 '문도상수文道相須', '문도불이文道不二'란 곧 문과 도가 따로 떨어져 있는 것이 아니고 하나로 합일되어 있으며, 따라서 문장(예술)은 도(학문)의 수단으로서 가치를 지니는 것이 아니라 그 자체로 최고의 목적이 될 수 있음을 천명한 것이다. 또한 김정희에 있어서 예술이 도가 될 수 있는 것은 그 내용이 도를 담고 있기 때문만이 아니라 작품의 형상화 원리 그 자체도 이미 도이기 때문이다.[264)]

김정희는 예술작품을 창작하는 것은 단순히 붓놀림을 통하여 아름다움을 추구하는 행위가 아니라 성학聖學의 격물치지格物致知와 같이 마음을 전일하게 하여 도를 수행하고 실천하는 과정이라고 한다.[265)] 그리하여 그는 여러 곳에서 예술의 각 세부 분야, 즉 시·서·화 등도 시도·서도·화도 등의 용어로 표현하고 있다. 이처럼 모든 예술은 궁극적으로 동일한 미적 본질을 지니고 있으며, 이런 의도에서 김정희는 "서법은 시품(詩品), 화수(畵髓)와 더불어 동일한 묘경이다"[266)]라고 하여 시·서·화 일치를 주장하고 있다.

김정희에게 있어 예술이란 근본적으로 도를 표현하는 것이어야 하며, 이런 점에서 학문과 예술은 일치된다. 그러나 모든 예술작품이 다 도로 표현될 수 있는 것은 아니다. 이것은 모든 학자들이 다 성현의 도를 체득하고 이를 실현할 수 없는 것과 마찬가지이다. 하나의 예술이 도의 경지에 이르기 위해서는 반드시 배움과 익힘, 그

則道無以寓焉. 文與道相須, 不可歧而貳之也."

264) 김혜숙, 앞의 논문, 12쪽 참조.

265) 김정희, 앞의 책, 卷2, 「與石坡」, "大抵此事, 直一小持曲藝, 其專心下工, 無異聖門格致之學."

266) 위의 책, 卷8, 「雜識」, "書法與詩品畵髓, 同一妙境."

리고 정신적 깨달음의 과정이 필요하다. 그렇다면 구체적으로 무엇을 배우고 익히며, 어떠한 깨달음이 있어야 하는가?

김정희의 학문 전반에 걸쳐 일관되게 나타나는 실사구시의 실증주의적 태도는 기본적으로 그의 예술관에도 그대로 반영되어 있으며, 이것은 존고를 강조하는 것으로 구체화되어 나타나고 있다. 여기에서 존고란 단순한 복고가 아닌 박고(博古)이며, 니고(泥古)가 아닌 상고(尙古)의 의미를 갖는 것으로 유학 본래의 정신인 '온고지신' (溫故知新)과 통하는 '법고창신' 의 예술적 지향을 말한다.

그는 "실로 학자는 마땅히 옛것에 박식해야 할 것이며, 그렇다고 해서 옛것에 지나치게 얽매여서도 안 된다"[267]고 말하고 있다. 이것은 옛것을 모범으로 삼되(法古), 옛것의 장점과 그 내면에 담긴 뜻을 안 후에는 더 이상 그것에 얽매이지 말고 새로운 자신만의 독자적인 세계를 추구해야 한다는(創新) 의미를 담고 있다. 이러한 존고적 태도는 옛 것을 수용함에 있어 문호를 초월하고 개방적이며 종합적인 객관성을 지니기 위함이며, 또한 그 수단으로서 사승과 가법을 매우 중시하면서도 그 수단에 얽매이지 않고 자신의 심기를 평정해야 하는 주체성을 배제하지 않는 정신이라고 할 수 있다.[268]

그러므로 이 법고와 창신의 기본정신은 옛것을 널리 배워서 이를 바탕으로 새로운 창작을 추구해 내고자 하는 것이다. 김정희는 글씨를 쓸 때는 자신의 재주에 가벼이 의지해서는 안 되며, 반드시 그 근원으로 거슬러 올라가 옛날의 올바른 법을 알아야 함을 강조하고 있다. 또한 근원으로 거슬러 올라가는 데 있어서도 일정한 순서를

---

267) 『완당전집』, 권4, 「與金東籬」, "此實學者, 所宜博古, 又不宜泥古."

268) 서경요, 「김추사의 예술정신」, 245쪽 참조.

밟아야 하는데 만약 그 순서를 어기고 등급을 뛰어넘는다면 이것은 마치 문간을 거치지 않고 곧바로 안방으로 들어가려는 잘못과 같은 오류를 범하게 되는 것이다. 그러므로 반드시 그 근원을 탐색하고 실증을 거쳐 사실성을 확보할 수 있어야 스스로를 제대로 세울 수 있다.

학문에 있어서와 마찬가지로 김정희는 옛 법식을 따르는 것만으로 궁극적인 예술작품이 완성될 수 있는 것은 아니라고 주장한다. 그는 "실로 학자는 마땅히 옛것에 박식해야 할 것이며, 그렇다고 해서 옛것에 지나치게 얽매여서도 안 된다"[269]고 말함으로써 옛것을 모범으로 삼되(法古), 옛것의 장점과 그 내면에 담긴 뜻을 충분히 파악한 후에는 더 이상 그것에 얽매이지 말고 새로운 자신만의 독자적인 세계를 추구해야 한다는(創新) 것을 강조한다. 전통적인 법식이나 기술은 전수할 수 있고 배울 수 있는 것이지만 그 속에 담겨진 정신과 흥취는 전수가 불가능하며, 오직 자기 스스로 깨달아야 성취할 수 있는 부분이다.

만약 법식이나 기술만으로 예술작품을 창작한다면 그것은 단순히 다른 것을 모방한 것에 불과하게 된다. 모방이란 아무리 아름답고 훌륭한 것이라 하더라도 생명이 없는 것이며, 따라서 예술가가 아니라 한낱 장인의 물건에 불과할 뿐이다. 자연스러운 흥취와 고도의 정신성이 더해져서 예술작품과 합일될 때 비로소 참으로 볼만한 것이 되며, 작품 속에 기세와 생명력이 넘치고 이로써 감상자로 하여금 무한한 감동을 전할 수 있는 것이다.

269) 김정희, 앞의 책, 卷4, 「與金東籬」, "此實學者, 所宜博古, 又不宜泥古."

그러므로 김정희에 있어서 '법고창신' 이란 우선 전통적인 법과 격식을 올바르게 이해하고 부단한 연습과 체험을 통해 깊이 체득한 후 이를 기초로 하여 자신의 인품과 정신성을 담아내어 실용·실천을 통한 독자적인 예술세계를 추구하는 정신을 의미한다. 오랜 경험과 문화적 축적과정 속에서 성립된 전통적인 법도나 격식을 충실히 실천하여 자기 것으로 체득하는 것이 법고의 과정이며, 창신은 이런 과정을 거친 후에 보다 발전된 단계로 상승하는 단계에서 나타나는 고도의 정신적 요소인 것이다.

훌륭한 예술작품은 외형적으로 드러난 표현 기법만으로 완성될 수 있는 것은 아니다. 작품속에 고도의 정신적 경지와 내적인 생명력이 용해되어 있지 않으면 감상자로 하여금 강렬한 인상과 공감을 불러일으키지 못한다. 서예 예술도 이와 마찬가지이다. 쓰는 것만으로 서예작품이 완성되는 것은 아니며, 작품 속에 작가의 높은 정신세계가 녹아있을 때 비로소 그 작품은 생명력을 가지게 된다. 이 고도의 정신세계를 김정희는 '문자향文字香·서권기書卷氣' 라고 한다.

그는 만 권의 독서를 통하여 인품을 숭상하고, 고도의 교양미를 추구하는 것은 정신적 초월의 경지에 도달하기 위한 것이며, 그리하여 티끌 한 점 없이 맑고 고아한 문인정신이 작품을 통하여 표현되어야 함을 강조한다. 맑고 속됨이 없는 고귀한 정신은 곧 문인화와 비문인화를 구분하는 중요한 기준이 되며, 세속적인 욕심을 버려 마음이 담박하고 세상 속에서 따로 구하는 것이 없으며, 칭찬이나 비난에 흔들리지 않는 본연의 예술정신을 뜻한다.

이것은 사실 독서량의 많고 적음에 달린 문제가 아니라 자신의 마음이 열려 있을 때, 즉 자신의 모든 아집과 자만과 지식을 부분적인 것으로 버릴 때, 비로소 얻어지는 경지라고 할 수 있다. 예술이란 마음속에서 우러나오는 감정이므로 마음속에 스스로 속임이 없는 것에서부터 예술의 창작이 시작되어야 한다. 김정희는 "지금 문장에 마음을 두는 사람에게는 가장 중요한 요체가 있으니 이것은 마땅히 스스로를 속이지 않는 것에서부터 시작해야 한다는 것이다"[270]라고 하였으며, 또 "난초를 그릴 때는 또한 마땅히 속이지 않는 마음으로부터 시작해야 한다."[271]라고 하였다.

따라서 문자향·서권기의 진정한 의미는 바로 인간 지식의 유한성을 인정하고, 나아가 인간 생명이 유한함을 인정하는 삶에의 통찰이라고 할 수 있다. 또한 이 문자향·서권기의 정신을 통하여 자신의 자만과 아집과 이기심을 놓아버리는 순간, 즉 전체 속에서 자신이 얼마나 작은 부분인가를 깨닫는 순간 생기는 텅 빈 마음의 공간은 어느 것에도 구애됨이 없는 자유자재의 공간이며, 이 무한한 초월의 공간을 통하여 발현되는 작품은 더 이상 '예술藝術'에 머무르지 않고 '예도藝道'의 경지로 나아가게 된다.

쉽게 드러나지 않지만 하나의 예술작품 속에는 많은 것들이 포함되어 있다. 거기에는 단순히 한 개인의 손놀림이나 외형적 기교만이 아니라 정신적 경지와 삶을 지향하는 태도가 담겨 있다. 또한 주변의 환경이나 문화양식, 그리고 시대적 상황 등 사회적인 영역까지도 모두 포괄하고 있는 것이다. 한 개인의 예술세계는 결코 독단적으로

270) 위의 책, 卷4, 「與李汝人最相」, "今留心文章者, 有第一義諦, 當先自無自欺始也."

271) 김정희, 〈不二禪蘭〉 書題 : "寫蘭亦當作不欺心始."

형성될 수 없는 것이며 그 사회 전체의 문화적 관심과 역량, 그리고 역사적인 맥락 속에서 완성되는 것이기 때문이다. 그러므로 예술작품을 평가할 때, 작가의 철학적 체계나 문화적 배경, 그리고 작가의 문제의식을 배제하고 작품만을 분석하는 것은 올바른 방법이라고 할 수 없다. 더구나 학예일치를 궁극적 이상으로 삼았던 김정희에 있어서 예술작품이란 곧 작가의 정신세계와 인격이상을 표현하는 것이기도 했다. 이런 점에서 김정희의 예술정신은 그의 철학사상과 불가분의 관계에 있으며, 서로 다른 영역으로 이해해서는 안 된다.

위에서 살펴본 것과 같이 김정희의 예술세계가 기반하고 있는 철학적 체계는 실사구시의 정신에 입각한 실증주의적 태도이며, 이는 한송불분론漢宋不分論으로 구체화되어 나타난다. 이러한 철학체계는 당시 조선의 성리학자들과도 다르며, 또한 일반적인 조선후기의 실학적 특성과도 분명한 차이가 있다. 그는 훈고학적 실증정신을 근본으로 하여 그것을 성리학적 의리추구와 조화시키고자 하였으며, 이로부터 성현의 도를 체득하고 덕행을 추구한다는 학문의 궁극적 목적을 달성할 수 있다고 보았다. 이러한 학문 방법은 기본적으로 청대 고증학의 영향에서 나온 것이라고 할 수 있지만 단순히 훈고나 고증에만 머물지 않고, 나아가 성리학의 장점은 취하고, 훈고학의 단점은 극복함으로써 유학 본래의 목적을 달성하고자 했다는 데 중요한 특징이 있다.

그러므로 김정희를 일반적인 의미에서 실학자로 분류하고, 실학이라는 사상적 체계로 그의 철학을 이해하려 하는 것은 지나치게 단편적인 시각에 치우친 것이다. 이것은 역사적 사실과도 부합하지 않으며, 무엇보다도 김정희를 실학자로 보았을 때, 결국 철학사상과 예술정신의 불일치라는 딜레마에 봉착하게 된다는 점에서도 설득력이 떨어진다. 그러므로 김정희를 실사구시학파를 연 실학자로 평가하는 것보다는 오히려 실학사상이 쇠퇴하기 시작한 시점에서 실학의 한계를 극복하고 한송불분론을 통하여 성리학의 장점을 수용함으로써 유학의 새로운 방향성을 모색하고자 노력한 사람으로 평가하는 것이 더 정확한 이해라고 판단된다.

김정희의 예술정신 역시 그의 철학체계와 밀접하게 관련되어 있다. 기본적으로 그는 학문과 예술의 관계에 대해 기존의 본말론적本末論的 견해를 지양하고 합일론合一論的 관점을 표명하고 있다. 그는 이러한 학예일치의 정신에 따라 시·서·화 등의 예술작품을 창작하는 원리나 방법 역시 학문을 하는 과정과 동일한 과정을 거치는 것이 필요하다고 본다. 즉 기존의 대가들이 남긴 훌륭한 작품을 보고, 그에 대한 철저한 학습을 통하여 본연의 법식을 올바로 깨우칠 수 있어야 비로소 잘못된 길로 들어서지 않고 예술의 본원을 체득할 수 있다는 것이다.

그러므로 그는 경전에 대한 실증적인 훈고를 중시하는 것처럼 무엇보다도 전통적인 법식에 대한 철저한 학습을 강조한다. 그러나 다른 한 편으로 옛것을 모범으로 삼되(法古), 옛것의 장점과 그 내면에 담긴 뜻을 파악한 후에는 더 이상 그것에 얽매이지 말고 새로운 자신만의 독자적인 세계를 추구해야 한다는(創新) 것을 강조한다.

이처럼 법식에 머무르지 않고 끊임없는 창조성을 추구하는 것은 궁극적인 목적을 성취하기 위한 것으로서 이는 곧 문경門徑을 거쳐 당실堂室에 들어서고자 하는 것이다. 보다 구체적으로 표현하자면 예술에 있어서 사실성과 정신성, 형사形似와 신사神似를 함께 아우르는 최고의 경지에 도달하는 것이다. 이렇게 될 때 예술은 단순한 여기餘技나 기술에 머무는 것이 아니라 도道를 실현하는 중요한 방편, 즉 예도藝道로서의 의미를 지니게 된다. 이것은 당시 관념적 형식주의에 빠져버린 문인예술과 이와 반대로 지나친 사실성에 대한 추구로 정신성을 상실해버린 여항閭巷 예술을 동시에 비판하고 이를 극복함으로써 새로운 예술의 지평을 열기 위한 것이기도 했다.

金正喜의 哲學과 藝術

초판인쇄 2010년 6월 18일
초판발행 2010년 6월 23일

저 자 **황지원·사공홍주**
펴낸이 **신 일 희**
펴낸곳 계명대학교출판부
(704-701) 대구광역시 달서구 달구벌대로 2800
TEL : (053) 580-6233
FAX : (053) 583-5213
출판등록 : 제347-1998-1호

ISBN 978-89-7585-507-8 정가 22,000원
* 잘못된 책은 교환하여 드립니다.